2018

中国经济预测与展望

中国科学院预测科学研究中心

China Economic Forecast and
Outlook in 2018

科学出版社

北　京

内 容 简 介

本书是中国科学院预测科学研究中心推出的系列年度经济预测报告。本书根据截至 2017 年 10~12 月的各种数据，运用计量经济模型、经济先行指数、投入产出技术等对 2017 年我国经济的不同层面进行了全面系统的总结和回顾，对 2018 年我国的经济发展趋势和主要经济变量进行了预测，并提出了相应的政策建议。全书由宏观经济、行业经济两个部分组成，共收录了 13 个报告。内容涉及我国经济增长、物价水平、投资、消费、进出口、财政政策、货币政策等我国宏观经济指标的分析和预测，以及农业、房地产行业、物流行业、国际大宗商品价格等的走势分析和预测。此外，本书也对 2018 年人民币汇率波动趋势以及我国的国际收支形势进行了探讨。本书期望对 2018 年我国经济进行一个立体透视，以帮助读者全面地了解 2018 年我国的经济及其未来走向，并对未来若干年我国经济增长的态势有一个初步的认识。

本书适合于国家各级政府部门，特别是中央级政府部门的分析与决策人员，国内外企业的经营管理人员，宏观经济和行业经济的研究人员，关注中国和世界经济形势的各界人士以及广大中小投资者参阅。

图书在版编目（CIP）数据

2018 中国经济预测与展望 / 中国科学院预测科学研究中心编. —北京：科学出版社，2018.6

ISBN 978-7-03-057931-7

Ⅰ. ①2… Ⅱ. ①中… Ⅲ. ①中国经济–经济预测–2018 ②中国经济–经济发展趋势–2018 Ⅳ. ①F123.2

中国版本图书馆 CIP 数据核字（2018）第 127958 号

责任编辑：马 跃 李 嘉 / 责任校对：孙婷婷
责任印制：霍 兵 / 封面设计：无极书装

科 学 出 版 社 出版
北京东黄城根北街 16 号
邮政编码：100717
http://www.sciencep.com

中国科学院印刷厂 印刷
科学出版社发行 各地新华书店经销

*

2018 年 6 月第 一 版 开本：787×1092 1/16
2018 年 6 月第一次印刷 印张：13
字数：308 000

定价：88.00 元
（如有印装质量问题，我社负责调换）

撰稿人名单

主编

汪寿阳　　　中国科学院预测科学研究中心
杨翠红　　　中国科学院预测科学研究中心

编委

鲍　勤　　　中国科学院预测科学研究中心
陈　磊　　　东北财经大学经济学院
陈锡康　　　中国科学院预测科学研究中心
董　志　　　中国科学院大学经济与管理学院
董纪昌　　　中国科学院大学经济与管理学院
冯耕中　　　西安交通大学管理学院
高　翔　　　中国科学院预测科学研究中心
何　静　　　中国科学院预测科学研究中心
李鑫茹　　　中国科学院预测科学研究中心
李秀婷　　　中国科学院大学经济与管理学院
刘　庆　　　中国科学院预测科学研究中心
刘　洋　　　中国科学院预测科学研究中心
刘伟华　　　天津大学管理与经济学部
刘秀丽　　　中国科学院预测科学研究中心
刘昀皓　　　西安交通大学管理学院
陆凤彬　　　中国科学院预测科学研究中心
骆晓强　　　财政部财政票据监管中心
苗晋瑜　　　中国科学院大学经济与管理学院
秦明慧　　　中国科学院预测科学研究中心
孙晨童　　　东北财经大学经济学院
孙炀炀　　　西安交通大学管理学院
孙玉莹　　　中国科学院预测科学研究中心
汪寿阳　　　中国科学院预测科学研究中心
王　珏　　　中国科学院预测科学研究中心

王会娟	中央财经大学统计与数学学院
魏云捷	中国科学院预测科学研究中心
徐 然	中国科学院预测科学研究中心
杨翠红	中国科学院预测科学研究中心
杨晓光	中国科学院预测科学研究中心
杨博宇	中国科学院预测科学研究中心
姚启坤	中国人民银行大连中心支行调查统计处
张 珣	中国科学院预测科学研究中心
张同斌	东北财经大学经济学院
郑 杉	中国科学院预测科学研究中心
祝坤福	对外经济贸易大学全球价值链研究院

序　一

路甬祥

　　经济和社会发展方面的预测研究在经济和社会的重大问题决策中占有重要的战略地位。当前，不论是中国还是世界的经济发展速度都很快，特别是 20 世纪 80 年代以后，由于 IT 技术的发展，特别是信息网络、交通网络及航空运输业的发展，全球连接成为一个整体。人流、物流、信息流从未有过如此海量，经济进入了全球化时代。我国现在正处在一个高速发展的时期。成功应对国际金融危机之后，我国的经济总量已经上升到世界第 2 位，并且正在向更高的目标发展。然而，我国有 13 亿人口，虽然经济发展的总量已经到了一定的水平，但是从人均质量和标准来看还不尽如人意，从经济增长的方式和质量来看也存在着不少问题，面临着很多挑战。我国的经济能否得到稳定、健康的发展，就一些重大问题进行科学准确的预测显得特别重要，要依靠科学的决策、民主的决策来保证我国经济在发展过程中不受到内部或者外界因素太大的干扰。如果我们能够预先看到或估计到可能出现的各种问题，就有可能采取一定的防范措施减少波动，使不利因素始终控制在可以承受的范围之内，保证经济健康、稳定地发展。

　　中国科学院预测科学研究中心是由中国科学院数支在预测科学领域屡创佳绩的研究队伍组成的研究单元，他们在发展预测科学、服务国民经济宏观决策方面取得了一批可喜的成果，为中央领导和政府决策部门进行重大决策提供了有科学依据的建议和资料，同时在解决这些实际的重要预测问题中发展出了新的预测科学理论、方法和技术，做出了原创性的重要成果。2006 年以来，预测科学研究中心每年岁末出版一本下年度的中国经济预测报告，迄今为止已经出版了五部年度预测报告。这些年的实际情况证明，预测科学研究中心这几年的预测报告，能够较为准确地把握我国经济发展趋势，对国民经济重要指标给出相当接近的预测值，能够发现下一年度经济发展中的潜在问题并给出相应对策建议。这些报告对政府有关部门和企业贯彻落实科学发展观，加强和改善政府对经济工作的指导，引导各经济部门配合政府实现宏观经济目标，有着重要的参考价值。这些报告也在国内外形成了广泛的影响。2010 年预测报告的发布就受到国际新闻媒体的强烈关注，其中，路透社、法新社等都发布了相关消息。

　　预测科学研究中心是中国科学院在体制创新方面的一次尝试。它打破体制上的壁垒，打破学科间的壁垒，是一个为了共同的目标组建成的跨学科的中心。我希望中心的体制与管理要有所突破，有所创新，通过优势互补，在服务国家战略决策方面，在攻克预测科学科技难关方面成为一个先行者，为院内外、国内外科学界树立一个榜样，创造一个典范。同时，我也希望这个年度预测报告系列越办越好，以更好的质量服务于政府、企业和社会公众，服务于我国按照科学发展观建设社会主义的光辉事业。

2010 年 12 月

序　二

成思危

（2006 年 4 月 26 日下午在中国科学院预测科学研究中心第一次学术委员会会议上的讲话）

我作为中心的学术委员会主任,想从学术观点和运行机制两个方面来谈谈我的意见。

预测、评价、优化是系统工程的三大支柱。因为未来世界的不确定性和人们认知能力的有限,预测不可能做到绝对准确,只能达到相对准确或近似准确,但预测是必不可少的。没有预测,人们将无法确定未来的行动和方向,所以预测的重要性显而易见。

简单地说,预测方法分为两类:一类是根据现有数据去推测,另一类是根据专家已有的经验去推测。从现有的数据去推测,最简单的办法就是外推,前提是客观世界没有太大变化。这种方法只适用于短期预测。在此之上的方法就是把外界可变因素按照一定的规律加入进来,如投入产出方法、马尔可夫链、数据挖掘等。再高级一点的方法就是从数据中发现知识,即所谓数据库中的知识发现(knowledge discovery in database,KDD)、统计推断等。这是目前在预测技术中比较占主流的方法,即由过去的数据去推断未来。当然,数据的数量和质量保障是使用这种方法的前提。根据专家的知识和经验去推测,实际上就是根据经验预测未来,如 Delphi 法等群决策方法。我把群决策方法分为协调型决策和协同型决策,前者是指参加决策的人们有利益冲突,但又都希望达成一个妥协的结果;后者则是指参加决策的人们没有利益冲突。虽然后者已经达到了很高的协同性,但是专家的意见还是会有分歧,专家的知识背景还是会有差异,当然也难免存在权威的干涉。

要想把预测工作做好,就要把主观的专家经验和客观的数据结合起来。一般有两种方法:一种是数学方法,另一种是仿真的方法。数学方法是建立以数学为基础的模型,由专家检审后反馈意见,再进行修改与计算,再返回到专家,也就是人机系统集成方法。这种方法的缺点是设备复杂、变量多、回路多,因而在计算上操作困难较大。仿真的方法,即以智能体为基础(agent-based)的仿真技术。我在国家自然科学基金委员会兼任管理科学部主任的时候曾支持过戴汝为、于景元、顾基发三人牵头的支持宏观经济决策的人机交互综合集成系统研究,投入了 500 多万元,但效果还是与理想有些差距。所以,预测科学研究中心也不能期望自己能够解决所有的预测问题,问题的解决要一步一步地去做,如中心现在的农业产量预测和外贸预测就做得比较好,预测的精度较高。

从实际情况来看,中心目前只能以任务为主,以完成任务为考核的主要指标。在任务完成的同时，去进行理论、方法的提炼和升华，逐步地归纳、总结，以提高学术水平。实际情况决定了预测科学研究中心有大量的工作要去做，而且大多数的工作都是属于中短期的。造成这样的原因有两点：一点是中国科学院需要中心出一批有影响的预测报告，另一点就是经费的压力。经费全靠"化缘"是不行的，中国科学院支持中心 40% 的经费，另外的 60% 要用两种办法取得：一种是四处申请课题，另一种是找几个主要的用户给予固定支持，如商务部等。如果没有一个成型的机制，既不稳定，也会牵扯太多的精力。对于经费的来源，我建议采用 4∶3∶3 机制，即 40% 由中国科学院支持，30% 由固定用户支持，30% 机动。这样的话，就有 70% 的经费是稳定的，其余 30% 的波动对中心的影响可能不太大。

还有一点，目前预测科学研究中心由 4 个研究部组成，但事实上有 6 家单位参与，还是像一个"拼盘"。中心要想真正发挥优势，必须要加强集成。从理想状态来说，我认为要由中心确定课题，并从各单位抽出人员与中心招聘的人员共同组成课题组，一起完成课题，待课题结束后抽调人员再返回原单位，这样能达到统一组织，集成优势的目的。

最后一点，是激励机制的设立。对于在中心工作的科研人员，中心应当给予一定的补贴，这样才能使科研人员精力更加集中。目前，中国科学院总体来说还是处于所、院相对独立的状态，不进行制度上的创新，就很难出现真正意义上的学术创新。

我到这里来担任学术委员会的主任，就是希望能够推动预测科学的发展。发展预测科学一定要不断创新。建立中国的预测学派可能需要十年、二十年的努力，所以，现在提这个目标还为时过早，但可以作为一个远期目标。我希望大家一同来支持这个中心，三五年之后，预测科学有可能更受重视，我们要努力争取做出最好的成果。

前　言

2012 年以来，受国际经济形势总体复苏缓慢、我国经济三期叠加压力并存以及结构性调整等因素的影响，我国经济增长呈现总体下行的态势。但经过近几年的艰难调整，中国经济的增速企稳回升。多项经济指标显示，中国经济结构调整正在进一步加深，经济的韧性正在逐步增强。根据国家统计局发布的初步核算数据，2017 年我国 GDP（gross domestic product，即国内生产总值）达到 82.7 万亿元，按可比价格计算，同比增长 6.9%，比 2016 年提高了 0.2 个百分点。分季度看，第一季度至第四季度同比增速分别为 6.9%、6.9%、6.8% 和 6.8%，2017 年我国经济的总体趋势是稳中向好、好于预期的，后三个季度及全年的经济增速远好于各大机构年初的预测。近几年来，我国以供给侧结构性改革为主线，推动经济结构的优化、新旧动力的转换和经济质量的提升已见成效，中国经济正在迈向高质量发展阶段。进入 2018 年，我国经济是否能够继续实现较平稳的增长？又将面临哪些问题和挑战？这是中央及地方各级领导和全国人民都非常关心的问题。

展望 2018 年，我国经济增长既有积极的因素，也有一些不确定性因素和隐忧。2018 年，全球经济将延续回暖势头，以美、欧、日为代表的西方发达经济体经济持续向好，外需不断增加，将为我国的进出口增长提供良好的条件。与此同时，我国新一轮的对外开放，以及"一带一路"的积极推进将稳定和激发我国的外部需求，但世界经济的风险和不平衡依然存在。例如，美国政府将可能进一步加强贸易保护，因此而挑起的系列"贸易战"也会遭到我国及其他主要贸易伙伴的反制措施，这对我国经济的影响不容忽视；2018 年欧洲经济"黑天鹅"风险将下降，但英国脱欧、民粹主义、难民危机等问题的影响仍会持续，拖累欧盟经济的增长步伐；全球贸易保护主义加重，新兴经济体的部分产品出口可能受到关税和各种非关税壁垒的影响；等等。从国内环境看，2018 年我国供给侧改革将继续推进和深化，特别是先进制造业的供给侧改革将成为核心，这无疑将进一步增强新动能在我国经济增长中的作用；积极的财政政策、稳健的货币政策有助于推动经济持续健康发展；进一步完善税制改革、降低宏观税负和企业税负的举措，有利于激发企业的生产活力；等等。但与此同时，我国经济面临着一系列挑战，依然有较大的下行压力。例如，部分行业产能过剩和库存问题依然严峻，固定资产投资增速将可能进一步回落，房地产调控政策仍存在不确定性，金融风险（如金融机构杠杆率过高等）将进一步积累。基于以上判断和分析，预计 2018 年我国经济增速会稳中略降，预测 2018 年中国经济增速在 6.7% 左右，略低于 2017 年，但仍远高于世界上发达国家平均增速，且分别高于中上等收入、中下等收入和低收入国家平均增速，是名副其实的中高速增长。预计 2018 年全年经济将平稳发展，起伏波动变化不大，呈现前高后低趋势，一季度为 6.8% 左右，二、三季度为 6.7% 左右，四季度为 6.5% 左右。

除了对中国经济增长影响因素的分析和经济增速的预测以外，本报告还对中国经济的十余个重要方面进行了分析和预测。本报告共分为两部分，共有十三个分报告。第一部分为宏观经济形势分析与预测，由七个分报告组成，包括：2018 年中国 GDP 增长速度预测与分析，2018 年中国固定资产投资、进出口、最终消费形势的分析与预测，2018 年中国物价形势分析与预测，当前我国财政形势和财政政策，以及 2018 年中国货币政策展望；第二部分为行业经济景气分析与预测，共有六个分报告，包括：2018 年中国农业生产形势分析与预测、2018 年房地产行业的分析与预测、2018 年中国物流行业展望、2018 年国际收支走势预测、2018 年国际大宗商品价格走势分析与预测，以及 2018 年需水量分析与预测。

本报告是中国科学院预测科学研究中心自 2005 年开始的一项持续性工作，每年年初发布，至今已经有 13 个年头。13 年来，这个系列报告较好地把握了中国经济的发展趋势，对当年度经济发展中可能遇到的重大问题进行了较为系统、深入的讨论。这些工作可以为中国各级政府的宏观决策，以及企业、投资人及广大民众的经济形势判断和经济决策，提供前瞻性的信息和知识支持。13 年来，本系列报告得到了业界及国内外媒体的广泛赞誉。

本报告的撰写队伍主要是中国科学院预测科学研究中心的部分成员及与中国科学院预测科学研究中心有密切合作的国内同行。报告的撰写耗费了所有作者大量的心血和精力。他们的辛勤劳动和不断创新，使得本系列报告能年复一年地在每年年初呈现给广大读者，为广大读者预判新的一年中国经济形势提供一个可靠的参考。作为本报告的主编，我们对本报告的所有作者表示最衷心的感谢！本报告的出版，十多年来一直得到科学出版社的领导和编辑同志大力支持，每次他们都反复校稿，字斟句酌，做了大量工作。我们对他们的无私支持和辛勤劳动也致以最诚挚的谢意！

汪寿阳　杨翠红

2018 年 2 月

目　录

宏观经济形势分析与预测

行业经济景气分析与预测

宏观经济形势分析与预测

2018年中国GDP增长速度预测与分析[①]

陈锡康　杨翠红　祝坤福　王会娟　李鑫茹

报告摘要： 经过近几年的艰难调整，中国经济已经进入"新常态"，经济增速企稳。多项经济指标显示，中国经济结构调整正在进一步加深，经济韧性正在增强。本报告主要从四个部分对2018年中国GDP的增长速度等进行预测分析，具体如下：

第一部分对进入新常态后的中国中长期经济增长速度进行预测。报告认为从中长期角度看，中国经济增长速度呈波浪形缓慢下降，即波浪形下降模式。相应地经济总量呈波浪形上升趋势。进一步预测"十三五"期间中国经济将保持平稳较快态势，年平均增速为6.7%左右；预计21世纪20年代，即2021~2030年中国经济的年平均增速为5.9%左右；预计21世纪30年代，即2031~2040年中国经济的年平均增速为4.9%左右；预计21世纪40年代，即2041~2050年中国经济的年平均增速为4.4%左右。

第二部分对2017年GDP增长速度进行预测。预计2017年全年GDP增长率为6.9%。从三大产业来看，第一产业增加值增长3.7%，第二产业增加值增长6.2%，第三产业增加值增长7.9%。预计2017年最终消费、资本形成总额和净出口对GDP增长的贡献率分别为66%、30%和4%，对GDP增长的拉动率分别为4.5个百分点、2.1个百分点和0.3个百分点。

第三部分为2018年GDP增长速度预测。2018年世界经济和中国经济增长态势有很大不确定性。预测2018年GDP增速为6.7%左右，较2017略低，但仍远高于世界上各类国家的平均增速，是名副其实的中高速增长。预计2018年第一产业增加值增速约为3.6%；第二产业约为6.0%；第三产业约为7.8%。预计2018年消费的贡献率为68%，拉动经济增长4.5个百分点；投资的贡献率为29%，拉动经济增长2个百分点；净出口的贡献率为3%，拉动经济增长0.2个百分点。

第四部分对当前的经济发展提出若干建议。

① 本报告得国家自然科学基金项目委（项目编号：61273208，71473244，71473245，71173210）的资助，特此致谢！

一、中国经济增长速度的中长期预测

（一）从中长期看中国经济增长速度将呈波浪形下降趋势

我们认为，随着中国经济以较快速度增长，中国人均 GDP 和人均国民总收入（gross national income，GNI）不断提高，中国经济增长速度将呈波浪形下降趋势。主要理由如下。

1. 当经济发展到一定阶段后随着人均 GDP/GNI 提高，经济增速呈下降趋势

根据国际货币基金组织（International Monetary Fund，IMF）公布的 2016 年世界各国 GDP 增长率资料，我们可以得出 2016 年世界各国 GDP 增长率与人均 GDP 关系，见图 1。

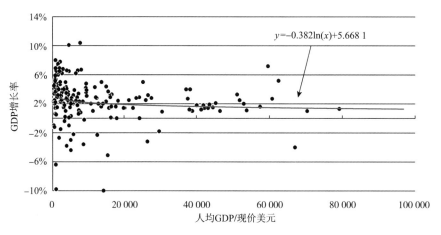

$$y = -0.382\ln(x) + 5.668\,1$$

图 1　2016 年世界各国 GDP 增长率与人均 GDP 关系

图 1 是根据国际货币基金组织公布的 2016 年世界上 191 个经济体的 GDP 增长率与人均 GDP 数据绘制而得的[1]。纵坐标表示各个经济体 2016 年的 GDP 增长率，横坐标表示各个经济体 2016 年的人均 GDP。世界各国经济发展规律表明，随着人均 GDP 提高，经济增速有下降的趋势。

世界银行从 1987 年开始把所有国家按人均 GNI 高低分为四大类，即低收入国家、中下等收入国家、中上等收入国家和高收入国家。2016 年低收入、中低收入、中高收入、高收入国家地区的界定标准如下：

第一类，低收入国家，人均 GNI 少于或等于 1 045 美元。

第二类，中下等收入国家，人均 GNI 在 1 046~4 125 美元。

第三类，中上等收入国家，人均 GNI 在 4 126~12 735 美元。

第四类，高收入国家，人均收入多于或等于 12 736 美元。

2016 年世界四大类国家 GDP 平均增长率见图 2。

---

① 资料来源：国际货币基金组织，http://www.imf.org/external/pubs/ft/weo/2017/01/weodata/weoselgr.aspx。

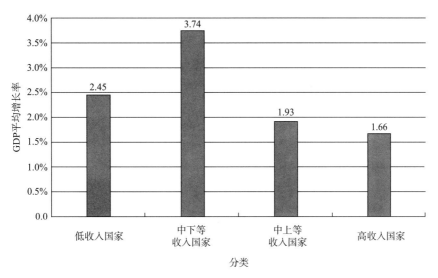

图 2　2016 年世界四大类国家 GDP 平均增长率

资料来源：国际货币基金组织 191 国数据，以及世界银行收入划分标准

从图 2 可以看出，2016 年中下等收入国家 GDP 平均增速为 3.74%，中上等收入国家 GDP 平均增速为 1.93%，高收入国家 GDP 平均增速为 1.66%。中下等收入国家 GDP 平均增长率比中上等收入国家 GDP 平均增长率高 0.94 倍，比高收入国家平均 GDP 增长率高 1.25 倍。

2. 中国经济增速将呈波浪形下降的主要依据

第一，资本系数快速增大，促使经济增速趋缓。

资本系数的定义为新增单位产出（GDP）所需要增加的资本[①]，即 $\Delta I / \Delta GDP$。这里 ΔI 表示新增资本。资本系数又称为资本产出率。在其他条件不变的情况下资本系数愈高，经济增速愈低。本报告中我们通过资本形成总额占 GDP 比重与 GDP 增长率之比来近似地计算资本系数，即

资本系数=资本形成总额占 GDP 比重/GDP 增长率之比

$$= \frac{\Delta I / GDP}{\Delta GDP / GDP} = \frac{\Delta I}{\Delta GDP}$$

从表 1 可见，中国资本系数呈较快增大趋势。2000 年资本系数为 4.04%，2010 年为 4.52%，2015 年为 6.49%，2016 年为 6.59%。资本系数快速增大，说明技术进步及投资效率降低，使得经济增速趋缓。

---

① 本报告中的资本系数和资本产出率均定义为增量资本系数和增量资本产出率，而非平均资本系数和平均资本产出率。

表 1　中国 2010~2016 年的资本系数

年份	资本形成总额/亿元	支出法 GDP/亿元	资本形成总额占 GDP 比重	GDP 增长率	资本系数（资本产出率）
2000	34 526	100 577	34.33%	8.5%	4.04%
2005	77 534	189 190	40.98%	11.4%	3.59%
2010	196 653	410 708	47.88%	10.6%	4.52%
2011	233 327	486 038	48.01%	9.5%	5.05%
2012	255 240	540 989	47.18%	7.9%	5.97%
2013	282 073	596 963	47.25%	7.8%	6.06%
2014	302 717	647 182	46.77%	7.3%	6.41%
2015	312 836	699 109	44.75%	6.9%	6.49%
2016	329 727	746 315	44.18%	6.7%	6.59%

资料来源：资本形成总额、支出法 GDP、GDP 增长率来自《2017 中国统计年鉴》

第二，投资率下降，使得经济增速减慢。

从表 2 可见，中国 2010 年储蓄率为 51.5%，投资率为 47.9%，以后年度逐步下降，2016 年储蓄率为 46.4%，投资率为 44.2%。

表 2　中国 2010~2016 年的储蓄率和投资率

年份	支出法 GDP/亿元	资本形成总额/亿元	净出口/亿元	储蓄率	投资率
2010	410 708	196 653	15 057	51.5%	47.9%
2011	486 038	233 327	11 688	50.4%	48.0%
2012	540 989	255 240	14 636	49.9%	47.2%
2013	596 963	282 073	14 552	49.7%	47.3%
2014	647 182	302 717	16 152	49.3%	46.8%
2015	699 109	312 836	24 007	48.2%	44.7%
2016	746 315	329 727	16 412	46.4%	44.2%

资料来源：国家统计局.2017 中国统计年鉴. 北京：中国统计出版社，2017

根据发展经济学中著名的哈罗德-多马有保证的经济增长率模型，经济增长率的最终计算公式如下：

$$GDP 增长率 = 储蓄率 / 资本产出率$$

在哈罗德-多马有保证的经济增长率模型中假定净出口为零，即假定储蓄额等于投资额，则储蓄率等于投资率，上式可写为

$$GDP 增长率 = 投资率 / 资本产出率$$

由此可见，经济增长速度与投资率成正比而与资本产出率成反比。预计中国今后储蓄率和投资率仍将继续下降，资本产出率将继续提高，因而，根据哈罗德-多马有保证的经济增长率模型，中国经济增长率有下降趋势。

第三，随着中国人口增速的放缓和人口的老龄化，人口红利逐步下降。

第四，国民收入分配不公，贫富差距较大，多年来居民收入增长没有与 GDP 增长同步，以致内需增长过慢，出现产能严重过剩现象，从而中国经济增长速度降低。

根据国家统计局公布的数据，中国的基尼系数从 20 世纪 80 年代的 0.3，暴涨到现在的 0.47，成为世界上收入差距最大的国家之一。国家统计局 2017 年 7 月 6 日发布统计报告说，2016 年，全国居民人均可支配收入基尼系数为 0.465，呈现下行趋势，但仍远远

高于国际警戒线 0.40[①]。广大低收入居民受收入水平的限制没有足够能力购买需要的商品，以致出现严重的供大于求，产能过剩现象。中国收入最高的 1%家庭拥有全国 1/3 的财富，收入最低的 25%家庭只有 1/100 财富。

居民收入增长没有与 GDP 同步，突出地表现在国民收入初次分配中资本所得和政府税收比重过高，从业人员报酬比重过低，以致 1997~2007 年从业人员报酬占 GDP 比重大幅度下降（表 3）。

表 3　中国 1997 年、2002 年、2007 年和 2012 年增加值与初次分配结构

项目	1997 年		2002 年		2007 年		2012 年	
	数额/亿元	占 GDP 比重	数额/亿元	占 GDP 比重	数额/亿元	占 GDP 比重	数额/亿元	占 GDP 比重
从业人员报酬	41 540	54.9%	58 950	48.4%	110 047	41.4%	264 134	49.2%
生产税净额	10 312	13.6%	17 462	14.3%	38 519	14.5%	73 606	13.7%
资本毛盈余	23 852	31.5%	45 447	37.3%	117 478	44.2%	199 060	37.1%
其中：固定资产折旧	10 245	13.5%	18 741	15.4%	37 256	14.0%	71 682	13.4%
营业盈余	13 607	18.0%	26 706	21.9%	80 222	30.2%	127 378	23.7%
增加值合计	75 704	100%	121 859	100%	266 044	100%	536 800	100%

资料来源：《1997 年度投入产出表》《2002 年度投入产出表》《2007 年度投入产出表》《2012 年度投入产出表》

从表 3 可见，1997 年中国从业人员报酬占 GDP 的比重为 54.9%，2002 年为 48.4%，下降了 6.5%；2007 年中国从业人员报酬占 GDP 的比重为 41.4%，相较 2002 年又下降了 7.0%。1997~2007 年的 10 年中中国从业人员报酬占 GDP 的比重下降了 13.5%。降幅之大令人吃惊！这说明该时期居民收入增长严重落后于经济增长。

此后，情况有了很大改变，2012 年中国初次分配中从业人员报酬占 GDP 的比重有很大幅度提高，达到 49.2%。美国 2007 年初次分配中从业人员报酬约占 GDP 的 56.1%。中国 2012 年初次分配中从业人员报酬占 GDP 的比重约比美国低 6.9 个百分点，还有较大的提升空间。

第五，人民币对多种货币升值幅度过快，影响出口增速。利用世界银行 WDI 数据库资料经计算得到，2005~2014 年人民币对美元升值 33.4%，对欧元升值 43.1%，对日元升值 28.2%，对英镑升值 47.9%，对德国马克升值 25.1%，对港币升值 32.9%。人民币大幅度升值使得中国出口商品的国际竞争力大幅度降低，出口增速大幅度回落。

最后，从外部环境来看，世界主要经济体经济不景气，美国和欧盟等国家和地区贸易保护主义扩大，严重影响中国出口增长，冲击中国经济。

3. 中国经济增长模式——增速波浪形缓慢下降

在经济文献中，关于经济增长的走势模式有 U 形、V 形、W 形、L 形、倒 U 形等。我们认为从中长期角度看，中国经济增长速度呈波浪形缓慢下降，即波浪形下降模式。相应地，经济总量呈波浪形上升趋势。此模式至少有三个特点：

[①] 世界各国通常用基尼系数来定量地测定社会居民收入分配的贫富差异程度。基尼系数低于 0.2 表示收入过于公平；而 0.4 是社会分配不平均的警戒线，故基尼系数应保持在 0.2~0.4，低于 0.2 社会动力不足；高于 0.4 社会不安定。

第一，增长速度逐步下降，但增长速度较同等发展水平国家为高；

第二，下降速度较为平稳，一般情况下变动幅度较世界上大部分国家为小；

第三，短时期中由于各种有利因素作用，增速可能上升，但中长期看仍呈下降趋势。

（二）中国经济增长速度的中期预测

在对中国经济增长速度进行中长期预测之前，我们应对中国经济发展现状有一个清晰的认识。中国经济的现状是：第一，从经济总量看中国目前仅次于美国，居世界第二位。根据世界银行统计，2016 年中国 GDP 为 111 991 亿美元，2016 年美国 GDP 为 185 691 亿美元。中国为美国的 60.3%，但高于其他国家。第二，2016 年中国人均 GDP 为 8 123 美元，居世界第 77 位，全球人均 GDP 为 10 164 美元。中国人均 GDP 相当于世界平均水平的 79.92%。也就是说，按经济发展水平来说，中国的人均收入尚未达到世界平均水平。

预测"十三五"期间中国经济将保持平稳较快态势，年平均增速为 6.7%左右。预计 2019 年和 2020 年中国经济增速可能在 6.4%~6.7%。预计能顺利完成十八届五中全会提出的在 2020 年 GDP 和人均收入都比 2010 年"翻一番"的宏伟目标。

预计 21 世纪 20 年代，即 2021~2030 年中国经济的年平均增速为 5.9%左右，增速较 21 世纪前 10 年，即 2011~2020 年的年平均增速降低 1.3 个百分点左右。

预计 21 世纪 30 年代，即 2031~2040 年中国经济的年平均增速为 4.9%左右，增速较 21 世纪 20 年代，即 2021~2030 年的年平均增速降低 1 个百分点左右。

预计 21 世纪 40 年代，即 2041~2050 年中国经济的年平均增速为 4.4%左右，增速较 21 世纪 30 年代的年平均增速降低 0.5 个百分点左右。

预计在 2030 年前后，按现行汇率法计算的中国经济总量将达到美国水平。鉴于中国人口为美国的 4.3 倍左右，按经济发展水平衡量，2016 年中国的人均 GDP 只有美国的 1/7[①]。预计 2030 年中国的人均 GDP 为美国的 1/4 左右。预计在 21 世纪中叶，即 2050 年前后，中国经济总量将为美国两倍左右，但人均 GDP 与美国相比仍有将近一倍的差距，在科技创新能力和一系列人文指标上差距也较大，中国要达到世界发达国家水平尚需长期努力。

二、2017 年 GDP 增长速度预测

根据国家统计局公布的资料，2017 年前三季度中国 GDP 为 593 288 亿元。按可比价格计算，同比增长 6.9%。分季度看，一季度、二季度和三季度分别增长 6.9%、6.9%和 6.8%。我们预计 2017 年第四季度增速与第三季度持平，约为 6.8%。

---

① 根据世界银行统计，2016 年中国人均 GDP 为 8 123 美元，美国的人均 GDP 为 57 467 美元（世界银行 WDI 数据库）。

（一）生产法维度下三大产业增加值增速预测

预计 2017 年全年 GDP 年增长率为 6.9%。分三大产业来看，第一产业增加值增长3.7%，第二产业增长 6.2%，第三产业增加值增长率为 7.9%，如表 4 所示。预计第一产业增加值增长速度受农业、畜牧业发展良好的影响，较 2016 年提高 0.4 个百分点，约为3.7%；第二产业增加值比 2016 年增长 6.2%，增速较 2016 年提高 0.1 个百分点，其中工业增加值增速约为 6.4%，建筑业增加值增速约为 3.9%；第三产业增加值比 2016 年增长7.9%，较 2016 年提高 0.1 个百分点。

表 4 2017 年中国三大产业增加值增长率预计

项目	2016 年增长率	2017 年 Q1增长率	2017 年 Q2增长率	2017 年 Q3增长率	2017 年 Q4 增长率预测	2017 年增长率预测
GDP	6.7%	6.9%	6.9%	6.8%	6.8%	6.9%
第一产业	3.3%	3.0%	3.8%	3.9%	3.8%	3.7%
第二产业	6.1%	6.4%	6.4%	6%	6.1%	6.2%
第三产业	7.8%	7.7%	7.6%	8%	8.2%	7.9%

注：Qx 代表第 x 季度，下同

资料来源：国家统计局公布数据及项目组测算

从三大产业占 GDP 比重看，预计 2017 年第一产业增加值在 GDP 中占比仅为 7.8%，较 2016 年降低 0.8 个百分点；第二产业比重预计为 40.4%，较 2016 年提高 0.6 个百分点；第三产业比重预计为 51.8%，较 2016 年提高 0.2 个百分点，连续两年第三产业比重稳定在 50% 以上，第三产业在中国 GDP 发展中占据越来越重要的位置，如图 3 所示。

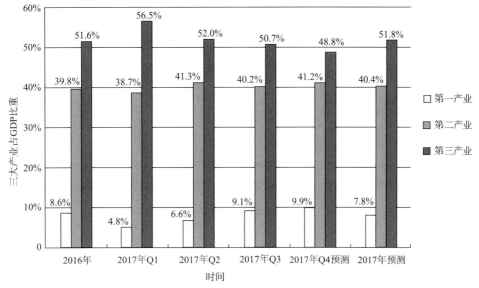

图 3 2016 年和 2017 年各季度中国三大产业占 GDP 比重

从对经济增长的贡献来看，预计 2017 年全年第一产业对经济增长的贡献率为 4.6%，较 2016 年提高 0.2 个百分点；第二产业的贡献率为 37.0%，较 2016 年降低 0.2 个百分点；

第三产业的贡献率为 58.3%，较 2016 年下降 0.1 个百分点，如图 4 所示。第三产业依然对经济增长持续保持较高的增长率，说明经济发展的稳定性在逐步提高。

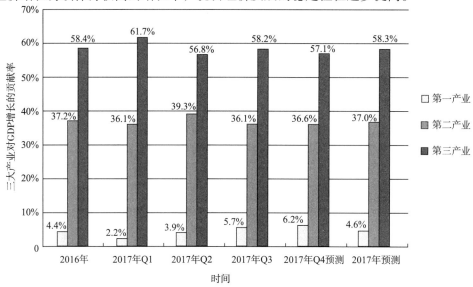

图 4 2016 年和 2017 年中国三大产业对 GDP 增长的贡献率

从三大产业来看，农业、工业和服务业运行良好。

第一，随着农业供给侧结构性改革的扎实推进，农业增速将会持续提高。

经过多年不懈努力，中国农业农村发展不断迈上新台阶，已进入新的历史阶段。农业结构调整取得较大进展，2016 年籽粒玉米调减面积 3 000 万亩（1 亩≈666.7 平方米）左右。脱贫攻坚开局良好，2016 年全年减少 1 000 万人的脱贫任务超额完成。2017 年中央一号文件提出了 6 个部分、33 条政策措施，紧紧围绕"农业供给侧结构调整+改革"两大板块来谋篇布局，以实现农业增效、农民增收、农村增绿。2017 年中央财政专项扶贫资金 861 亿元，较 2016 年增长 30.3%。2017 年起农业部组织开展数字农业建设试点项目。推动了大数据、云计算、物联网、移动互联、遥感等现代信息技术在农业中的应用，在大田种植、设施园艺、畜禽养殖、水产养殖等领域开展精准作业，精准控制建设试点。在各级政府和人民的共同努力下，2017 年全国粮食总产量 12 358 亿斤（1 斤=0.5 千克），比 2016 年增加 33 亿斤，增长 0.3%。粮食生产再获丰收，是历史上第二高产年。1~9 月，中国第一产业增加值增长 3.7%，比 2016 年全年增速提高了 0.4 个百分点，预计 2017 年中国第一产业增加值增速将会比 2016 年提高 0.4 个百分点。

第二，工业延续了稳中向好的运行态势。

2017 年 1~9 月，中国第二产业增加值增速同比增长 6.3%，较 2016 年同期提高 0.2 个百分点，其中工业增加值增速为 6.4%，较 2016 年同期提高 0.4 个百分点。1~11 月，规模以上工业增加值同比实际增长 6.6%，增速比 2016 年同期加快 0.6 个百分点。工业结构持续改善，装备制造业、高技术产业、战略性新兴产业增加值增速均呈现 10% 以上的增速，如锂离子电池、太阳能电池、民用无人机等新兴工业产品产量则呈现 20% 的高速增长。1~11 月，规模以上工业企业利润同比增长 21.9%，工业企业效益持续改善。供给侧改革取得初步成效，2016 年主要依靠行政手段，2017 年以来依靠"环保、能耗、技术、质量、安全生产"等法制手段去产能，提高了部分行业的产能利用率。据国家统计局数据，2017 年前三季度全国工业产能利用率为 76.6%，同比增长 3.5 个百分点，为近五年来最高水平。

采购经理指数（purchasing managers' index，PMI）是国际上通用的监测宏观经济走势的先行性指数之一，通常以 50% 作为经济强弱的分界点，PMI 高于 50% 时，反映制造业经济扩张；低于 50% 时，反映制造业经济收缩。2017 年 12 月，中国制造业 PMI 为 51.6%，比上月回落 0.2 个百分点，但比 2016 年同期（51.4%）上升 0.2 个百分点，2017 年全年 PMI 均在 51% 以上（图 5）。具体来看，呈现以下几个特点：

（1）2017 年 12 月 PMI 新订单指数达到 53.4%，较 2016 年同期（53.2%）提高 0.2 个百分点。2017 年以来新订单指数始终维持在较高水平，预示着制造业市场需求回升，生产趋于活跃。

（2）国内外需求有所改善，进出口继续回稳向好。2017 年 12 月 PMI 新出口订单指数为 51.9%，比上月提高了 1.1 个百分点，比 2016 年同期提高 1.8 个百分点，自 2016 年 11 月以来一直位于 50% 以上的扩张区间。

（3）企业对未来发展信心持续增强。2017 年 12 月生产经营活动预期指数为 58.7%，比上月提高了 0.8 个百分点，自 2016 年 8 月以来一直维持 56% 以上的高景气区间，在 2017 年 7~9 月连续三个月处于 59% 以上，显示企业对市场预期继续看好。

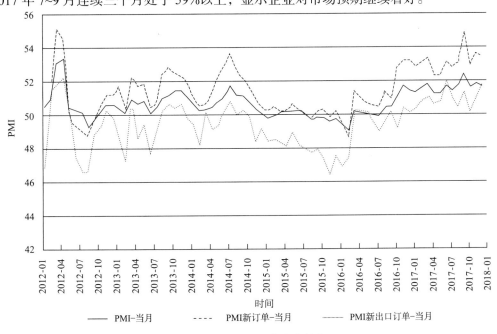

图 5　制造业 PMI 的变化趋势

资料来源：中国经济信息网统计数据库，http://www.cei.gov.cn

第三，服务业保持较快发展，商务活动指数继续提高。

2017 年 1~9 月，中国第三产业增加值同比增速为 7.8%，较 2016 年同期提高 0.2 个百分点。如表 5 所示，交通运输、仓储和邮政业增加值增速提高了 4.0 个百分点，增速较快；但是房地产业增加值增速受国家调控政策的影响有所减缓，较 2016 年减少了 3.0 个百分点；2017 年开始国家统计局开始公布信息传输、软件和信息技术服务业，租赁和商务服务业的增加值增速，分别为 23.5% 和 10.5%，远高于第三产业增加值增速，充分显示第三产业发展的新动能发展迅速。2017 年 11 月，全国服务业生产指数同比增长 7.8%，增速比上月回落 0.2 个百分点，比 2016 年同月加快 0.2 个百分点。2017 年 1~11 月，全国服务业生产指数同比增长 8.2%，比 2016 年同期加快 0.1 个百分点，第三产业保持较快发展态势。

表5　2017 年前三季度第三产业增加值增长速度及与 2016 年比较

项目	2016 年前三季度增速	2017 年前三季度增速	增速变动（百分点）
第三产业合计	7.6%	7.8%	0.2
其中：批发和零售业	6.5%	7.2%	0.7
交通运输、仓储和邮政业	5.2%	9.2%	4.0
住宿和餐饮业	6.8%	7.2%	0.4
金融业	6.3%	4.4%	−1.9
房地产业	8.9%	5.9%	−3.0
信息传输、软件和信息技术服务业		23.5%	
租赁和商务服务业		10.5%	
其他行业	8.9%	6.9%	

资料来源：国家统计局网站

2017 年 12 月，服务业商务活动指数为 53.4%，比上月小幅回落 0.2 个百分点，连续 4 个月位于 53.5% 左右的景气区间，服务业保持稳定增长。从行业大类来看，邮政快递、电信广播电视和卫星传输服务、互联网软件信息技术服务、银行、保险等行业商务活动指数和新订单指数均连续两个月位于 57.0% 以上的较高景气区间。从市场预期来看，服务业业务活动预期指数为 60.3%，连续 7 个月位于高景气区间[1]。

（二）支出法维度下三大支出增速预测

从三大需求看，2017 年 1~10 月消费稳定较快增长，社会消费品零售总额同比增长 10.3%；投资增长缓中趋稳，固定资产投资（不含农户）同比增长 7.3%；进出口较快增长，其中出口增长 11.7%，进口增长 21.5%。从三大需求结构来看，投资增速回落，消费增速平稳，出口快速增长，前三个季度 GDP 同比增速持平。从对经济增长的贡献来看，前三季度，最终消费支出对经济增长的贡献率达到 64.5%，资本形成的贡献率为 32.8%，货物和服务净出口的贡献率为 2.7%。最终消费支出是经济增长的最主要贡献力量。

---

[1] 国家统计局. 国家统计局服务业调查中心高级统计师赵庆河解读 2017 年 12 月中国采购经理指数. http://www.stats.gov.cn/tjsj/sjjd/201712/t20171231_1568578.html. 2017-12-31.

预计 2017 年全年消费继续保持稳定较快增长，社会消费品零售总额同比增速为
10.2%，较 2016 年下降 0.2 个百分点（表 6）。预计全年投资下降态势趋稳，固定资产投
资完成额同比增速为 7.2%，较 2016 年增速下降 0.9 个百分点。根据海关总署已公布数
据，2017 年货物进出口继续保持快速增长，受全球经济回暖和贸易格局变化影响，全年
进出口同比上升 14.2%，较 2016 年上升 15.1 个百分点；其中进口同比增速力 18.7%，增
速较 2016 年上升 18.1 个百分点；出口同比增速力 10.8%，较 2016 年增速上升 12.7 个百
分点。

表 6　2016 年和 2017 年年各季度中国三大需求中部分指标增长率

项目	2016 年	2017 年 Q1	2017 年上半年	2017 年前三季度	2017 年预测
社会消费品零售总额	10.4%	10%	10.4%	10.4%	10.2%
固定资产投资完成额	8.1%	9.2%	8.6%	7.5%	7.2%
出口	−1.9%	14.1%	14.5%	12.3%	10.8%
进口	0.6%	31.3%	25.7%	22.2%	18.7%

资料来源：国家统计局公布数据及项目组测算

从对经济增长的贡献来看（表 7），第一，预计 2017 年消费对 GDP 增长的贡献率与
2016 年基本持平为 66%，拉动 GDP 增长 4.5 个百分点；第二，预计 2017 年资本形成对
GDP 增长的贡献率为 30%，较 2016 年下降 12.2 个百分点，拉动 GDP 增长 2.1 个百分点；
第三，预计净出口对经济增长的贡献率为 4%，较 2016 年上升 10.8 个百分点，拉动 GDP
增长 0.3 个百分点。

表 7　2016 年和 2017 年各季度中国三大需求贡献率

项目	2016 年	2017 年 Q1	2017 年上半年	2017 年前三季度	2017 年预测
GDP 增长率	6.7%	6.7%	6.9%	6.9%	6.9%
最终消费支出	64.6%	77.2%	63.4%	64.5%	66%
资本形成总额	42.2%	18.6%	32.7%	32.8%	30%
净出口	−6.8%	4.2%	3.9%	2.7%	4%

资料来源：国家统计局公布数据及项目组测算

从三大需求看，投资增速放缓，消费总体持平，进出口呈现快速增长。

第一，投资增速稳中放缓，结构继续优化。

2017 年 1~11 月，全国固定资产投资（不含农户）575 057 亿元，同比增长 7.2%，增
速比前三季度小幅回落 0.3 个百分点；11 月当月投资增长 6.9%，增速比 9 月提高 1.2 个百
分点。1~11 月固定资产投资增速虽然稳中略缓，但结构继续优化，呈现以下几个主要特点：

（1）投资实际增速快速下降。扣除价格因素，2017 年前三季度固定投资增速分别
为 4.5%、3.2% 和−1.1%，自 2003 年有统计数据以来首次出现负增长。从增速减缓的原因
来看，民间投资增速回落，高耗能制造业投资下降，房地产投资有所放缓，这些都促成
了投资增速的减弱。

（2）投资结构正在优化，基础设施建设、高端产业投资等领域投资增速在持续加快。
1~11 月，基础设施投资 126 720 亿元，同比增长 20.1%，对全部投资增长的贡献率为 54.5%，

拉动投资增长 3.9 个百分点。2017 年 1~10 月，制造业技改投资和高技术制造业投资增速分别为 13.4%和 16.8%，比 2016 年同期提高不少。五大高耗能制造业投资下降 2.3%，降幅比 1~10 月扩大 0.1 个百分点，降幅已连续三个月扩大。

（3）民间投资冲高回落。2016 年下半年以来，国家出台了一系列的重要改革文件来改善经济制度环境，促进民间投资的增长，提振了民企和社会的投资信心，民间投资增速在 2017 年初达到 7.7%，远高于 2016 年。但是在一季度以后，民间投资增速呈现回落态势。中国经济发展处于去产能、优化结构、从数量向质量转变的阶段，客观上只能支持一个相对较低的内生投资速度。由于民间投资是投资中的主要部分（2017 年 1~10 月占全国固定资产投资的 60.6%），民间投资增速的回落带动了投资的回落。

第二，消费增长呈现平稳趋势，对经济发展起主要驱动作用。

从消费来看，2017 年 1~11 月，全国社会消费品零售总额 34 108 亿元，同比增长 10.3%，增速比前三季度回落 0.1 个百分点，增幅与上年同期基本持平。前三季度最终消费对经济增长的贡献率为 64.5%，比 2016 年同期增加 2.8 个百分点。总体来说，消费增长呈现平稳趋势，对经济发展起主要驱动作用，呈现以下几个主要特点：

（1）在消费结构方面，中国消费者消费水平正在向富裕型、发展型消费转变，消费升级正在持续发酵。这表现在中国服务消费快速增长上，尽管食品、居住、交通等基本生活消费仍为主力，但其比重有所下降，而服务消费的比重却在快速上升，其中医疗保健和教育文化娱乐消费支出增长最快，旅游消费增长速度也较快。

（2）从区域分布来看，2017 年前三季度，全国有 19 个省市社会消费品零售总额增速实现了两位数增长，占比超过 60%。中西部消费增长迅速，支撑消费稳定增长。东部发达省份以及超大城市前三季度社会消费品零售总额增速均低于 10%，这些地区主要集中于消费升级。

（3）从消费渠道来看，线上销售加速发展，线下消费呈现回暖态势。中国电子商务保持快速发展，2017 年 1~11 月全国实物商品网上零售额 49 143 亿元，同比增长 32.4%，占社会零售总额的比重达 14.4%，比上年同期提高 2.7 个百分点。实体零售业方面，2017 年 10 月，商务部重点监测企业购物中心、便利店、超市、百货店等业态销售额同比分别增长 8.1%、7.8%、4.5%和 3.4%，增速比 9 月分别加快 1.9 个百分点、0.7 个百分点、1.1 个百分点和 1.0 个百分点。

（4）城乡居民收入持续较快增长，支撑消费稳定增长。2017 年前三季度，全国城乡居民人均可支配收入同比实际增长 7.5%，增速比上年同期加快 1.2 个百分点，比同期 GDP 增速快 0.6 个百分点。其中农村居民可支配收入实际增长 7.5%，比城镇居民高 0.9 个百分点。但中国中低端消费增速下降，而高端消费增长迅猛，这反映了中低收入群体消费增速下降，有效需求不足。中国的供给侧改革仍需继续深入进行，收入差距问题有待解决，需求应当进一步调动。

（5）消费者信心指数创历史新高。国家统计局中国经济景气监测中心的数据显示，2017 年 3 月以来，消费者信心指数一路上升，10 月达到 123.9，比上月上升 5.3，比上年同比上升 19.3，达到历史高点，11 月仍在 121.3 的高位。这表明在中国进一步进行对内改革和对外开放的背景下，在中国经济稳中向好运行中，消费者对个人经济状况和就业预期呈现乐观态度，消费意愿也因此提升。同时消费预期指数、满意指数也在持续增长，这说明中国消费仍将保持继续增长。

第三，出口增速快速回升，对经济增长的贡献率明显提高。

从进出口来看，全球经济回暖带动了中国外贸的增长，出口增速快速回升，对经济增长的贡献率明显提高。以人民币计，2017 年中国进出口同比增长 14.3%，其中，出口同比增长 10.8%，进口同比增长 18.7%。前三季度进出口总额同比增长 16.6%，净出口对经济增长的贡献率为 2.7%，较 2016 年同期提高 7.5 个百分点。受环保限产等因素影响，大宗商品进口量环比下跌，但短期国内需求回暖态势没有根本改变。同时，服务贸易增长较快。电信、计算机和信息服务进出口、离岸服务外包等新兴服务领域保持较快增长，2017 年 1~9 月出口同比增长 8.5%，高于整体出口增速 4.4 个百分点。

主要贸易伙伴中，对欧、美、日、东盟出口增速分别为 13.3%、15.4%、8.8% 和 13.3%，均保持较好水平，外需整体稳定向好。随着"一带一路"建设的推进，2017 年前三季度，中国与"一带一路"建设参与国进出口额同比增长 20.1%，高于同期中国进出口增速 3.5 个百分点。同时，与拉美国家和非洲国家进出口同比分别增长 23.4% 和 19.7%，分别高于进出口总体增速 6.8 个百分点和 3.1 个百分点。

海关总署发布的数据显示，中国外贸出口先导指数环比回升。2017 年 11 月，中国外贸出口先导指数为 41.8，较上月回升 0.2。其中，出口经理人指数为 44.8，较 10 月回升 1.4，新增出口订单指数、出口经理人信心指数分别回升 2.3、1.3 至 48.7、51.2，出口企业综合成本指数下滑 1 至 20.1。12 月，中国外贸出口先导指数为 41.1，较上月回落 0.7，表明 2018 年一季度中国出口仍面临一定压力。

（三）世界经济发展与中国外贸形势还存在诸多不确定因素

2017 年以来，全球经济增长普遍回暖。2017 年 11 月 28 日，经济合作与发展组织（Organization for Economic Co-operation and Development，OECD）发布《全球经济展望报告》，上调了 2017 年全球经济增长预期，预计 2017 年全球经济增长 3.6%，比 9 月时的预期上调 0.1 个百分点，高于 2016 年全球经济 3.1% 的增速。全球经济形势向好，特别是发达国家经济复苏强劲超出市场预期，促进了 2017 年中国外贸的增长。但世界经济发展与中国外贸形势中仍存在许多不确定因素，未来的发展态势仍有待进一步观察。

具体到中国的主要贸易伙伴，美国经济在 2017 年表现良好，三季度 GDP 初值达到了 3% 的超预期水平，10 月失业率降至 4.1%，创下了 2017 年以来新低。但消费增速和非住宅类固定投资增速下滑，劳动参与率低，工资上涨缓慢，等等，都将影响美国经济的发展。特朗普经济政策的不确定性以及美国联邦储备系统（以下简称美联储）货币政策逐步收紧可能带来的潜在政策风险都成为影响美国经济发展的不确定性因素。具化到中美贸易关系上，一方面，特朗普 2017 年 11 月初的访华之行以及两国签订大额合作项目使中美贸易关系呈现出令人乐观的一面；另一方面，美国商务部在 2017 年 10 月 30 日发布的一份报告中明确否定了中国的市场经济地位，在对华反倾销调查中继续使用"替代国"的做法，并主动对中国输美铝产品展开"双反"调查，这些现象让人担忧中美贸易关系的未来。

在欧洲方面，尽管年初市场担忧英国脱欧事件可能成为欧洲经济的"黑天鹅"事件，但 2017 年以来欧洲经济复苏相当强劲，成为国际金融危机以来欧元区最好的经济发展阶段。三季度欧盟和欧元区的 GDP 增长环比均上涨 0.6%；经季节性调整后的 GDP 增长同比均上涨 2.5%。同时，2017 年 9 月欧盟和欧元区的失业率分别为 7.5% 和 8.9%，创下了国际金融危机以来的最低水平。主要国家德国、法国、西班牙经济都表现出良好的发展形势。但西班牙服务业受到了加泰罗尼亚危机的影响，进一步的影响仍有待观察。默克尔组阁受阻，英国脱欧谈判面临着一个又一个的障碍，为欧洲经济的未来蒙上了不确定的阴影，同时，欧盟对于中国"市场经济地位"的迟疑也为中欧贸易关系增加了不确定性。

随着"一带一路"倡议的持续推进，"16+1"合作机制将夯实中国-中东欧经贸合作，未来中国与沿线国家的经贸合作将朝着持续增加的方向发展，成为推动中国乃至世界经济增长的重要动力。2017 年前三季度，中国对"一带一路"沿线 57 个国家新增投资合计 96 亿美元，占同期总额的 12.3%，同比提高 4 个百分点，中国对俄罗斯、波兰和哈萨克斯坦等国进出口总额分别增长 27.7%、24.8% 和 41.1%，并在推动经贸合作的同时带动了这些国家的经济增长和就业。

另外，中国外贸形势面临的另一个不确定的点是制造业分流。随着中国劳动力成本的上升，目前中国制造业正处于被双向挤压的局面，发展中国家试图凭借低廉的劳动成本争夺中低端制造业，发达国家纷纷出台保护和激励措施引导高端制造业回流。全球贸易信息系统数据显示，2017 年上半年中国劳动密集型产品在欧盟和日本的市场份额分别下滑了 0.1 个百分点和 0.5 个百分点。而同期，东南亚一些国家劳动密集型产品在欧盟、美国和日本市场份额明显上升。在竞争激烈的环境下，中国制造业应当加速转型升级，往智能制造发展，以先进制造和工业互联网为基础，从制造大国向制造强国转变。

三、2018 年 GDP 增长速度预测

2017 年以来，在错综复杂的国内外形势下，在以习近平同志为核心的党中央坚强领导下，中国经济取得了来之不易的成绩。经济总体运行好于 2016 年同期，好于年初预期，生产需求增速稳定，就业形势持续向好，物价温和上涨，国际收支有所改善。同时，经济下行压力依然较大，存在一些必须高度重视的风险和隐患。2018 年中国经济运行、国际经济形势发展，以及中国的外需增长情况都有很大不确定性。

鉴于 2018 年国内外存在高度不确定性，本报告在以下三个前提条件下，对中国 2018 年经济增长进行预测：

第一，在以习近平同志为核心的党中央坚强领导和十九大精神的指引下，中国政府将继续贯彻"稳中求进"的总方针。

第二，国际经济形势和中国对外经贸关系不会发生急剧恶化，特别是中美不会发生严重贸易战。中美经济总体上是互利互补的，但也应预计到美国新政府政策的改变。

第三，2018 年中国周边地区的等总体局势不会引起大的经济波动。

（一）预计 2018 年经济增速约为 6.7%，低于 2017 年

2017 年中国经济保持了平稳的增长，前三季度中国的 GDP 增速分别为 6.9%、6.9%、6.8%。其中，中国最终消费支出对经济增长的贡献率达到了 64.5%，比 2016 年同期提高 2.8 个百分点，表明消费驱动经济增长模式更加巩固。自 2016 年 9 月至 2017 年 10 月，消费者预期指数、满意指数、信心指数已持续上升至 127.6、118.4 和 123.9。预计第四季度消费还将保持稳定的增长态势，服务业也将保持平稳的增长态势。我们预计第四季度将为 6.8% 左右。预计 2017 年全年中国 GDP 增速将为 6.9% 左右。

展望 2018 年，中国经济运行、国际经济形势以及中国的外需增长情况都有很大不确定性。预测 2018 年中国经济增速将可能低于 2017 年，初步预测在 6.7% 左右，略低于 2017 年增速，但仍远高于世界上发达国家平均增速，而且分别高于中上等收入国家、中下等收入国家和低收入国家平均增速，是名副其实的中高速增长。

1. 2018 年三大产业增速预测

从三大产业来看，预计 2018 年第一产业增加值增速约为 3.6%，比 2017 年略减 0.1 个百分点；预计第二产业增加值增速为 6.0%，较 2017 年降低 0.2 个百分点；第三产业增加值增速为 7.8%，比 2017 年降低 0.1 个百分点（预测结果见表 8）。

表 8　2016~2018 年中国 GDP 增速以及三大产业增加值增速

项目	2016 年	2017 年预测	2018 年预测	2018 年较上年提高
GDP 增速	6.9%	6.9%	6.7%	−0.2%
其中：第一产业	3.9%	3.7%	3.6%	−0.1%
第二产业	6.1%	6.2%	6.0%	−0.2%
第三产业	8.3%	7.9%	7.8%	−0.1%

资料来源：国家统计局公布数据及项目组测算

2. 2018 年三大需求增速预测

从三大需求来看，预计 2018 年社会消费品零售总额同比增速为 10%，扣除价格因素后实际增速为 8%，固定资产投资完成总额实际同比增速为 6.5%，进出口增速下降。从对 GDP 增长的贡献率来看，预计 2018 年消费的贡献率为 68%，拉动经济增长 4.5 个百分点；投资的贡献率为 29%，拉动经济增长 2 个百分点；净出口的贡献率为 3%，拉动经济增长 0.2 个百分点，如表 9 所示。

表 9　2016~2018 年中国 GDP 增长率以及三大需求对 GDP 的贡献率和拉动

项目	GDP 增长率	贡献率			拉动 GDP 增长百分点		
		最终消费	资本形成总额	净出口	最终消费	资本形成总额	净出口
2016 年	6.7%	64.6%	42.2%	−6.8%	4.3	2.8	−0.4
2017 年预计	6.9%	66%	30%	4%	4.5	2.1	0.3
2018 年预计	6.7%	68%	29%	3%	4.5	2	0.2

资料来源：国家统计局公布数据及项目组测算

（二）2018 年预测的主要的依据

1. 三大产业角度

农业供给侧结构性仍然继续，渔业、畜牧业转型升级将带来新的发展动力，预计 2018 年第一产业增加值增速将与 2017 年持平略减。

第二产业中，研发和自主创新的潜力将会得到进一步释放，高技术产业、装备制造业等的增加值增速将仍然保持在较高水平，但增速将会低于 2017 年，边际效应递减。建筑业受固定资产投资回落的影响，将出现较大幅度的增速下滑。

预计 2018 年服务业还将保持较为平稳的增长态势。信息传输、软件和信息技术服务业，租赁和商务服务业等增加值增速仍将高于服务业平均水平，带动第三产业增加值平稳向好发展。

2. 三大需求维度

固定资产投资增速将会呈现由降转稳的态势，这将会是中国固定资产投资增长的基本态势。虽然固定资产投资及民间投资增速有短期因素导致的波动，增长有所放缓，但是投资增速走稳的基础条件并没有变。随着制造业投资增速放缓触底，房地产增速、基础设施建设投资增速保持平稳，大宗商品销售在未来会继续保持活跃态势，去产能工作加快进行，工业企业效益总体在不断恢复中，新一轮企业投资周期即将到来。同时，与新型城镇化、"一带一路"倡议相联系的基础设施建设活动较为活跃，这些都将支持投资的平稳增长。

中国共产党第十九次全国代表大会提出，"中国特色社会主义进入新时代，我国社会主要矛盾已经转化为人民日益增长的美好生活需要和不平衡不充分的发展之间的矛盾"，"完善促进消费的体制机制，增强消费对经济发展的基础性作用"，这表明将会有更多的利好政策促进消费的发展。随着供给侧结构性改革的积极效应进一步显现，居民收入增长和社会就业情况维持在较好水平，预计后期居民消费潜力将会进一步释放，消费市场将保持平稳较快增长。同时，也应当注意到消费基数规模越来越大将导致增速自然回落，以及新一代消费群体正在引领市场消费格局的变化，新的消费增长点正在不断出现，将对中国消费格局乃至经济社会发展产生积极影响和贡献。

2017 年中国进出口增长较快，展望 2018 年，全球经济形势将继续好转，中国外贸仍有望继续保持较快的增长势头，但增速会有所回调。国际货币基金组织 2017 年 10 月发布的预测显示：2017 年和 2018 年全球经济增速预测分别为 3.6% 和 3.7%，但 2018 年主要得益于新兴经济体的增速有所提高（从 2017 年的 4.6% 增至 2018 年的 4.9%），其中 2017 年和 2018 年，中国分别为 6.8% 和 6.5%，印度分别为 6.7% 和 7.4%，俄罗斯分别为 1.8% 和 1.6%，巴西 0.7% 和 1.5%；发达经济体 2018 年和 2017 年相比增速有所回落（2017 年 2.2%，而 2018 降为 2.0%），其中美国 2017 年和 2018 年的经济增速预测分别为 2.2% 和 2.3%，欧盟分别为 2.1% 和 1.9%。

四、建　议

1. 培育新的消费增长点，满足人民日益增长的美好生活需要

中国共产党第十九次全国代表大会提出，"中国特色社会主义进入新时代，我国社会主要矛盾已经转化为人民日益增长的美好生活需要和不平衡不充分的发展之间的矛盾"，"完善促进消费的体制机制，增强消费对经济发展的基础性作用"。

在消费升级、科技进步、人口结构转变、市场经济制度不断完善时期，绿色住宅、新能源汽车、智能家电、节能环保产品以及高档商品增长迅速，绿色住宅、智能住宅、信息服务、医疗健康产品、各类服务消费的市场规模巨大，这些产品和服务将对中国消费格局乃至经济社会发展产生积极影响和贡献。

2. 进一步采取措施激发民间投资活力

深化供给侧结构性改革，优化投资与营商环境，对民间投资参与政府项目制定更为细化的措施，继续发力解决民间投资融资难的问题。

附件：国内外部分单位对中国 2017 年和 2018 年 GDP 增长速度预测情况

预测单位或专家	预测日期	2017年 GDP 增速	2018 年 GDP 增速	备注
OECD	2017 年 9 月 20 日	6.8%	6.6%	OECD 预测中国经济 2017 和 2018 年将分别增长 6.8% 和 6.6%，均比此前的预期上调 0.2 个百分点
世界银行	2017 年 10 月 3 日	6.7%	6.4%	《东亚与太平洋地区经济半年报》
国际货币基金组织	2017 年 10 月 10 日	6.8%	6.5%	《世界经济展望》
联合国	2017 年 1 月 17 日	6.5%	6.5%	《2017 世界经济形势与展望》
亚洲开发银行	2017 年 9 月 26 日	6.7%	6.4%	《2017 年亚洲发展展望》更新版
东盟与中日韩（10+3）宏观经济研究办公室	2017 年 5 月 24 日	6.8%	6.3%	《2017 年东盟 10+3 区域经济展望》 http://www.gov.cn/guowuyuan/2017-10/05/content_5229675.htm
瑞银	2017 年 10 月 20 日	6.8%	6.4%	http://finance.caixin.com/2017-10-20/101158961.html
德意志银行大中华区首席经济学家张智威	2017 年 4 月 18 日	6.7%	6.3%	http://finance.caixin.com/2017-04-18/101079815.html

预测单位或专家	预测日期	2017年GDP增速	2018年GDP增速	备注
渣打银行	2017年7月31日	6.8%		2017年下半年全球宏观经济展望研究的报告《天鹅、公牛与熊》
花旗银行	2017年7月27日	6.8%	6.5%	2017年下半年经济展望会
法国兴业银行	2017年3月15日	6.6%	6.1%	http://sputniknews.cn/economics/201703151022094763/
日本经济研究中心	2017年8月30日	6.7%	6.2%	
高盛集团	2017年11月16日	6.8%	6.5%	高盛2017年11月16日发布《2018年中国经济展望报告》，预计2018年GDP增速或会回落至6.5%
穆迪公司	2017年8月30日	6.8%	6.4%	穆迪预测2018年中国经济增速为6.4%
惠誉国际信用评级有限公司	2017年10月2日	6.7%	6.3%	http://www.mofcom.gov.cn/article/i/jyjl/e/201710/20171002654468.shtml
摩根士丹利	2017年11月28日	6.8%	6.5%	《2018年中国经济展望》
摩根大通	2017年7月17日	6.8%		
野村证券	2017年7月18日	6.8%	6.2%	2016年12月30日，野村证券预计2018年中国经济增速将放缓至6.2%
中国社会科学院经济研究所	2017年10月31日	6.6%		《经济蓝皮书夏季号：中国经济增长报告（2016~2017）》
中国人民大学国家发展与战略研究院	2017年11月26日	6.8%	6.7%	http://money.163.com/17/1125/09/D432MF29002580S6.html
厦门大学宏观经济研究中心	2017年10月27日	6.8%	6.65%	http://news.xinhuanet.com/fortune/2017-10/30/c_1121873713.htm
交通银行金融研究中心	2017年7月5日	6.7%		《2017年下半年中国宏观经济金融展望》
中国银行国际金融研究所	2017年11月30日	6.8%	6.7%	《2018年经济金融展望报告》
兴业证券	2017年11月27日	6.8%	6.6%	
申万宏源证券	2017年11月21日	6.7%	6.7%左右	《2018年宏观经济报告》
中信证券股份有限公司	2017年11月22日	6.8%	6.8%左右	《2018年宏观经济展望》
中金梁红团队	2017年10月30日	6.8%	6.9%	《中金公司2018年宏观经济展望》
诺亚财富	2017年8月19日	6.5%~6.6%		《2017下半年投资策略报告》
华泰证券	2017年11月25日	6.8%	6.7%	《2018年宏观研报》
九州证券经济学家邓海清	2017年3月5日	6.7%~6.8%		http://www.ocn.com.cn/shujuzhongxin/201703/gxdbv07115803.shtml
方正证券股份有限公司	2017年11月10日		6.7%	《新时代 新周期——2018年宏观展望》

2018 年固定资产投资增长态势分析与展望①

陈　磊　孙晨童　张同斌

报告摘要： 2017 年我国经济运行稳中向好，但经济发展长期积累的深层次结构性矛盾尚未根本性缓解，增长的内生动力尚待增强，特别是固定资产投资的增长动力依然不足，仍处在稳增长、调结构的关键阶段。

本报告首先分析了 2017 年我国固定资产投资的运行特征，主要包含五个方面：①固定资产投资增速稳中趋缓，投资结构继续优化。2017 年固定资产投资累计增速在一季度出现短暂小幅反弹后逐步呈现缓慢回落态势。2017 年 1~10 月，固定资产投资（不含农户）同比名义增长 7.3%，创造了 2001 年以来的最低水平。基础设施建设、房地产和制造业投资增速均出现前高后低走势。但投资结构继续优化升级，工业新动能投资增长较快；短板领域投资增速保持较高水平；重点领域民间投资增速提高。②三次产业投资增速均呈现趋缓走势，但各产业内部的投资结构也在逐步优化。③民间固定资产投资增速虽较 2016 年有所提高，但增长依然乏力，政府相关政策力度加大。④实际到位资金增速整体回落，但年内呈前低后高走势，投资资金不足的情况逐渐缓解。⑤施工项目计划投资增长较快，但新开工项目计划投资增速回落明显。

本报告在重新筛选、确定我国固定资产投资景气一致指标和先行指标的基础上，分别采用传统方法和小波分解方法建立了综合反映我国固定资产投资景气的一致合成指数、先行合成指数，以及一致和先行扩散指数，进而对我国固定资产投资的景气波动特征及未来走势进行分析。结论认为，从 2015 年 11 月开始，总体投资景气或进入新一轮短周期，此次景气波动呈现出与以往不同的低位小幅波动的平稳运行特征，对此轮周期波峰和波谷的判断仍需进一步观察。按照投资先行指数推算，总体投资景气可能在 2018 年一季度止降回稳。

本报告预测，2017 年四季度，固定资产投资增速将继续小幅下滑，预测 2017 年全年增长 7.1%左右，比 2016 年下降 1 个百分点，处于景气"过冷"区间。2018 年固定资产投资增长从一季度开始有望呈现止降回稳走势，全年增长约 6.4%，低于 2017 年。但投资结构将继续改善。具体预测包括：①2017 年基础设施投资增长 15%左右，2018 年增速将略有下降；②2017 年和 2018 年房地产开发投资分别增长 7.2%左右和 5%左右；③制造业投资增长在 4%左右，大体保持平稳运行；④2017 年民间投资增速为 5%~5.6%，2018 年投资增速可能与 2017 年相当或略有提高；⑤2017 年投资到位资金增长 4.8%左右，为 21 世纪以来的最低水平。2018 年的资金来源恐难有大的起色。

---

① 本报告得到国家社会科学基金重大项目（项目编号：15ZDA011）的资助。

本报告认为政府应高度重视固定资产投资的持续下滑趋势，2018 年"稳增长"的核心在于"稳投资"。在固定资产投资增速没有触底企稳之前，宏观经济政策总体上稳健偏积极的定位不宜改变。具体建议包括：①大力促进制造业投资结构优化升级，控制房地产投资的投向和规模，合理布局基础设施建设投资；②进一步促进民间投资增长，激发经济发展活力。

2017 年我国经济发展所面临的内、外部环境依然复杂、严峻，经济发展长期积累的深层次结构性矛盾尚未根本性缓解，部分领域的风险隐患仍然很大，增长的内生动力尚待增强，特别是固定资产投资的动力依然不足，仍处在稳增长、调结构的关键阶段。与此同时，经济稳中向好的特征已经显现，新旧动能的转换不断加快，经济结构不断优化。

在我国经济发展进入新时代的背景下，优化投资结构与提高投资效率已经成为推动过剩产能化解、深化经济结构调整、提高经济增长质量的重要抓手。在平衡基础设施建设投资、房地产投资与制造业投资的基础上，着力推进服务业、战略性新兴产业等行业的固定资产投资，以及大力促进民间投资进入公共事业与基础设施建设领域，对于遏制固定资产投资增速的下滑态势、保持投资的可持续性、实现投资在经济增长与结构转型中的支撑作用具有重要意义。

本报告对 2017 年我国固定资产投资的运行态势及 2018 年走势进行分析和预测，具体结构为：第一部分考察 2017 年我国固定资产投资的运行特征；第二部分通过构建固定资产投资合成指数和扩散指数，分析我国固定资产投资总体景气波动的特征及发展态势；第三部分对固定资产投资的主要相关指标进行预测；第四部分提出政策建议。

一、2017 年固定资产投资形势分析

2017 年，我国固定资产投资完成额累计增速经过一季度短暂的小幅反弹后，继续出现逐步回落的态势，第一、第二和第三产业投资累计同比增速年内均大体呈现前高后低的走势，民间固定资产投资增速在企稳后下半年有所下滑。房地产投资增速回落、环保限产、季节性因素等导致固定资产投资增速不断回落至年内新低。但投资结构继续优化升级，基础设施建设、高技术产业、服务业投资保持较快增长，对固定资产投资继续起到重要的拉动作用，工业行业内部的投资结构也在逐步优化，年内固定资产到位资金增速不断提高，固定资产投资施工项目总投资保持快速增长。

（一）固定资产投资增速稳中趋缓，投资结构继续优化

受结构调整和制造业投资减速的影响，2013 年以来，固定资产投资（不含农户）累计增速出现下滑趋势（图 1）。尽管 2016 年下半年至 2017 年一季度投资增速在 8%附近企稳并有所回暖，但 4 月开始投资增速再度出现下滑，8 月以后甚至降到 8%以下。截至 2017 年 10 月，累计固定资产投资（不含农户）为 517 818 亿元，同比名义增长 7.3%，

创造了 2001 年以来的最低增速。剔除 2017 年投资品价格上涨因素，2017 年 1~9 月的实际投资增速仅有 2.2%。

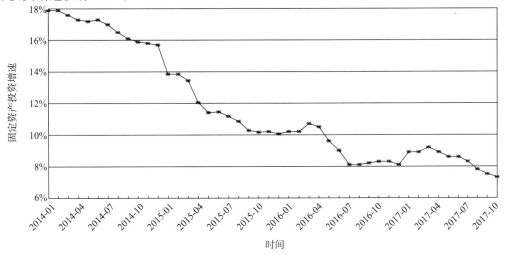

图 1　固定资产投资完成额累计增速（春节调整）

固定资产投资增速在 2017 年稳中趋缓的主要原因在于：①支撑固定资产投资的三大板块制造业投资、房地产开发投资和基础设施投资中，占比最大的制造业投资增速年内稳中趋缓。制造业投资放缓的原因，一是传统制造业存在产能过剩等问题，受经济结构调整的冲击较大，其投资收益下降的特征较为明显；二是制造业是实体经济的重要组成部分，当经济增长速度和资本回报率下降时，制造业投资的顺周期特性表现为缩减投资规模，降低企业经营风险。②民间固定资产投资增长仍然乏力。2017 年 1~10 月，民间固定资产投资完成额为 313 734 亿元，同比增长 5.8%，增速虽然高于 2016 年同期，但仍然明显低于国有投资 10.9% 的增速，处于低速增长区间。此外，2017 年 1~10 月民间投资占全国固定资产投资（不含农户）的比重为 60.6%，比 2016 年同期下降 0.9 个百分点。民间投资增速乏力的原因是多方面的，核心因素是需求不足导致投资意愿下降，民营企业为了降低经营风险而缩减投资规模。值得注意的是，民间投资占比下降、国有投资占比上升，对全社会投资效率会产生不利影响。

从各地区的投资情况来看，2017 年 1~10 月，东部地区固定资产投资 218 371 亿元，占比 42.46%，比 1~2 月的 51.3% 有所下降，1~10 月投资累计增速为 8.1%，比前 7 个月 9% 左右的增速有所回落；中部地区固定资产投资 131 460 亿元，占比 25.56%，增长速度由前 2 个月的 12% 一路下滑到前 10 个月的 7.4%；西部地区固定资产投资 138 028 亿元，占比 26.84%，年内呈逐渐上升趋势，且已经超过中部地区，投资累计增长 9%，增速较 4 月的年内高点 11% 有所回落；东北地区固定资产投资 26 407 亿元，累计占比由 2 月的 1.1% 上升到 10 月的 5.13%，投资累计同比下降 3.2%，降幅逐渐收窄，但仍然是拖累投资整体增速继续下滑的地区。

从投资的行业结构来看，制造业投资一直占据较大比重，近 10 年基本稳定在 30% 以上。图 2 显示，2014 年以来制造业投资累计同比增速出现了明显下滑，但 2016 年 7

月以后，制造业投资增速出现止跌企稳态势，2016 年 9 月至 2017 年 3 月，制造业投资增速出现了一波小反弹，创造了近期的反弹高点 5.8%，2017 年 4~6 月，该指标基本稳定在 5.3% 左右，此后，再次出现缓慢回落。截至 2017 年 10 月，制造业累计投资 158 856 亿元，同比增速为 4.1%，为年内最低，与 2016 年同期相比上升 1 个百分点，其中，传统制造业普遍增长较慢。

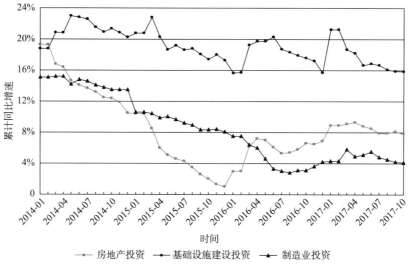

图 2　房地产、基础设施建设和制造业投资增速

　　制造业投资增速呈现低位企稳走势的可能原因在于：一方面，随着供给侧结构性改革的推进，部分行业去产能效果明显，钢铁、煤炭等原材料的价格上涨，产业链上游企业的经营状况明显好转，企业利润得到提升，使制造业投资情况得到一定改善，但制造业的利润高增长并未完全和有效地传导至投资；另一方面，制造业内部结构不断优化，传统制造业得到改造的同时，不断发展的先进制造业、高技术制造业以及部分战略性新兴行业投资增长势头良好，占比不断提高，对稳定制造业总体投资起到重要作用。

　　图 2 显示，基础设施建设投资（全口径）在 2014 年之后保持了 19% 左右的较快增速，其占总投资的比重也从 20% 左右稳步提升到 2017 年三季度的 27.1%，其中，第三产业基础设施投资占总投资的比重从 16% 左右提升到 21.8%。基础设施建设投资的高速增长对减缓投资增速的下滑、保持投资的适度增长起到了关键作用。

　　2017 年基础设施建设投资（全口径）增速呈现明显的前高后低走势，由 1~2 月的 21.3% 降到 1~10 月的 15.85%（第三产业基础设施建设投资增速由 1~2 月的 27.3% 降到 1~10 月的 19.6%），但比同期的整体固定资产投资增速高出 8.55 个百分点，对投资仍然起到较强的拉动作用。其中，一些短板领域的投资增长更为明显，如 1~10 月的道路运输业投资增长 24.7%；生态保护和环境治理业投资增长 24.1%；公共设施管理业投资增长 23.4%；水利管理业投资增长 16.2%。近些年基础设施投资一直保持高增长态势得益于政府积极的财政政策及政府和社会资本合作（public-private partnership，PPP）模式等融资方式的推进，同时显示了政府"补短板"的政策导向。

　　根据 Wind 数据库计算，近些年房地产开发投资占总投资的比重保持在 19% 左右。

2016 年以来，房地产开发投资累计增速在触底后出现了一轮波浪形回升走势，由 2015 年的 1%上升到 2017 年 4 月的 9.3%。此后，随着前期因地制宜、因城施策的房地产调控政策效果逐渐显现，投机需求得到有效抑制，房地产投资出现缓慢回落趋势（图 2）。2017 年 1~10 月房地产开发投资完成额为 90 544 亿元，占全部投资的 17.5%，增速降到 7.8%，为年内最低点，增速环比回落 0.3%。同期，房屋销售面积和销售额同比增长仅为 8.2% 和 12.6%，增速比 1~9 月分别回落 2.1 个百分点和 2 个百分点，均已降至年内最低点。楼市销售持续降温与消费信贷收紧导致居民中长期贷款与短期贷款同步放缓，到位资金维持低位，新开工面积当月增速由正转负至-4.3%，进而对房地产开发投资增长形成拖累。但 1~10 月房地产购置土地面积同比增长 12.9%，环比回升 0.7%，为 2012 年以来的高位。此外，10 月末，商品房待售面积 60 258 万平方米，比 9 月末减少 882 万平方米，累计同比下降 13.3%。去库存政策继续取得良好成效，库存已降至低位，去库存力度有所减弱。

尽管 2017 年固定资产投资增速呈现持续下滑趋势，但投资结构继续优化，主要表现在以下方面[①]：

（1）工业新动能投资增长较快，投资质量明显提升：①高技术制造业投资成为新亮点。2017 年 1~10 月，高技术制造业投资 21 288 亿元，增长 16.8%，增速比 2016 年同期提高 4.1 个百分点，比全部制造业投资高 12.7 个百分点，占全部制造业投资的比重进一步提高到 13.4%，对制造业投资增长的贡献率为 49.1%。②技改升级引领效应凸显。1~10 月，工业技改投资 85 107 亿元，增长 14.1%，增速比前三季度提高 1.3 个百分点，比全部工业投资高 10.8 个百分点；占全部工业投资的比重为 44.6%，比 2016 年同期提高 4.3 个百分点。③装备制造业投资增长势头良好。1~10 月，装备制造业投资 66 019 亿元，增长 8%，增速比 2016 年同期提高 5 个百分点，比全部制造业投资高 3.9 个百分点，占全部制造业投资的比重为 41.6%，比 2016 年同期提高 1.6 个百分点。④高耗能制造业投资持续下降。1~10 月，五大高耗能制造业投资下降 2.2%，降幅比前三季度扩大 0.3 个百分点。

（2）短板领域投资增速保持较高水平：①基础设施建设投资高位增长。2017 年 1~10 月，第三产业的基础设施建设投资同比增长 19.6%，增速比 2016 年同期提高 0.2 个百分点；占全部投资的比重为 21.8%，比 2016 年同期提高 2.2 个百分点，对全部投资增长的贡献率为 52.7%，拉动投资增长 3.8 个百分点。②社会领域投资不断加强。2017 年 1~10 月，社会领域投资 21 961 亿元，增长 17.4%，其中，教育投资增长 20%，卫生和社会工作投资增长 18.5%，文化、体育和娱乐业投资增长 13.5%，占全部投资的比重为 4.2%，比 2016 年同期提高 0.3 个百分点。

（3）重点领域民间投资增速提高。2017 年下半年以来，《国务院办公厅关于进一步激发民间有效投资活力促进经济持续健康发展的指导意见》等文件陆续出台和实施，使民营企业的投资环境有所改善，带动基础设施建设、社会领域、高技术产业等行业民间投资增速明显提高。2017 年 1~10 月，基础设施建设民间投资增长 17.1%，增速比 2016

---

① 国家统计局. 国家统计局投资司高级统计师王宝滨解读 2017 年 1-10 月份投资数据. http://www.stats.gov.cn/tjsj/sjjd/201711/t20171114_1553191.html，2017-11-14.

年同期提高 12.2 个百分点；社会领域民间投资增长 17.4%，提高 7.4 个百分点；高技术产业民间投资增长 19.2%，提高 7.3 个百分点。

（二）三大产业投资增速均呈现趋缓走势

从三大产业固定资产投资累计增速来看（图 3），第一产业固定资产投资增速始终保持在较高水平，2014~2016 年几乎一直保持在 20% 以上。进入 2017 年，第一产业投资增速出现明显回落态势，并于 9 月创造了近年来的最低增速 11.8%。但随着农业供给侧结构性改革的深入推进，第一产业投资增速出现止跌企稳迹象。2017 年 1~10 月，第一产业投资 17 096 亿元，增长 13.1%，增速比前三季度提高 1.3 个百分点，比全部投资高 5.8 个百分点。其中，农业投资增长 17.6%。第一产业投资占全部固定资产投资的比重达到 3.3%，创造了 2003 年以来的最高水平。

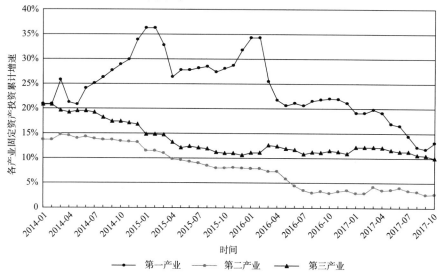

图 3　第一产业、第二产业、第三产业固定资产投资累计增速

图 3 显示，2014 年以来，在三次产业中第二产业固定资产投资增速始终处于最低水平，且受工业行业投资结构调整的影响呈现稳步下滑趋势，与此同时，第二产业投资占全部固定资产投资的比重也呈现逐渐下降的趋势。2016 年 6 月以来，第二产业投资累计增速回落到 5% 以下，在 2.5%~4.5% 平稳小幅波动，出现止跌趋稳态势，这与制造业投资增长的企稳走势相对应。2017 年 1~10 月第二产业投资 193 533 亿元，增长 2.7%，增速比上年同期下降 0.2 个百分点。第二产业投资占全部固定资产投资的比重为 37.4%，为年内次低点。第二产业投资中，工业投资 190 971 亿元，同比增长 3.3%，增速与 2017 年 1~9 月持平，其中，采矿业投资下降 9.1%；制造业投资增长 4.1%；电力、热力、燃气及水生产和供应业投资增长 2.3%。如前所述，2017 年工业行业内部的投资结构进一步优化，新旧动能有序转化。

在三大产业中，第三产业固定资产投资增速始终处于中间位置，2015 年以来，累计增速在 10%~15%徘徊。2017 年，受基础设施建设和房地产投资减速的影响，第三产业投资累计增速出现缓慢下滑走势。1~10 月，第三产业投资 307 189 亿元，增长 10%，累计增速较 1~2 月回落 2.2 个百分点，较 1~9 月回落 0.5 个百分点，相比 2016 年同期回落 1.5 个百分点；占全部固定资产投资比重 59.3%，较上年同期提高 1.54 个百分点。第三产业中，基础设施投资（不含电力、热力、燃气及水生产和供应业）113 103 亿元，同比增长 19.6%，保持了较高增速。其中，水利管理业投资增长 16.2%，公共设施管理业投资增长 23.4%；"互联网+"等新型服务业的蓬勃发展，拉动了电子商务、快递等行业的投资增长，交通运输、仓储和邮政业增长 15%，其中，道路运输业投资增长 24.7%。此外，第三产业中与社会和民生领域相关的产业，如教育、卫生、文化、体育、娱乐等投资达到 13%~20%的较快增长，反映了居民生活质量的改善和社会消费结构的转变。

（三）民间固定资产投资增长乏力，政府相关政策力度加大

图 4 显示，2014 年至 2016 年上半年，民间固定资产投资累计增速呈现持续下滑趋势，且下降幅度高于固定资产投资的下降幅度。2016 年 7 月，降至自 2005 年以来的最低水平，累计增速仅为 2.1%。2016 年下半年，受 PPP 项目推进及政府积极推行相关促进民间资本投资政策的影响，民间投资累计增速企稳回升。但进入 2017 年后，由于民间投资增长动力不足，从 6 月开始，增速缓慢下降，复苏乏力。2017 年 1~10 月，民间固定资产投资 313 734 亿元，同比名义增长 5.8%，累计增速比 1~9 月回落 0.2 个百分点。

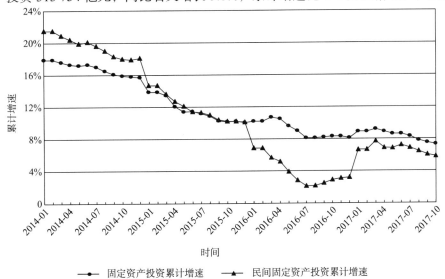

图 4　固定资产投资累计增速和民间固定资产投资累计增速

随着近年来民间固定资产投资增速的下降，民间固定资产投资占全部固定资产投资的比重也出现下降态势。2014~2015 年，民间投资占比保持在 63%~66%，但进入 2016 年后，民间投资占比出现明显回落，2016 年全年占比降到 61.3%，对比前一年下降了 3 个百分点。2017 年，民间投资占比总体上仍在下降，但已呈现止跌回稳态势。2017 年

1~10 月，民间投资占比 60.6%，比 2016 年同期下降 0.9 个百分点。

图 5 显示，2014 年后以来，三大产业的民间投资增速与三大产业的总投资增速走势基本保持一致，均呈现出不同程度的下降趋势，但总体上已经出现止跌趋稳态势。

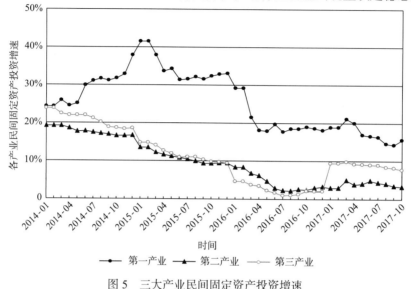

图 5　三大产业民间固定资产投资增速

第一产业民间投资增速在 2014~2015 年基本保持 25% 以上的较高水平，2016 年增速大幅下跌至 18% 左右。进入 2017 年后，增速进一步呈下降态势，但 9 月以后有止跌趋稳迹象。2017 年 1~10 月，第一产业民间固定资产投资 13 837 亿元，同比增长 15.6%，增速比 1~9 月提高 1.3 个百分点。

2014 年以来，第二产业民间投资受工业民间资本投资下降影响，增速逐渐回落，2016 年 8 月降至最低点 2.1%。此后，该指标出现企稳走势，2017 年各月的增速在 2.9%~4.9% 小幅波动。2017 年 1~10 月，第二产业民间固定资产投资 153 354 亿元，同比增长 3.2%，增速较上月回落 0.2 个百分点，与 2016 年全年持平。

2014~2016 年，第三产业民间投资增速呈大幅下降趋势，从最高点 23.8%（2014 年 1 月）降至最低点 0.9%（2016 年 7 月），降幅接近 23 个百分点。进入 2017 年，受政府促进民间资本投资政策的影响，增速反弹回升至接近 10%。2017 年 4 月以后，增速逐渐有所回落。2017 年 1~10 月，第三产业民间固定资产投资 146 543 亿元，同比增长 7.7%，增速较一季度回落 2.1 个百分点。

当前，民间投资的持续低迷主要受以下五个方面的制约因素影响：一是去产能和环保限产推进、部分领域和地区经营风险加大导致民间资本"不敢投"；二是经济增速放缓、项目投资回报下降导致民间资本"不想投"；三是部分行业准入门槛过高导致民间资本"不能投"；四是政府服务欠缺、投资环境仍需完善导致民间资本"不愿投"；五是金融、财税等相关政策支持不足，民企融资难，导致民间资本"无法投"①。

近年来，民间投资增速持续下降、民间投资意愿不足的现象引起了政府部门的高度

---

① 杜雨萌. "五不投"因素制约民间投资 国企混改为其开大门. 证券日报, 2017-11-22.

重视，2017 年下半年以来，《国务院办公厅关于进一步激发民间有效投资活力促进经济持续健康发展的指导意见》等多个文件陆续出台和实施，对改善民营企业的投资环境，带动基础设施建设、社会领域、高技术产业等行业的投资热情，促进民间资本投资增长起到一定作用。2017 年 11 月，工业和信息化部、国家发展和改革委员会等部门相继出台《关于发挥民间投资作用　推进实施制造强国战略的指导意见》《国家发展改革委关于鼓励民间资本参与政府和社会资本合作（PPP）项目的指导意见》等。在新一轮政策的推动下，民间固定资产投资增长有望止降趋稳。

（四）实际到位资金增速整体回落，但年内呈前低后高走势

图 6 显示，2017 年固定资产投资到位资金增长整体上较前两年出现了明显回落，1~5 月甚至出现了罕见的负增长情况，表明存在投资资金不足的问题。但年内到位资金增长不断回升，显示投资资金不足的情况逐渐有所缓解，从而有利于缓解投资增速持续下滑的态势。2017 年 1~10 月，固定资产投资到位资金 514 597 亿元，同比增长 3.6%，累计增速比 1~9 月提高 0.3 个百分点，国家预算内资金、国内贷款资金、自筹资金来源均有一定改善，但比 2016 年同期下降 1.8 个百分点。

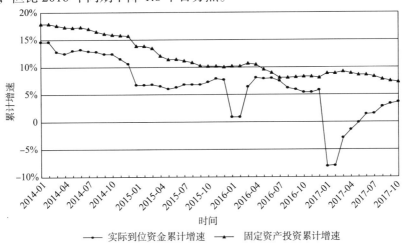

图 6　实际到位资金累计增速和固定资产投资累计增速

从实际到位资金的五个来源来看，自筹资金在实际到位资金中所占比重最大，2014~2016 年一直保持在 62%~71%，可见，固定资产投资的主要来源是企业的自筹资金。2017 年 1~2 月，自筹资金占比一度下降到 55% 左右，此后逐渐回升到 60% 以上。图 7 显示，2016 年自筹资金累计增速较此前下了一个台阶，全年接近零增长，比 2015 年下降 9.6 个百分点。2017 年自筹资金累计增速一度出现大幅下降，1~2 月的累计增速为–19%，创造了 1991 年以来的最低纪录。此后，增速不断回升。2017 年 1~10 月自筹资金累计完成额为 335 504 亿元，占实际到位资金的比重达到 65%，自筹资金增长 0.5%，比上月提高 0.4 个百分点，比 2016 年全年增速提高 0.6 个百分点。尽管如此，其增速仍远低于除利用外资之外的其他各资金来源。

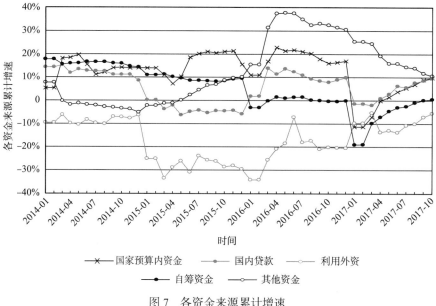

图 7　各资金来源累计增速

国家预算内资金占实际到位资金的比重很小,基本保持在 4%~6.2%。图 7 显示,2014~2016 年,国家预算内资金累计增速基本保持在 10%以上,平均累计增速在 16%左右,在各项资金来源中处于较高水平。2017 年国家预算内资金累计增速整体下滑,并一度出现大幅下降,1~2 月的累计增速为-11.3%,为历史罕见,此后增速不断回升。2017 年 1~10 月国家预算内到位资金为 31 752 亿元,增长 9.8%,比上月提高 0.8 个百分点,比 2016 年同期增速下降 6.3 个百分点,占实际到位资金的比重达到 6.2%,为近 10 余年来的最高比例。

国内贷款占实际到位资金的比重基本保持在 10%~15%,在各项资金来源中处于中间水平。2016 年国内贷款增长 9.9%。进入 2017 年后,国内贷款增速有所下降,1~3 月的累计增速为-2%,此后增速逐渐回升(图 7)。1~10 月,国内贷款 59 385 亿元,累计增长 9.6%,增速较上月提高 1 个百分点,接近 2016 年全年水平,占比接近 12%。

2013 年以来,其他资金占实际到位资金的比重始终保持在 13%以上。2016 年以后,其他资金占比进一步提升,达到 16%以上,仅次于自筹资金占比。图 7 显示,其他资金累计增长率的变化较大,经过 2015 年的不断回升,2016 年增长高达 30%以上。但从 2016 年 7 月开始,增速出现持续下滑趋势,与以上其他三项资金来源增长的走势形成明显差别。2017 年 1~10 月,其他资金来源为 86 157 亿元,累计增长 10.6%,累计增速较 2016 年同期下降 21.9 个百分点,基本回到 2015 年的增长水平。

利用外资占实际到位资金的比重始终低于 1%,其变化对到位资金的影响很小。2014 年以来,利用外资持续减少,2015 年和 2016 年分别下降 30%和 20%左右。2017 年 1~10 月利用外资下降 5.5%,降幅收窄 1.6 个百分点,累计增速处于近年来的相对高位(图 7)。

综合对各项资金来源的分析,受自筹资金、国内贷款资金、国家预算内资金大幅回落又逐渐回升的共同影响,2017 年固定资产投资到位资金增长出现了先抑后扬的走势,其原因值得关注和深入考察。截至 2017 年 10 月，自筹资金和国内贷款资金的增长已经基本恢复到 2016 年的水平，但国家预算内资金的增长距离 2016 年还有一定差距，是到位资金增速整体下移的原因之一，这表明政府投入的力度有所减弱。另一个原因是其他资金来源的增长出现了较大幅度下滑。在下一阶段，如果要减缓投资增长下降的趋势，政府须通过供给侧结构性改革方式，增强市场信心，积极引导自筹等其他资金用于固定资产投资。

（五）施工项目计划投资增长较快，新开工项目计划投资增速明显回落

图 8 显示，2017 年固定资产投资施工项目和新开工项目计划投资增速出现了明显差别，两者的走势也完全不同。

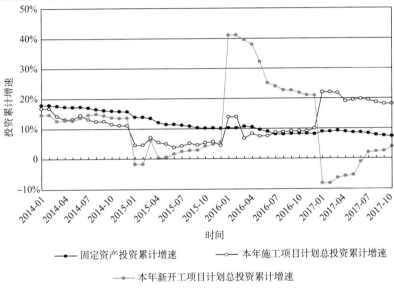

图 8　本年施工项目和新开工项目计划总投资累计增速

2017 年，固定资产投资本年施工项目计划总投资累计增长出现明显反弹，由 2016 年 10%左右上升到 20%左右，处于近年来的相对高位。1~10 月施工项目计划总投资 1 207 874 亿元，同比增长 18.1%，与 1~9 月持平，比一季度下降了 3.6 个百分点，累计增速略有回落。从计划总投资额增长并结合到位资金增长来看，未来短期内投资增速持续下滑的态势有望缓解。

与本年施工项目计划总投资增长相反，2017 年新开工项目计划总投资累计增速出现大幅下降，由 2016 年的 20.9%降到 2017 年 1~2 月的-8.3%，创造了近年来的最低水平。此后，该指标逐月回升，1~10 月新开工项目计划投资 426 541 亿元，同比增长 3.8%，比 1~9 月加快 1.4 个百分点，接近 2015 年的增长水平。新开工项目计划投资累计增速的下滑将对未来短期内的投资增长带来一定的负面影响。

除了计划投资额，2017 年施工项目和新开工项目个数增长也存在明显差别。2017 年施工项目数延续了上年的高增长，呈现高位逐渐回落态势。2017 年 1~10 月，施工项

目数为 783 877 个，同比增长 12.5%，增速较上年全年下降 7.6 个百分点，较一季度降低 4.9 个百分点，较 1~9 月微降 0.1 个百分点。

2017 年新开工项目数累计增速在上年高速增长（27%）后出现断崖式下跌，1~2 月的增速为 -24.2%，历史罕见，此后增速逐渐回升，6 月开始恢复正增长，下半年各月累计增速基本保持在 3.5% 左右。2017 年 1~10 月新开工项目 545 672 个，同比增长 3.4%，比 2016 年同期下降 23.5 个百分点。

经验表明，固定资产投资施工项目、新开工项目增长是固定资产投资额增长的重要指示器。2017 年这两个指标不同水平的相反走势对下一阶段整体固定资产投资增长的共同影响变得较为复杂，可能中性略偏积极，对缓解投资增速下滑趋势或有所帮助。

二、固定资产投资景气分析及未来走势展望

（一）基于传统方法和小波分解的固定资产投资景气指数构建

为了综合反映和预判我国固定资产投资的景气波动状况和未来走势，本报告首先采用国际上通用的 NBER（National Bureau of Economic Research，即美国国家经济研究局）方法构建固定资产投资景气的一致合成指数和先行合成指数[①]。

为此，我们在以往工作基础上，重新收集并整理了投资相关领域以及相关行业的经济指标 70 多个（样本区间为 1999 年 1 月~2017 年 10 月），计算各指标的同比增长率序列，并进行季节调整以剔除季节变动和不规则变动。然后，以固定资产投资完成额累计增速为基准指标，采用多种统计分析方法并结合各指标的经济意义及周期波动对应情况，分别筛选出反映我国固定资产投资周期波动的 5 个一致指标和 5 个先行指标，如表 1 所示。其中，一致指标组包含了固定资产投资实际完成、新建完成、计划投资、资金来源和房地产等主要领域的投资指标，具有较好的代表性和同步性。

表 1 我国固定资产投资增长率周期景气指标组

指标类型	指标名称	超前/滞后期	时差相关系数
先行指标	1. 本年新开工项目数累计同比增速	−3	0.47
	2. 本年新开工项目计划总投资累计同比增速	−4	0.47
	3. 货币和准货币（M2）同比/环比增速	0，−7	0.72，0.70
	4. 金融机构人民币各项存款余额同比/环比增速	−1，−6	0.79，0.71
	5. 金融机构人民币各项贷款余额同比/环比增速	−1，−7	0.54，0.50

[①] NBER 合成指数方法介绍参见：高铁梅，陈磊，等. 经济周期波动分析与预测方法. 北京：清华大学出版社，2014.

续表

指标类型	指标名称	超前/滞后期	时差相关系数
一致指标	1. 固定资产投资完成额累计同比增速	0	1.00
	2. 本年施工项目计划总投资累计同比增速	+1	0.82
	3. 房地产开发企业投资完成额累计同比增速	0	0.63
	4. 固定资产新建投资完成额累计同比增速	0	0.92
	5. 固定资产投资实际到位资金累计同比增速	−1	0.91

注：M2、人民币各项存款和贷款三个指标的第一个和第二个超前/滞后期或时差相关系数分别对应同比增速与环比增速序列。超前/滞后期一列的负号代表超前；正号代表滞后；0 代表同步

长期以来，寻找较好的景气先行指标一直是我国经济景气分析中的一个难点问题。先行指标组中的本年新开工项目数累计同比增速和本年新开工项目计划总投资累计同比增速两个指标的超前期为 3~4 个月，而 M2、存款和贷款 3 个指标（也是经济景气的先行指标）在很长时间内具有相对较好的先行效果，且所反映的经济活动比较重要，但是近年来其先行特征逐渐减弱。测算结果显示，它们较固定资产投资完成额累计增速的先行期减少到平均只有 1 个月左右，实际上已经成为投资的一致指标。因此，经过检验，由 5 个先行指标合成的投资景气先行指数近年来已经不能很好地提前反映固定资产投资景气的变化。其主要原因在于：近 5 年来，随着我国经济结构调整的深化，固定资产投资增速一直呈下降趋势，周期性波动特征并不明显，与此同时，一些经济活动之间的内在联系和传导机制也在发生改变，一些先行指标的周期特征也随之变化，指标的先行性明显减弱。

为了解决满足先行条件的同比增速指标相对匮乏，特别是近年来周期波动对应性不佳的问题，一方面，我们基于理论分析结果并借鉴国外相关文献，针对一些指标，特别是同比先行期较短或接近同步的指标，拓展考察其环比增速序列的先行性。经过检验，M2、人民币存款和贷款三个环比增速指标的先行期明显增大（表 1），且与基准指标的时差相关系数较大，峰谷对应性较好，故将其作为新的先行指标以替换同比增速序列。另一方面，采用小波分析方法，利用其时频结合的分析手段，将各先行指标进行小波分解以进行深度筛选，然后利用频段分解和深度筛选结果重新合成固定资产投资先行景气指数，以此分析和预判我国固定资产投资的景气波动状况和发展态势。

在小波分析过程中[①]，采用表 1 筛选出的先行指标与基准指标分别进行 6 层小波分解，每个指标被分解成 7 个子序列，子序列名称及对应月度频带情况如表 2 所示。

表 2　经小波 6 层分解的子序列

子序列类型	子序列名称	月度频带/月
季节要素 与不规则要素	D1	2~4
	D2	4~8
	D3	8~16

---

① 小波分析方法的介绍可参见：Percival D B，Walden A T. 程正兴等译. 时间序列分析的小波方法. 北京：机械工业出版社，2006。

续表

子序列类型	子序列名称	月度频带/月
循环要素	D4	16~32
	D5	32~64
	D6	64~128
趋势要素	A1	128~+∞

注：根据大量经济周期研究文献，将指标的周期循环长度设定为 24~128 个月。其中，D1、D2、D3 为季节要素与不规则要素；D4、D5、D6 为周期循环要素；A1 为趋势要素

剔除代表季节要素与不规则要素的 D1、D2、D3，先行指标的其余子序列分别与基准指标的对应子序列进行时差相关分析及峰谷对应分析，深度筛选出每个子序列类型的先行指标，建立子序列的先行指标组，如表 3 所示。

表 3   我国固定资产投资增长率周期景气子序列先行指标组

子序列类型	指标名称	延迟月数	时差相关系数	权重
D4	1. 货币和准货币（M2）环比增速	−7	0.41	0.53
	2. 金融机构人民币各项存款余额环比增速	−3	0.38	0.47
D5	1. 货币和准货币（M2）环比增速	−10	0.36	0.29
	2. 金融机构人民币各项存款余额环比增速	−13	0.39	0.38
	3. 本年新开工项目累计同比增速	−8	0.37	0.33
D6	1. 货币和准货币（M2）环比增速	−11	0.49	0.19
	2. 金融机构人民币各项存款余额环比增速	−11	0.43	0.19
	3. 金融机构人民币各项贷款余额环比增速	−7	0.56	0.21
	4. 本年新开工项目累计同比增速	−3	0.75	0.20
	5. 本年新开工项目计划总投资累计同比增速	−8	0.78	0.21
A1	1. 货币和准货币（M2）环比增速	0	0.98	0.50
	2. 金融机构人民币各项存款余额环比增速	0	0.99	0.50

注：趋势要素 A1 的加入是为了调节一致合成指数的整体趋势，不用考虑其先行性；D4、D5 波动比较剧烈，因此时差相关系数较低，但峰谷对应性较好，予以采用。指标的权重通过标准化指标的标准差占指标组标准差之和的比重求得

为了防止变动幅度大的指标在合成指数中取得支配地位，各子序列都进行了标准化处理，并根据标准差贡献确定其指标权重。经过加权，以 2005 年为基期（平均值为 100），建立了我国固定资产投资周期的一致合成指数。

同时，根据表 1 中的 5 个一致指标，使用 NBER 合成指数方法（2000 年为基期），建立了我国固定资产投资增长率周期的先行合成指数。固定资产投资先行合成指数与一致合成指数的走势见图 9，图中阴影区域为先行合成指数所反映的投资景气的周期下降期。经测算，投资一致合成指数领先先行合成指数 7 个月，时差相关系数为 0.74。

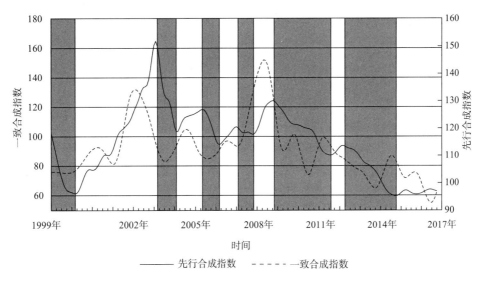

图 9 固定资产投资先行合成指数与一致合成指数

（二）我国固定资产投资景气的周期性波动特征分析

图 9 显示，1999 年 1 月以来，以先行合成指数为代表的我国固定资产投资景气呈现出明显的周期波动特征，按照景气转折点测定的 B-B 方法[①]和"谷~谷"的周期计算，投资景气已经历了 5 次完整的景气循环。周期平均长度 38 个月。其中，第一、二景气循环构成了周期长度为 84 个月的中周期；第三、四、五景气循环构成了另一个周期长度为 104 个月的中周期。两个中周期的周期性波动都呈现出非对称的特点：第一个中周期扩张期较长，从 2000 年 4 月到 2004 年 2 月，经历了 47 个月；而第二个中周期下降期较长，从 2009 年 11 月到 2015 年 10 月，经历了 72 个月。目前判断，2015 年 11 月以来，综合投资景气处于新一轮景气循环中。

受 1997 年亚洲金融危机影响，固定资产投资持续下降，在 2000 年 3 月跌至谷底。此后，在政府新一轮的扩张性政策的刺激下，投资景气进入了一段持续时间长、上升幅度大的扩张期，并在 2004 年 2 月达到历史高位峰顶。此轮上升过程中，由于各地投资需求的不断扩张，特别是房地产市场的迅速发展，固定资产投资景气"过热"、投资项目增长过快、重复投资、过剩投资的现象很严重。为了应对这一局面，政府采取了"双稳健"政策，以控制投资与经济"过热"。政策风向的转变导致固定资产投资迅速减少，形成了第一轮投资循环的下降期，一直到 2005 年 2 月，投资景气经历了一次近 5 年的完整循环。

在经济周期波动与相机抉择的宏观调控政策共同作用下，投资景气先后出现了 2005 年 3 月至 2007 年 3 月、2007 年 4 月至 2008 年 11 月两次波动，且两次循环呈现出上升期与下降期基本对称、持续期较短（分别为 25 个月和 20 个月）的波动特征。2008 年 11 月，为应对由美国次贷危机引发的全球金融危机，中央政府出台了"四万亿"经济刺激

[①] 经济周期转折点测定的 B-B 方法介绍参见：高铁梅，陈磊，等. 经济周期波动分析与预测方法. 北京：清华大学出版社，2014。

计划，由于大量投资资金的注入与大规模投资项目的展开，投资景气在相对高位止跌回升，并迅速于 2009 年 10 月达到样本期内的次高波峰。但随着宏观调控政策效应的减弱，投资景气在 2009 年 11 月进入第四个景气循环的下降期，并开始了固定资产投资的持续下降走势，其间虽在 2012 年 8 月至 2013 年 3 月有短暂回升，但受新常态下投资结构调整和去产能政策的影响，固定资产投资又进入了新一轮的下降期，并在 2015 年 10 月的历史低位触底。

从 2015 年 11 月开始，投资景气很可能进入第 6 次短周期，此次景气波动呈现出与以往不同的低位平稳运行特征，波动幅度很小。在此期间，虽然固定资产投资完成额增速仍呈现下降趋势，但受房地产投资和本年施工项目计划总投资回升的带动，投资景气经历了两次小幅波动，2017 年 7 月以后处于第二轮波动的下降期，对此轮投资短周期性质的判断有待进一步观察。

图 9 显示，投资一致合成指数已于 2017 年 7 月触底后出现反弹，按照该指数的先行期推算，投资景气可能在 2018 年 2 月左右止降回稳。

（三）基于扩散指数对固定资产投资景气动向的判断

由于景气扩散指数可以提供对未来景气转折点预测的更多信息，因此，本报告利用表 1 中的指标建立了我国固定资产投资景气的一致扩散指数和先行扩散指数，如图 10 所示。

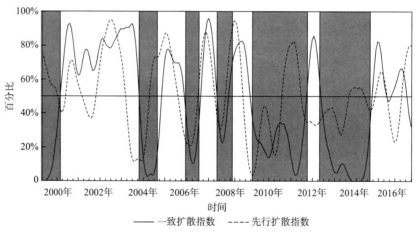

图 10　固定资产投资一致扩散指数与先行扩散指数

根据移动平均后固定资产投资一致扩散指数测定的投资景气转折点，固定资产投资景气在 2015 年 11 月至 2017 年 7 月呈现波浪形回升走势，这与固定资产投资合成指数所描述的情况近似，反映总体投资景气近年来已经触底回稳。如图 10 所示，2017 年 7 月一致扩散指数已经自上向下穿过 50%线，反映从 7 月开始投资景气再次出现回落走势，这与固定资产投资合成指数走势基本一致。

如图 10 所示，总体来看，移动平均后固定资产投资先行扩散指数较一致扩散指数的对应波动具有较稳定的先行性，经过测算，平均领先 8 个月左右。该先行扩散指数于 2016 年 8 月由上向下穿过 50% 线，并在 2017 年 5 月由下向上穿过 50% 线，反映投资先行景气经过 9 个月的回落，在 2017 年 4 月触底后，从 5 月开始出现上升。根据平均先行期推测，一致扩散指数或在 2017 年 12 月或稍晚回到 50% 以上，换句话说，投资景气在 2017 年底或 2018 年 1 季度有望结束下滑走势，这与一致合成指数的判断基本相同。由于先行扩散指数在 9~10 月出现止升见顶迹象，该指数有可能在 2018 年 1 季度回到 50% 以下，若如此，投资先行景气的回升局面或在 2018 年 1 季度结束，先行景气的扩张持续时间大致为 10 个月左右，回升力度不大，预示稳定投资增长的任务依然比较艰巨，需要政府给予密切关注。

三、固定资产投资增长预测

考虑到影响投资的多种复杂因素并结合前文投资一致合成指数和扩散指数的走势和经济计量模型预测，预计 2017 年四季度，固定资产投资（不含农户）增速可能继续小幅下滑，预测 2017 年全年名义增长 7.1% 左右，实际增长 2.5% 左右，分别比 2016 年下降 1 个百分点和 6.3 个百分点，创造 21 世纪以来的最低水平。2018 年，固定资产投资增长从一季度开始有望呈现止降回稳走势，全年名义增长约 6.4%，低于 2017 年；实际投资增速可能略有下降。投资结构将继续改善，高新技术产业和服务业投资有望保持高位运行，过剩行业投资减少，结构不断升级，符合结构转型的要求。

做出以上判断的主要依据包括：

（1）近两年来，随着对地方政府其他资金来源管制的加强，财政资金在基础设施建设投资资金来源中的占比明显上升，基础设施建设投资与财政支出增速的相关性也明显提高。2017 年四季度财政政策继续扩张的空间有限。前三季度财政投放力度一直较大，1~9 月财政支出占全年财政支出预算的 77.9%，比 2016 年同期高出 2.7 个百分点。全年预算财政赤字率为 3%，而可供使用的结转结余资金有限，从而四季度财政继续扩张的空间受到限制。受此影响，加上国有企业去杠杆的要求，基础设施建设投资继续维持高速增长的困难加大，预计 2017 年全口径基础设施建设投资增长 15% 左右，略低于上年。

根据测算，制造业、房地产业具有明显的顺周期特征，与经济增长具有同步性；而基础设施建设业则具有一定的逆周期特征，是短期对冲风险、拉动经济增长的重要工具[①]。因此，短期内基础设施投资仍将成为稳增长的主要动力。如果财政政策不出现明显放松，估计 2018 年的基础设施投资名义增速将略有下降，随着投资价格水平的回落，实际增速可能略高。未来，基础设施建设投资中的环保和公共设施投资存在较大的上升空间。

（2）在当前严格的房地产调控背景下，房地产开发投资在前期反弹后从 2017 年三季度开始已经出现下行趋势，同时，房地产销售也持续下滑，2017 年 9 月商品房销售面积同比为负增长。随着房地产调控政策的进一步执行，预计短期内房地产投资增速和房

---

① 张涛，张卓群. 以投资为抓手促进经济从高增长到高质量发展. 科技促进发展，2017，（11）：857-862。

屋销售增速或将继续回落，预测 2017 年和 2018 年房地产开发投资分别增长 7.2%左右和 5%左右。但近期房地产土地购置面积增速持续回升，显示在国家大力发展房地产租赁市场的背景下，房地产投资增速回落的状况有望逐步改善，对于经济增长的拖累也将逐步降低[①]。

（3）根据我们对宏观经济景气和经济周期态势的分析，我国经济增长速度从 2017 年二季度开始进入本轮短周期的缓慢下降期，且可能持续到 2018 年二季度，然后趋稳。PPI（producer price index，即生产价格指数）经过前期大幅回升后也将转入下降阶段，从而影响工业企业效益。制造业作为实体经济的重要组成部分，其投资增长具有典型的顺经济周期特征。此外，去产能结构调整对传统制造业的冲击仍然较大。受这些因素的影响，制造业总体投资的动力依然不足。但同时应该看到，近年来装备制造业、特别是高技术制造业投资增长势头强劲，对总体制造业投资的贡献率不断提高，对稳定制造业投资增长将发挥更大作用。预计制造业投资增长短期内在 4%左右延续低位小幅波动、大体保持平稳运行态势的概率较大。

（4）受制于企业和地方政府高企的债务，政府在相当一段时间内将继续加强对金融部门系统性风险的防范与整顿。在金融去杠杆的背景下，信用趋紧和利率上行使得民营企业融资成本上升，叠加对未来经济增长的预期下行，民间投资增速可能在经过 2017 年上半年的回升后继续小幅下滑，估计 2017 年全年的增速为 5%~5.6%，比上年增加 2 个百分点左右。

值得关注的是，2017 年 11 月，政府接连出台了《关于发挥民间投资作用 推进实施制造强国战略的指导意见》《国家发展改革委关于鼓励民间资本参与政府和社会资本合作（PPP）项目的指导意见》等，提出从改善市场制度环境、完善公共服务体系、健全人才激励体系、发挥财税引导支持作用、规范产融合作和支持五方面来支持民间投资在推进实施制造强国战略中积极发挥作用；鼓励民间资本规范有序参与基础设施建设项目建设。随着企业效益的持续改善以及相关政策效应的逐步显现，2018 年民间投资增速下滑的局面有望得以改变，全年投资增速可能与 2017 年相当或略有提高。

（5）从投资资金来源看，2017 年来自企业自筹的投资增速虽然呈现不断回升的态势，但整体水平依然较低，预计全年增速可能不超过 1%，成为抑制全年投资增长的重要原因。受金融监管力度加大的影响，来自其他资金来源的投资增速预计还将延续 2017 年以来大幅下降的趋势，国内贷款的全年增速估计有望回到 10%附近，与上年大体相当。总体上，预计 2017 年固定资产投资到位资金增长只有 4.8%左右，比上年下降 1 个百分点，年度增速将为 21 世纪以来的最低水平。预计 2018 年的资金来源仍难有大的起色。

四、政 策 建 议

当前，政府应高度重视固定资产投资的持续下滑趋势，特别是投资实际增速的加速

---

① 鲁证期货研究所. 鲁证月度宏观经济观察（2017 年 11 月）. http://www.lzqh.net.cn/html/2017/1116/6141.html.

下滑，2018 年"稳增长"的核心在于"稳投资"。在固定资产投资增速没有触底企稳之前，应继续保持积极财政政策与稳健货币政策的政策取向，宏观经济政策总体上稳健偏积极的定位不宜改变。要深化投融资体制改革，发挥投资对优化供给结构、提高经济增长质量的关键性作用。"稳投资"的政策方向和政策工具须做出进一步调整，政府在继续加大对企业投资引导的同时，努力为企业（特别是民营企业）创造良好的投资环境，保证企业投资的权益，提高企业投资收益是实现稳定投资增长的关键，应通过多种措施来提速民间投资，带动整体投资增长。

（一）进一步促进投资结构优化升级

（1）大力促进制造业投资结构优化升级。产业结构优化升级是提高我国经济综合竞争力的关键举措，优化升级制造业投资是激发经济活力的关键因素。一方面要加快改造、提升传统产业；另一方面应深入推进信息化与工业化深度融合，着力培育战略性新兴产业，构建现代产业发展新体系。

（2）控制房地产投资的投向和规模，降低系统性风险。应牢牢把握"房子是用来住的不是用来炒的"这一基本定位。过高的房价不利于经济健康发展，同时会扭曲收入分配机制，降低人民幸福感和获得感。房地产业投资的投向和规模需要政府和市场合理的引导，加大"公租房""共有产权房""现价商品房"等政策性住房的供地和投资力度。除了住宅用地之外，还需要因地制宜，配合当地优势产业和资源，引导投资合理布局旅游、养老等产业，促进智慧城市建设和发展。

（3）合理布局基础设施建设投资，缩小不平衡和不充分发展。在制造业投资总体乏力和房地产业调控的背景下，应继续发挥基础设施建设投资的逆周期调控作用，并以此作为解决我国经济发展不平衡、不充分问题的重要手段。基础设施建设投资需重点关注以下领域：第一，加大老少边穷地区基础设施建设力度，通过基础设施建设投资带动产业发展，推进公共服务均等化，确保到 2020 年我国农村贫困人口实现脱贫，贫困县全部摘帽，解决区域性整体贫困问题。第二，促进县域经济结构升级，推进新型城镇化。加强农业现代化、城乡一体化、制造业和服务业高端化等方面的基础能力建设，优化空间布局，加快构建现代城镇体系。第三，打造城市集群经济，促进智慧城市建设，合理引导基础设施建设投资布局和投向，以形成新的经济空间格局[1]。

（二）进一步促进民间投资增长，激发经济发展活力

正如前面分析所指出的，近年来固定资产投资持续下滑的一个重要原因是民间投资动力不足、民营企业投资意愿不强。因此，启动民间投资是"稳投资"的关键，建立和完善有利于民间投资增长的融资环境和市场环境是当前十分迫切的政策选择。

政府应在已经出台的一系列促进民间投资增长政策的基础上，切实推动政策落地。

---

[1] 张涛，张卓群. 以投资为抓手促进经济从高增长到高质量发展. 科技促进发展，2017，（11）：857-862。

并且，应进一步出台启动民间投资的系统方案，全面调整投资预期：①要加快破除市场门槛、行业垄断等制约民间资本投资的体制机制障碍，大幅放宽民间投资市场准入，拓宽民间投融资渠道，实现民间投资的真正准入；②加快健全保护民间投资合法权益的地方性法规，破除民营企业与国有企业之间的差别待遇，为民间投资努力创造一视同仁的公平竞争市场环境；③不断优化营商环境，构建"亲""清"新型政商关系，创造民间资本参与 PPP 项目的良好环境，加快健全民间投资参与基础设施建设项目的具体细则，合理改善民间投资和国有投资的比重；④制定相关领域的投资优惠政策，对民间投资进行一定的规划、引导，以优化产业结构布局。支持民营企业战略合作与兼并重组，鼓励民间资本参与国有企业混合所有制改革，推动重点领域投资主体多元化。

目前，各大商业银行的重点仍是去不良率，而各投融资平台出于快速盈利考虑，也较少关注到中小企业，尤其是制造业。虽然中央银行出台了"定向降准"等货币政策，以鼓励金融机构将更多的资金配置到实体经济中需要支持的行业和领域，但中小企业融资难的情况没有得到明显缓解。改善中小企业的融资环境，不仅要有相关货币政策的配合，还要不断提升金融服务实体经济的质量和水平，不断完善金融市场体系，积极建立和发展针对作为民间投资主体的中小企业的融资平台，大力发展普惠金融。同时，规范民间投融资发展，完善民间借贷日常信息监测机制，引导民间借贷利率合理化。

2018 年中国进出口形势分析与预测①

魏云捷 孙玉莹 张 珣 汪寿阳

报告摘要：2017 年，在国内经济稳中有进、外部需求温和回暖、大宗商品市场价格回升以及我国外贸稳增长政策效用显现的共同作用下，我国对外贸易止住了连续两年的下跌趋势，实现了两位数的超预期增长。按美元计价，全年出口增长 7.9%，进口增长 15.9%，贸易顺差 4 225 亿美元，收窄 17.1%。

展望 2018 年，全球经济逐渐从危机中恢复，外需形势有利出口。美国经济复苏强劲，减税政策利好消费与私人投资；欧盟经济持续改善，货币政策逐渐正常化；日本经济虽基础不稳，但在全球向好的大势下有望实现温和增长；新兴经济体在个体分化背景下将实现整体增长，继续为全球增长提供主要动力。但受全球制造业竞争加剧、加工贸易产业转移和贸易保护主义回归的影响，出口增速将很难回到两位数。进口方面，2018 年国内经济将稳中向好，经济增长将从数量型向质量型转变进而加速结构调整；预计能源类大宗商品价格将温和上涨，进口价格继续走高，但价格对进口的拉动作用将小于 2017 年；此外，货币政策将保持稳健中性，且固定资产投资增速回落，预计 2018 年我国进口增速将有所放缓。

预计 2018 年我国总进出口仍将继续保持稳定增长，但增速较 2017 年略有下降，进口增速略高于出口增速。按美元计价，预计 2018 年我国进出口总值约为 4.40 万亿美元，增长约 7.2%，其中出口约为 2.42 万亿美元，增长约 7.0%，进口约为 1.98 万亿美元，增长约 7.5%，贸易顺差约为 4 400 亿美元，略高于 2017 年。

一、当前我国外贸运行特点的分析

2017 年我国外贸运行呈现以下特点。

（1）出口稳定复苏，进口高速增长，贸易顺差收窄。2017 年，按美元计价，我国累计进出口总值为 4.1 万亿美元，同比上升 11.4%。其中，累计出口 2.3 万亿美元，同比上升 7.9%，比 2016 年同期增幅扩大 15.6%；累计进口 1.8 万亿美元，同比上升 15.9%，比 2016 年同期增幅扩大 21.4%；累计贸易顺差 4 225 亿美元，比 2016 年同期收窄 872.0 亿美元。分月看，进口方面，2017 年 1~11 月进口月度同比增长率均保持两位数高速增长，复苏势头强劲，12

---

① 本报告得到国家自然科学基金委员会（项目编号：71422015）、国家数学与交叉科学中心（项目：全球经济监测、预测预警与政策模拟平台）资助。

月进口增速略降，其中 2 月和 3 月进口增速达到 38.4% 和 20.1%；出口方面，2017 年一至四季度当季增长率分别为 7.6%、8.7%、6.6% 和 10.1%，复苏态势较为稳定（图 1）。

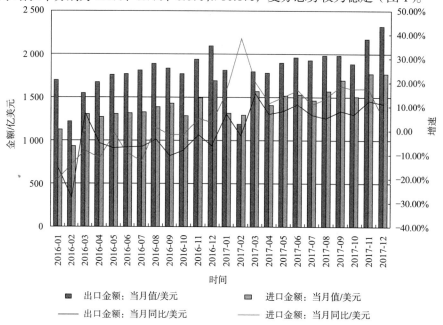

图 1　2016 年 1 月至 2017 年 12 月进出口情况（美元计价）

按人民币计价，我国累计进出口总值为 27.8 万亿元，同比上升 14.2%。其中，累计出口 15.3 万亿元，同比上升 10.8%；累计进口 12.5 万亿元，同比上升 18.7%；累计贸易顺差 2.9 万亿元，较 2016 年收窄 0.48 万亿元（图 2）。

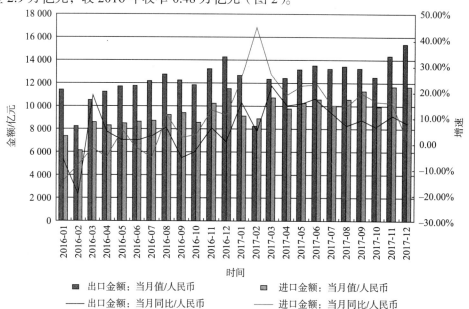

图 2　2016 年 1 月至 2017 年 12 月进出口情况（人民币计价）

（2）加工贸易进出口占我国外贸比重略有下降，一般贸易占比持续增加。一般贸易方面，2017 年 1~10 月，一般贸易进出口累计总额 23 128.3 亿美元，同比上升 13.8%，其中一般贸易出口累计 12 300.8 亿美元，同比上升 8.7%；一般贸易进口累计 10 827.5 亿美元，同比上升 20.2%；贸易顺差为 1 473.3 亿美元。加工贸易方面，2017 年，加工贸易进出口累计总额 11 900.1 亿美元，同比上升 6.96%，其中加工贸易出口累计 7 588.03 亿美元，同比上升 6.0%；加工贸易进口累计 4 312.05 亿美元，同比上升 8.7%，贸易顺差为 3 275.98 亿美元。

受我国产业结构调整及发达国家制造业回流等因素影响，加工贸易进出口占我国外贸比重逐年下降，一般贸易所占比重持续增加。2015 年、2016 年和 2017 年，我国加工贸易进出口同比增长分别为 -11.6%、-10.6% 和 7.0%，而同期一般贸易进出口增速为 -7.5%、-5.2% 和 14.0%，均高于加工贸易增速。2017 年，我国加工贸易占外贸比重降至 29.0%，而一般贸易占比增至 56.3%（图 3）。

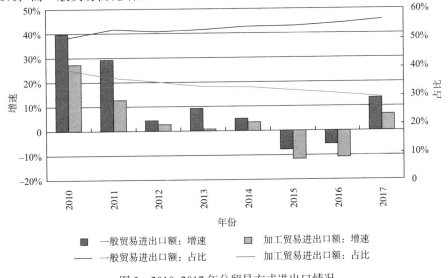

图 3　2010~2017 年分贸易方式进出口情况

（3）劳动密集型的服装、纺织品和鞋类出口复苏强度弱于资本密集型的机电产品和高新技术产品。2017 年，劳动密集型的服装、纺织品和鞋类出口分别为 1 571.8 亿美元、1 097.7 亿美元和 481.7 亿美元，同比增速分别为 -0.4%、-4.5% 和 2.0%。2017 年，我国机电产品和高新技术产品出口分别为 13 214.7 亿美元和 6 674.3 亿美元，同比增速分别为 9.3% 和 10.6%。

（4）对美国、欧盟和东盟的双边贸易额增速下降，但双边贸易份额基本保持稳定。2017 年，欧盟仍是我国最大的贸易伙伴，中欧双边贸易额达 6 169.2 亿美元，同比上升 12.7%，其中出口同比上升 9.7%，进口同比上升 17.6%；美国为我国第二大贸易伙伴，中美双边贸易额为 5 837.0 亿美元，同比上升 12.3%，其中出口同比上升 11.5%，进口同比上升 14.5%；东盟是我国第三大贸易伙伴，双边贸易额为 5 147.7 亿美元，同比上升 13.8%，其中，出口同比上升 9.0%，进口同比上升 20.1%。贸易顺差方面，2017 年我国对欧盟、美国和东盟的贸易顺差同比增幅分别为 -3.0%、10.0% 和 -27.4%。

二、2018 年我国进出口预测与分析

（一）2018 年我国进出口形势分析

展望 2018 年，全球经济逐渐从危机中恢复，外部需求总体上处于上升周期，这将支撑我国出口增长，但不同国家之间存在分化。

美国经济复苏强劲，减税政策利好消费与私人投资。2017 年 1~3 季度，美国实际 GDP 同比增长 2.3%，较 2016 年同期同比上升 0.8 个百分点；就业市场持续繁荣，2017 年 12 月失业率连续第三个月维持在 17 年来的最低水平 4.1%，接近充分就业；股市和房市持续上涨，居民消费意愿强烈，2017 年 1~11 月的零售销售同比增长达 5.8%，而以往经济较好的年份零售增长通常在 3%左右。经济的好转伴随着物价水平上升，1~11 月城镇 CPI 达到了 2.2%，"再通胀"成为市场隐忧。综合考虑市场预期美联储 2018 年将有 3 或 4 次加息、特朗普税改释放更多消费活力和鼓励企业回流美国等因素，2018 年美国经济将保持增长势头，但美国政府可能以贸易逆差为由不断对我国出口行业施加压力。

欧盟的经济持续改善，货币政策逐渐正常化；除英国外，其他欧盟国家的 OECD 先行指数均保持上涨。2017 年一至三季度欧盟 28 国 GDP 经季节调整后同比上涨 2.5%，高于二季度 0.1 个百分点；当季环比上涨 0.6%，而二季度为 0.7%。同时，就业明显改善，失业率连续多月下降，2017 年 11 月欧盟失业率为 7.3%，较上月下降 0.1 个百分点，为 2008 年 10 月以来的最低，曾经的重债国希腊和葡萄牙降幅最大。以不变价计算 2017 年欧元区 GDP 增速达到 2.33%。2018 年法德政治风险逐渐散去，欧元区发展的最大不确定性来自英国脱欧谈判，但脱欧的影响将是逐步体现的，预计欧洲中央银行将追随美联储，逐渐退出量化宽松，货币政策转向正常。

日本经济虽基础不稳，但在全球向好的大势下有望实现温和增长。日本 2017 年 11 月除生鲜食品外的核心消费指数为 100.7，同比上涨 0.9%，连续 11 个月上升。虽然消费支出和收入相对疲弱，但 11 月两人以上家庭平均消费支出和收入实际同比分别增长 1.7% 和 1.8%，相比前 10 个月明显好转。预计 2018 年日本将在全球经济协同作用下实现温和增长。

新兴经济体个体分化背景下仍将实现整体增长，继续为全球增长提供主要动力。2017 年三季度我国和印度 GDP 分别增长 6.8%和 6.3%，成为新兴经济体中的领跑者。世界银行预期 2017 年印度 GDP 为 6.7%，2018~2019 财年进一步提高至 7.3%。巴西、俄罗斯和南非受益于全球需求回暖带来的大宗商品价格上涨，二季度 GDP 同比增速分别为 0.3%、2.5%和 1.1%，俄罗斯和南非经济保持了加速增长态势，而巴西则实现了 2014 年以来的首次正增长。东盟国家和韩国的经济增长则受益于其内需的强劲增长。

一些潜在风险包括：全球制造业竞争加剧，劳动密集型产业向低成本国家转移趋势将继续，且发达国家鼓励制造业回流将对技术、资金密集型企业造成压力；贸易保护主义抬头、美联储加息及缩表致使新兴市场的出口和货币汇率面临一定的考验，金融市场波动或难以避免；新兴市场地缘局势风险依然严峻。2018 年出口增速将很难回到两位数。

进口方面，预期 2018 年国内经济将稳中向好，经济增长将从数量型向质量型转变进而加速结构调整；预计能源类大宗商品价格将温和上涨，进口价格继续走高，但价格对进口的拉动作用将小于 2017 年；此外，货币政策将保持稳健中性且固定资产投资增速回落，预计 2018 年我国进口增速将有所放缓。

（二）预测结果

测算结果显示，在不发生大的地缘政治风险、金融市场和中美贸易关系相对稳定的情景下，2018 年我国总进出口仍将保持较快增长，但增速较 2017 年有所下降，进口增速略高于出口增速。具体预测值如下：

按美元计价，预计 2018 年我国进出口总值约为 4.40 万亿美元，增长约 7.2%；其中，出口值约为 2.42 万亿美元，增长约 7.0%，进口值约为 1.98 万亿美元，增长约 7.5%；贸易顺差约为 4 400 亿美元，略高于 2017 年顺差。

三、值得关注的问题及对策建议

1. 我国内需的变化对全球经济发展的重要性逐步提高

2017 年我国进口高速增长，成为全球贸易回升的重要拉动力量。2017 年一至三季度，全球进口额增长 9.7%，其中我国进口额增长 16.5%，拉动全球进口额增长 1.6 个百分点，贡献度达 17%，在所有国家中排名第一。同时，我国进口额在全球进口额中的占比也上升到 10.2%，相比 2016 年同期增加了 0.7 个百分点[1]。

从进口和出口的增速差距来看，我国进口增速在 2016 年 8 月至 2017 年 11 月连续 16 个月大于出口。虽然进口高速增长与进口价格高涨有关，但仍然体现出当前我国内需强于外需，我国进口对世界贸易的影响逐渐加大。

建议：①我国内需的变化对全球经济发展的重要性逐步提高，经济分析和经济政策制定应与时俱进，改进传统分析框架，更加关注内生经济增长动力和经济发展质量；②本轮贸易复苏中以我国为代表的发展中国家起到了重要的拉动作用，多个发展中国家的进口量增速均高于发达国家，应重视与发展中国家，特别是"一带一路"沿线国家的经贸往来与投资，在加大市场开拓与投资力度的同时更要注重防范风险。

2. 商品结构持续优化，国际市场多元化取得积极进展

商品结构持续向价值链高端延伸。2017 年，高新技术产品在总出口中的占比达到了 29.49%[2]，较 2016 年上升了 0.7 个百分点。纺织品、箱包、服装、鞋类、家具、灯具等

---

① 根据世界贸易组织全球贸易额数据库计算。
② 根据 Wind 数据库月度累计数据计算所得，下同。

劳动密集型产品对总出口的占比分别下降了 0.16 个百分点、0.01 个百分点、0.58 个百分点、0.12 个百分点、0.07 个百分点和 0.17 个百分点。我国在巩固美国和欧盟等传统市场的同时,对巴西、印度、俄罗斯、南非等金砖国家和"一带一路"沿线国家的出口保持增长态势,市场多元化取得了积极进展。2017 年,我国对美国和欧盟的出口占我国总出口的比重分别达到了 18.99% 和 16.44%,较 2016 年分别提高了 0.63 个百分点和 0.27 个百分点;对巴西、印度、俄罗斯和南非的出口占总出口的比重分别为 1.28%、3.01%、1.89% 和 0.66%,较 2016 年分别提高了 0.23 个百分点、0.22 个百分点、0.11 个百分点和 0.04 个百分点。

建议:①继续关注出口产品结构优化与转型升级,提高出口产品的附加值,进一步提高出口产品的国际竞争力;②积极推动自由贸易试验区、沿边开发开放试验区、跨境经济合作区等合作平台发展,在进一步扩大国际合作规模的同时应进一步加强风险管理。

3. 中美贸易顺差持续增大,我国对美出口将面临新的挑战

2017 年 11 月 8 日至 10 日,美国总统特朗普访华。在此期间,美方与我国在能源、制造业、农业、航空、汽车等领域签署了多项合同和双向投资协议,签署总金额超过 2 500 亿美元,相当于 2017 年全年中美贸易总额的 43%。十九大报告中明确提出"推动形成全面开放新格局",预计未来我国将在货物进口、服务和金融准入门槛方面进一步放宽,将有助于改善中美贸易失衡问题。

然而,美国仍主动发起贸易调查,在"美国优先"政策方面毫不让步。2017 年中美商品贸易差额相比 2016 年扩大 10%,达到了 2 758 亿美元,2018 年我国对美出口将面临新的压力。

建议:①高度重视相关商品进口和价格等市场信息的发布,为企业提供客观准确的市场信息,引导其科学组织生产、经营和贸易;②政府部门应在企业跨国合作中加强指导作用,防范风险,促进我国相关产业转型升级;③培育贸易新业态新模式,提高外贸的质量和效益,巩固贸易大国地位,推进贸易强国进程。

4. "一带一路"倡议推动我国对外贸易新发展

十九大报告中,将"推动构建人类命运共同体""遵循共商共建共享原则,推进'一带一路'建设"写入党章,作为我国一个中长期战略。2017 年,我国对美国、欧盟、日本出口累计增速分别为 11.5%、9.7% 和 6.1%,而对印度、巴西、俄罗斯和南非等新兴经济体出口的累计增速分别达到了 16.5%、31.8%、14.8% 和 15.4%。"一带一路"倡议将进一步促进我国机电产品、高新技术产品、劳动密集型产品等出口,促进我国出口产品转型升级,推动我国民营企业走出去,有效扩展我国企业的海外市场。

建议:①进一步细化与"一带一路"沿线国家和地区的合作,推进多层次、多领域的贸易合作方式,拓展国际贸易合作的广度和深度;②进一步推进我国制造业产业链升级,培育高附加值企业,培育优秀海外工程企业;③加大对"走出去"企业投融资、税收等方面的政策支持力度,完善政策和服务支持体系。

2018 年中国最终消费形势分析与预测①

刘秀丽　郑　杉

报告摘要：在经济发展新常态背景下，我国已进入消费需求持续增长、消费结构加快升级、消费拉动经济作用明显增强的重要阶段。对消费的分析与预测，积极发挥新消费的引领作用，实现经济稳定增长、提质增效，提高人民生活质量具有重要意义。

基于对消费总额及其结构的变动趋势和主要影响因素的分析，本报告应用分项加和预测方法，对 2018 年我国最终消费进行了预测，预计 2018 年我国最终消费将保持持续增长趋势，最终消费额将超过 53 万亿元，对 GDP 的贡献约为 59%。

一、引　言

在经济发展新常态背景下，我国已进入消费需求持续增长、消费结构加快升级、消费拉动经济作用明显增强的重要阶段。以传统消费提质升级、新兴消费蓬勃兴起为主要内容的新消费，以及其催生的相关产业发展、科技创新、基础设施建设和公共服务等领域的新投资新供给，蕴藏着巨大发展潜力和空间。为更好发挥新消费引领作用，加快培育形成经济发展新供给新动力，2015 年 11 月 23 日国务院出台了《国务院关于积极发挥新消费引领作用加快培育形成新供给新动力的指导意见》。2016 年 4 月 15 日，为促进居民消费扩大和升级，带动产业结构调整升级，加快培育发展新动力，增强经济韧性，国家发展与改革委员会、教育部、工业与信息化部等 24 部门制定了《关于促进消费带动转型升级的行动方案》，提出了十大扩消费行为。积极发挥新消费的引领作用，是畅通经济良性循环体系、构建稳定增长长效机制的必然选择；是加快推动产业转型升级、实现经济提质增效的重要途径；是更好满足居民消费需求、提高人民生活质量的内在要求。2016 年 10 月 17 日，商务部在《商务部关于促进农村生活服务业发展扩大农村服务消费的指导意见》中提出了 5 大主要任务，以满足农村地区大众化、多元化、优质化的服务消费需求。2016 年 11 月 28 日，国务院出台了《国务院办公厅关于进一步扩大旅游文化体育健康养老教育培训等领域消费的意见》，提出了 3 个方面十大领域 35 项进一步扩大消费的政策措施：着力推进幸福产业服务消费提质扩容，大力促进传统实物消费扩大升级，持续优化消费市场环境。2017 年 3 月 5 日，李克强总理在政府工作报告中提出 2017 年

① 本报告得到国家自然科学基金项目（项目编号：711732107）的资助。

我国要促进消费稳定增长，加快发展服务消费。2017 年 7 月我国出台了《中华人民共和国消费者权益保护法》，提高了消费维权机制法治化水平，也是适应新业态新特点完善消费维权的举措。十九大报告提出在中高端消费、创新引领、绿色低碳、共享经济、现代供应链、人力资本服务等领域培育新增长点，形成新动能，完善促进消费的体制机制，增强消费对经济发展的基础性作用，加快建立绿色生产和消费的法律制度和政策导向，反对奢侈浪费和不合理消费等。

对消费的分析与预测，积极发挥新消费的引领作用，实现经济稳定增长、提质增效，提高人民生活质量具有重要意义。

二、最终消费总量的变化趋势

（一）最终消费的变化趋势

在经济发展新常态背景下，我国已进入消费需求持续增长、消费结构加快升级、消费拉动经济作用明显增强的重要阶段。根据国家统计局公布的数据，2017 年最终消费支出对 GDP 的贡献率达到了 58.8%（图 1），持续居"三驾马车"之首，而且与出口、投资相比较，消费的波动性小，能够有效地引导投资、带动生产。

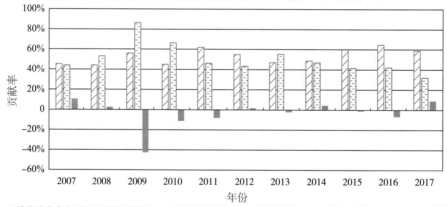

图 1　最终消费对 GDP 增长的贡献率

资料来源：国家统计局

（二）社会消费品零售总额变化趋势

2017 年，社会消费品零售总额增长 10.2%，两位数的增长与 2017 年上半年和 2016 年同期都持平；特别是 9 月增长 10.3%，比上月加快 0.2 个百分点。2016 年的 9 月有中秋节的影响，基数是比较高的，但 2017 年 9 月社会消费品零售总额的增速也比上个月大（图 2）。现在，居民消费的持续升级，新的商业模式的快速兴起，加上消费政策的不断完善和消费环境的不断改善，这些因素都有效地激发了消费的潜力。现在网络销售增势强劲，2017 年实物商品网上零售额 5.5 万亿元，增长 28%，非实物商品网上零售额增长更快，达到 48.1%。2017 年以来实体零售的增长也出现了好的局面。当然实体零售也是线上线下加速融合、相互促进，实体零售业态零售额增长速度比 2016 年同期提高了 2.4 个百分点，其中限额以上的零售业单位中的超市、百货店、专业店和专卖店的零售额增速比 2016 年分别增长 7.3%、6.7%、9.1% 和 8.0%。

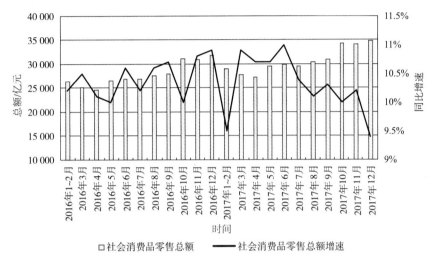

图 2　2016 年以来我国社会消费品零售总额（当月）及增速（当月）

资料来源：国家统计局

（三）消费者满意指数变化趋势

2017 年我国消费者预期指数、满意指数、信心指数都逐步提高至历史最高水平，说明消费者正在积极适应我国经济新常态。尤其是消费者预期指数，在 2017 年 10 月达到 128，消费者满意指数达到 119，消费者信心指数达到 123.9（图 3）。

从中国人民银行 2017 年储户问卷调查结果来看，在当期物价、利率及收入水平下，倾向于"更多消费"的居民数连续三个季度都呈现上升趋势，分别上升 0.7 个百分点、1.6 个百分点和 1 个百分点，第四季度小幅下降，居民消费意愿不断加强。而倾向于"更多储蓄""更多投资"的居民数都呈下降趋势，截至 2017 年第四季度，倾向于"更多消费"的居民占 26.2%，倾向于"更多储蓄"的居民占 40.8%，倾向于"更多投资"的居民占 33.0%。

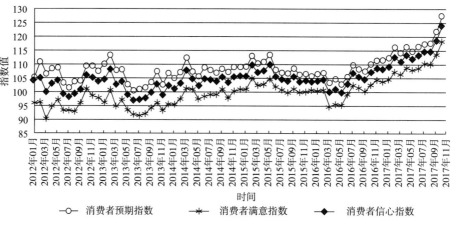

图 3　消费者预期指数、满意指数、信心指数

资料来源：国家统计局

三、消费结构的变化趋势

最终消费包括居民消费与政府消费两大部分，2001~2016 年我国居民消费占最终消费的比例在 73.1%~74.7% 波动。从城乡结构来看，农村居民消费占居民消费比例基本呈逐年递减的趋势，相应地，城镇居民消费占居民消费比例呈逐年增加的趋势，从 2001 年的 67.9% 增加至 2016 年的 78.1%（表 1）。

表 1　2001~2016 年我国最终消费比例结构的变化

年份	居民消费支出占比	政府消费支出占比	农村居民消费占居民消费比例	城镇居民消费占居民消费比例
2001	74.0%	26.0%	32.1%	67.9%
2002	74.4%	25.6%	30.9%	69.1%
2003	74.6%	25.4%	30.0%	70.0%
2004	74.7%	25.3%	28.9%	71.1%
2005	74.2%	25.8%	27.8%	72.2%
2006	73.3%	26.7%	26.9%	73.1%
2007	73.3%	26.7%	25.6%	74.4%
2008	73.2%	26.8%	25.0%	75.0%
2009	73.3%	26.7%	24.2%	75.8%
2010	73.4%	26.6%	23.0%	77.0%
2011	73.2%	26.8%	23.3%	76.7%
2012	73.2%	26.8%	22.8%	77.2%
2013	73.2%	26.8%	22.5%	77.5%
2014	73.9%	26.1%	22.4%	77.6%
2015	73.4%	26.6%	22.2%	77.8%
2016	73.1%	26.9%	21.9%	78.1%

资料来源：《中国统计年鉴》（2002~2017 年）

从城乡居民在八大类产品的消费支出结构来看，2013~2017 年城镇居民在食品烟酒类的消费占比降低了 1.49%，在交通通信类的消费占比提高了 1.05%。2013~2017 年农村居民在食品烟酒类的消费占比降低了 2.95%，在交通通信类的消费占比提高了 2.09%，其余行业消费占比略有波动但总体稳定（图 4）。这说明我国居民的消费形态由物质消费向服务消费转移的趋势更加明显。随着收入水平的持续增长，城乡居民温饱问题基本解决之后，开始更加重视生活质量，对健康、信息、教育、文化娱乐、旅游等服务型消费需求明显增加。

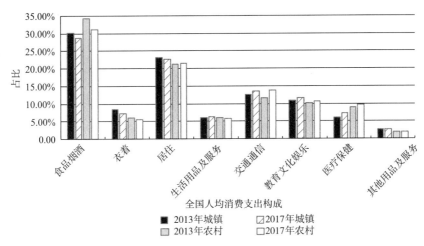

图 4　2013 年及 2017 年我国城镇与农村居民平均每人全年消费支出构成

资料来源：国家统计局

从城镇和农村社会消费品零售总额来看，城镇社会消费品零售总额远远高于农村，但当月增速低于农村（图 5）。2017 年农村消费增速仍保持着自 2013 年以来快于城镇的态势，其中，2017 年上半年农村社会消费品零售总额增长较快，这与近年来农业转型升级、电商下乡进村、农村居民收入增加和强农惠农富农政策的实施等因素直接相关。

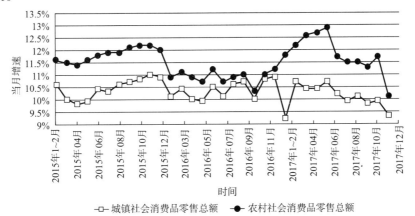

图 5　城镇和农村社会消费品零售总额-当月增速

资料来源：国家统计局

电子商务研究中心调查研究发现，品牌、品质、价格、品类、服务及物流是 2016 年消费者网购时最关注的因素。其中品牌的重要性凸显，它影响着 51.5% 的网购用户的购物决策；45.6% 的消费者在购物时注重品质，商品质量左右消费者的决定；40.9% 的消费者关注价格，性价比对他们来说比较重要；35.4% 和 21.5% 的网购用户注重服务与物流。由此可见，价格驱动购买时期已经过去，品牌、品质才是驱动消费的关键因素，这一变换也吻合目前国民消费升级的大趋势[①]。

服装配饰、家居用品、个护美妆等关乎"面子"的品类是网购消费者的重点偏好，其明显高于图书音像、营养保健等关乎"里子"的品类。服装配饰是无论男女都会首选的商品品类，数据显示，服装配饰受到 39.3% 的网购消费者欢迎；第二是家居用品，占比 26.9% 的网购消费者偏爱家居用品；个护美妆排第三，占 22.2%。服装品类牢牢占据网购第一大品类的位置，消费者需求量大、复购率高，是各家综合电商的"必争之地"。

从政府消费来看，2017 年我国继续实施积极的财政政策，全国财政运行情况总体良好。经济稳中有进、稳中向好为财政增收形成有力支撑，财政收入实现较快增长；财政支出进度加快，重点支出得到有效保障。2017 年，全国一般公共预算支出 203 330 亿元，同比增长 7.7%。从主要支出项目情况看：教育支出 30 259 亿元，增长 7.8%；科学技术支出 7 286 亿元，增长 11%；文化体育与传媒支出 3 367 亿元，增长 6.4%；社会保障和就业支出 24 812 亿元，增长 16%；医疗卫生与计划生育支出 14 600 亿元，增长 9.3%；节能环保支出 5 672 亿元，增长 19.8%；城乡社区支出 21 255 亿元，增长 15.6%；债务付息支出 6 185 亿元，增长 21.9%。政府消费作为财政支出的主要组成部分，也保持了良好的增长态势。

四、消费的主要影响因素分析

（一）收入

收入是决定消费水平最直接、最主要的因素。国家统计局数据显示，随着国内经济的稳定增长，我国城镇居民可支配收入也由 2010 年的 19 109 元增长到 2017 年的 36 396 元，保持着 9.6% 的名义年均增幅。同期农村居民可支配收入由 5 919 元增长到 13 432 元，名义年均增幅高达 12.4%（图6）。从各地已公布数据的地区来看，城镇居民人均可支配收入名义增速不低于 8.7% 的省（自治区、直辖市）包括北京、上海、天津、湖北、江西、安徽、重庆、云南、贵州、青海。西部地区收入增速较高，贵州、青海两地城镇常住居民人均可支配收入名义增速分别达到 9.3%、9.2%，大大高于全国平均水平。不断提高的人均可支配收入将提升家庭的消费意愿。

---

① 2017 网购消费者行为分析. http://www.sohu.com/a/169601162_99925809，2017-09-05.

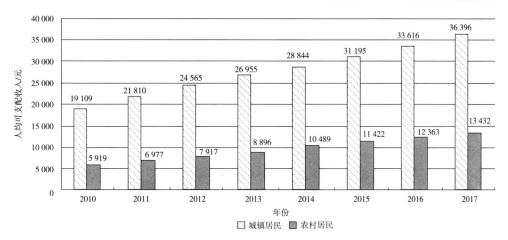

图 6　2011~2017 年我国城乡居民可支配收入

资料来源：国家统计局

（二）消费意愿

2017 年全国城镇居民人均消费支出 24 445 元，增长 5.9%，扣除价格因素实际增长 4.1%；农村居民人均消费支出 10 955 元，增长 8.1%，扣除价格因素，实际增长 6.8%（图 7）。

图 7　2011~2017 年我国城乡居民人均消费支出

资料来源：国家统计局

尼尔森发布的中国消费者信心指数报告显示，2017 年前三季度中国消费者信心指数连续创历史新高，第三季度消费者信心指数已达到 114 点，表明在中国经济稳中向好态势趋于明显的环境下，中国消费者信心指数稳步上升。就业预期的增长、消费者的消费意愿空前高涨，个人经济情况小幅上扬是消费者信心指数增长的主要原因。从区域来看，促进各区域消费者信心指数提升的因素各不相同。东部地区就业预期显著提升，个人经济情况和消费意愿实现平稳增长，西部地区个人经济情况和消费意愿领涨，南部地区各指标稳定，而北部地区由就业预期领涨。

（三）消费利好政策

目前我国供给结构和消费需求结构之间的不匹配，制约了消费潜力在国内的释放。因此，国家发展和改革委员会发布的《关于 2016 年民国经济和社会发展计划执行情况与 2017 年国民经济和社会发展计划草案的报告》中强调，"持续推进"十大扩消费行动"，顺应消费需求变化新趋势，以改革创新增加消费领域特别是服务消费和绿色消费有效供给，保持消费平稳增长""积极发展医养结合、文化创意、全域旅游等新兴消费，支持社会力量提供教育、文化、养老、医疗等服务。促进数字家庭、在线教育、虚拟现实等信息消费。开展加快内贸流通创新推动供给侧结构性改革扩大消费专项行动，推动实体店销售和网购融合发展"。

（四）养老服务成为消费新动力

中国已加速步入老年化社会,同时居民消费水平持续提升和养老政策红利不断释放，为养老服务市场提供了巨大发展空间，养老服务成为中国扩大消费的新动力。使用基本养老保险基金支出占养老保险基金收入的比例来描述老年人口的消费水平，发现自 2011 年以来，我国老年人口消费能力不断提高，基本养老保险基金支出占养老保险基金收入的比例从 74.2%上升至 2016 年的 89.5%（图 8）。

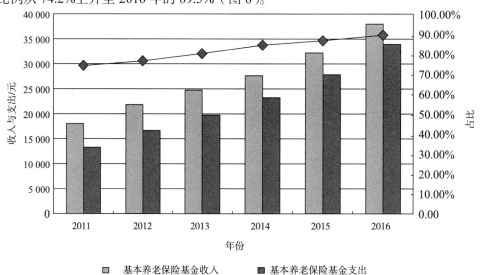

图 8　2011~2016 年我国基本养老保险基金

资料来源：《中国统计年鉴》（2012~2017 年）

（五）制约因素

我国释放新消费、培育新动力，面临着消费主体、消费供给、政策体系、消费环境、管理机制等方面的瓶颈问题。

居民收入增长缓慢。收入是影响消费的主要因素。长期以来，我国居民收入占GDP 的比重偏低。居民收入的长期低增长将制约消费升级，特别是农民持续性增收难度较大。农民最重要的经济收入来源在如下：第一，农作物收入。由于缺乏成熟的机构或公司收购农作物，农民自己卖出的价格仍旧不高，甚至非常低。第二，经济作物收入。农民没有统一的营销手段，只是靠大的商贩进行低价批量收购模式。第三，打工收入。农闲时农民可以去打工，但由于文化水平和技术的限制，收入并不高。

政府消费增长缓慢。市场化公共服务供应机制尚不完善，政府向社会购买服务范围较窄，增长缓慢。

不完善的社会保障体系。根据理性预期学派的消费理论，当期消费受到消费者预期收入的影响。消费者要敢于通过消费信贷进行消费，其前提条件是消费者对未来的收入和保障充满信心，愿意用预期收入完成现期消费。但目前由于我国社会保障体系不完善，保障层次比较低，对消费者的消费信心造成了一定的影响。目前我国的社会保障主要依靠家庭保障。居民储蓄有相当一部分是预防性储蓄，家庭储蓄率不断提高正是一种家庭预防性保障需求上升的必然结果。经过多年的努力，我国已初步建立起了生、老、病、残、失业等社会保障制度，但当前这种保障制度还难以对中低收入阶层起到有效的保障作用。其主要表现为社会保障在城乡、地区甚至群体之间制度安排不统一，越是发达地区、大城市享受的社会保障待遇越高；越是落后地区、中小城市（城镇）享受的社会保障待遇越低。然而，最需要社会保障的恰恰是落后地区、中小城市（城镇）和农民。社会保障体系不健全、覆盖面小，或标准过低，必然会迫使这些群体为未来进行储蓄，进而制约他们的当期消费。

人口老龄化，劳动力短缺。2017 年末，我国大陆总人口 139 008 万人，比 2016 年末增加 737 万人。其中 15~59 周岁人口为 90 199 万人，占总人口的 64.9%，比 2016 年末减少 548 万人，比 2016 年末下降 0.7 个百分点；60 周岁以上人口 24 090 万人，占总人口的 17.3%，比 2016 年末增加 1 004 万人提高 0.6 个百分点；65 周岁以上人口 15 831 万人，占总人口比重 11.4%，比 2016 年末增加 828 万人提高 0.6 个百分点。我国老年人口规模呈现总量扩张、增量提速的发展态势。劳动力的持续缩水已成为我国在相当长一段时间内面临的"新常态"。据刘秀丽和汪寿阳的研究[1]，2017 年、2018 年我国面临着 1 209 万人与 1 430 万人的劳动力短缺。这一因素将制约我国的经济增长和居民收入的增长，进而影响消费。

优质消费品供给不足。近年来，伴随着我国质量工作的深入开展，和"以质取胜、

---

[1] 刘秀丽，汪寿阳. 两孩政策背景下 2018—2025 年我国分年龄组劳动力供给量测算研究. 科技促进发展，2018，（Z1）：17-22.

标准引领、品牌发展"战略的贯彻实施，消费品生产经营者质量意识普遍增强、质量管理水平稳步增长，消费品质量呈逐年递增态势，但也渐渐呈现出无法满足消费升级要求的趋势。高端化、品牌化、个性化供给不足、供需失衡，企业产品创新、工艺创新、商业模式创新能力不够。在教育、医疗、健康、养老等服务消费领域，公共投入与市场化水平"双低"导致海外留学、海外代购、海外就医大量产生。医疗服务方面，看病难问题依然存在，高端医疗机构少，难以适应高端服务需求的快速增长。产品质量跟不上、产品创新严重滞后于需求，导致市场供给和市场需求总体出现错位，对供给侧结构性改革造成阻滞。因此，急需进一步提升消费品供给质量、改善供给结构，加强消费品供给对需求变化的适应性和灵活性，提高消费者满意度，满足供给侧结构性改革及国内居民生活消费升级的要求。

政策体系支撑不够。财政扶持政策与消费升级不匹配，缺少引导绿色消费的消费补贴制度，补贴往往是给生产企业而不是消费者；存在重商品消费、轻服务消费现象，缺少支持服务消费的财政政策。服务消费缺少质量标准，导致消费服务参差不齐。消费金融规模不断扩大，但整体结构单一，我国消费金融主要由银行这一单一渠道提供没有发生得到根本性的改变，而且消费贷款以银行提供的房地产贷款、汽车消费贷款为主的形式也没有根本改变，尚有巨大需求市场的医疗、教育、旅游、装修等消费金融产品没有很好地被开发出来。信用评价体系、纠纷调解机制、消费信贷法律法规等还不健全，市场活力没有得到完全释放。

消费环境有待改善。商贸设施建设缺乏统筹，商业网点建设规划制定缺乏统筹机制，导致全国商业网点发展不均衡：部分区域商业综合体过剩，部分新建社区商业网点少、业态不丰富，部分开发区、园区等商业配套不完善，农村商业配套落后。大部分农村还是传统的泥土路，而村和村之间也没有完全实现"村村通"。消费投诉增多，商品质量问题特别是烟酒和食品安全问题、网络消费、跨境消费、服务消费成为消费者投诉的热点，农村消费产品质量问题严重，消费维权寻求补偿难。

管理机制尚不完善。缺少与新消费相匹配的管理体制，消费涉及领域广、部门多，消费相关主管部门又存在着职能交叉、重复等情况，不能有效统一管理消费升级工作。服务消费没有纳入发展目标，消费增长目标还仅限于社会消费品零售总额。统计监测体系不够完善，统计没有囊括服务消费，无法全面反映社会消费真实情况。

从更长期看，面对越来越大的经济下行压力和全球市场的波动，我国可能在经济转型的过程中经历阵痛，但作为全球最大最活跃的消费品市场和最大的发展中国家以及地区经济中心，我国依然拥有巨大的潜力和广阔的发展空间。随着供给侧结构性改革的实质性推进，以金融服务、IT服务、科技服务、租赁和商务服务为代表的现代服务业增长相对更快，消费升级、技术进步、新型城镇化、"互联网+"与各行业的深度融合和产业结构调整，必将持续引导有效供给，消费市场潜力将有望进一步释放。

五、最终消费预测

基于对最终消费总额及其结构的变动趋势和主要影响因素的分析，本报告应用分项加和预测方法，对 2018 年我国最终消费进行了预测，预计 2018 年我国最终消费将保持持续增长趋势，最终消费额将超过 53 万亿元（现价），对 GDP 的贡献率约为 59%，与 2017 年的贡献率相比持平略增。

2018年中国物价形势分析与预测

骆晓强　鲍　勤　魏云捷　杨博宇　汪寿阳

报告摘要： 物价是宏观经济重要指标之一，对2018年我国物价水平进行研判，是科学制定宏观经济调控政策的前提和依据。2017年我国物价走势整体平稳，呈现居民消费价格指数（consumer price index，CPI）低位运行而PPI和工业生产者购进价格指数（purchasing price index of raw material，PPIRM）大涨的态势。受食品价格下跌的影响，CPI低位运行。同时，非食品价格、服务价格与食品价格背离，出现温和上涨。受生产资料价格大涨拉动，PPI持续走高。受燃料动力原材料价格齐涨拉动，PPIRM较快上涨。2017年我国CPI和PPI（PPIRM）明显背离，其原因是CPI、PPI及PPIRM各构成部分不同步，PPIRM与PPI中生产资料走势一致，PPI中生活资料与CPI中的工业消费品走势一致。食品价格和大宗商品价格的背离是本轮CPI与PPI走势背离的主要原因。从定基指数看，当前PPI仅是在前期一个较大的跌幅的基础上的恢复性上涨。在产能总体过剩的情况下，上游价格上涨并没有带来扩大需求、带动全社会物价上涨的效应，PPI向CPI传导不畅。

2018年我国物价走势主要受到以下四个因素的影响：①农产品价格。就国际市场而言，农产品价格在供给充足、需求乏力以及库存高企的背景下有望保持稳定。②原油价格。在全球经济保持复苏、OPEC（Organization of Petroleum Exporting Countries，即石油输出国组织）限产延期以及地缘政治不稳的背景下原油价格可能继续上涨。③有色金属价格。在全球经济保持复苏的情况下，有色金属价格可能继续上涨，但涨幅将小于2017年。④国内供需状况。国内需求总体温和，供给侧改革效应趋弱，经济增幅可能小幅回落，物价上涨的压力不大。

根据我国三大物价指数分项之间的关联关系，建立多元传导模型，对2018年三种价格指数的环比数据进行预测，并在此基础上计算翘尾因素以推算物价的同比数据。主要结果显示包括：2018年我国物价整体稳定，CPI将温和上涨，涨幅比2017年提高，全年上涨1.9%，其中翘尾因素影响0.8个百分点；PPI和PPIRM将继续上涨，但涨幅比2017年回落，全年分别上涨4.2%和4.8%，其中翘尾因素分别影响2.8个百分点和3.0个百分点。

一、2017 年我国物价形势分析

2017 年我国物价走势整体平稳，呈现 CPI 低迷、PPI 和 PPIRM 大涨的态势，与 2016 年形成鲜明反差（图 1）。

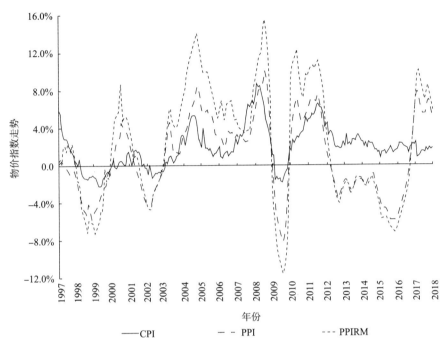

图 1　1997 年 1 月至 2017 年 12 月 CPI、PPI 和 PPIRM 同比涨幅
资料来源：国家统计局，本报告中如无特殊说明，数据均来源于国家统计局

（一）食品价格下跌，CPI 低位运行

2017 年我国 CPI 延续 2012 年以来的稳定运行态势，呈现出低位运行的态势。2017 年，CPI 比上年同期上涨 1.6%，涨幅较 2016 年回落 0.4 个百分点。其中，食品价格下跌 1.4%，非食品价格上涨 2.3%；消费品价格上涨 0.7%，服务价格上涨 3.0%。分类别看，如图 2 所示，2017 年医疗保健上涨 6.0%，涨幅比 2016 扩大 2.2 个百分点；居住、其他用品和服务、教育文化和娱乐以及酒类分别上涨 2.6%、2.4%、2.4% 和 2.2%；衣着、交通和通信、生活用品及服务分别上涨 1.3%、1.1% 和 1.1%；食品下降 1.4%，涨幅比 2016 年下降 6.0 个百分点，是 CPI 低位运行的主要因素。

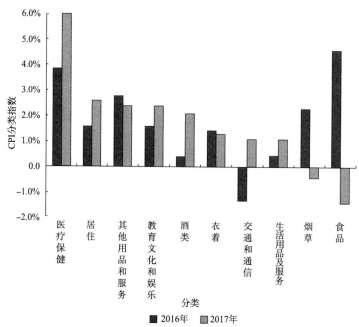

图 2　2016 年和 2017 年 CPI 分类价格指数对比

从月度同比涨幅看，2017 年 2 月 CPI 涨幅降到 0.8%低点后呈逐月回升态势，12 月，CPI 同比上涨 1.8%，其中，食品价格下降 0.4%，非食品价格上涨 2.4%（图 3）；消费品价格上涨 1.1%，服务价格上涨 3.0%。分类别看，在 2017 年 12 月 CPI 细项中医疗保健、居住、教育文化和娱乐价格分别上涨 6.6%、2.8%和 2.1%，其他用品和服务、生活用品及服务价格分别上涨 1.9%和 1.6%，交通和通信、衣着价格分别上涨 1.2%和 1.3%。

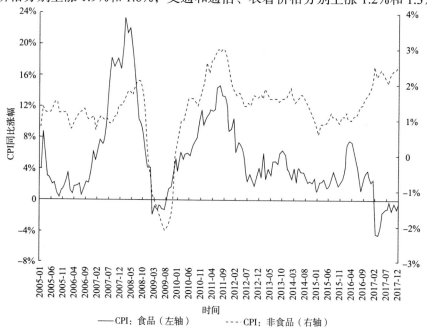

图 3　2005 年 1 月至 2017 年 12 月 CPI 食品和非食品价格同比涨幅

2017 年我国 CPI 运行呈现出以下特征。

（1）食品价格降幅较大。2017 年，我国食品价格（权重约为 20%）下跌 1.4%，其中，猪肉（权重约为 2.77%）、鲜菜（权重 3.33%）和蛋类（权重 0.645%）分别下跌 8.8%、8.1% 和 4.0%，三者带动 CPI 下降了 0.54 个百分点；食用油和奶类价格与 2016 年相比基本持平；粮食（权重 1.875%）比 2016 年略有上涨，涨幅为 1.5%；水产品（权重 1.84%）和鲜果（权重 1.43%）价格涨幅较大，分别为 4.4% 和 3.8%。从月度同比数据看，食品在大幅下降后已趋稳并逐步回升，2017 年 3 月食品价格同比下降 4.4%，创出 2005 年以来低位，随后企稳逐月回升，2017 年 12 月食品同比下降 0.4%，降幅有所缩窄。如图 4 所示，2017 年 12 月猪肉和鲜菜仍处于大幅下跌状态，鲜菜价格和猪肉价格同比分别下降 8.6% 和 8.3%，分别拉动 CPI 下降 0.23 个和 0.23 个百分点。蛋类、鲜果价格、水产品、粮食价格同比分别上涨 11.4%、6.3%、4.0% 和 1.3%，四者拉动 CPI 上涨 0.27 个百分点。猪肉周期和鲜菜波动对 CPI 的影响显著。

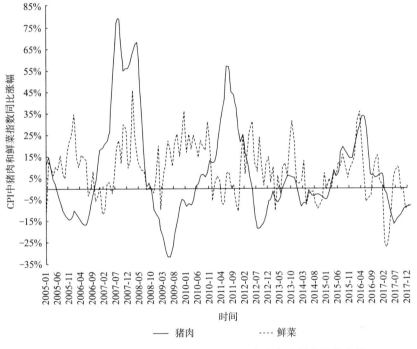

图 4　2005 年 1 月至 2017 年 12 月 CPI 中猪肉和鲜菜价格走势

（2）非食品消费品价格涨幅扩大。2017 年，我国 CPI 中除食品外的消费品（权重约为 43.8%）上涨 1.7%，涨幅比 2016 年提高 1 个百分点。其中，交通工具用燃料和水电燃料价格分别累计上涨 9.8% 和 1.9%，中药和西药价格分别累计上涨 5.7% 和 6.0%，酒类价格上涨 2.2%，服装和鞋类价格分别累计上涨 1.3% 和 1.0%，家用器具基本持平，交通工具和通信工具分别累计下降 1.5% 和 3.1%。从月度同比数据看，非食品消费品价格稳中趋升，特别是能源产品价格表现出明显的涨幅扩大态势，2017 年 12 月交通工具用燃料和水电燃料价格同比分别累计上涨 9.0% 和 2.4%（图 5）。

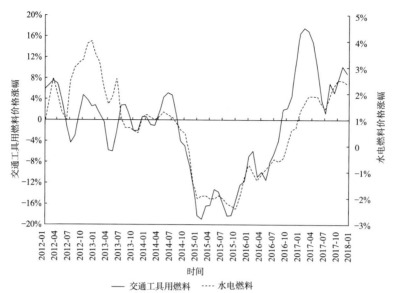

图 5　2012 年 1 月至 2017 年 12 月 CPI 中能源价格走势

（3）服务价格持续上涨。2017 年，我国 CPI 中服务价格（权重约为 36.2%）上涨 3.0%，其中，2016 年和 2017 年 CPI 服务各项目价格涨幅如图 6 所示，部分地区公立医院推动价格改革，2017 年医疗服务价格累计上涨 6.5%，领涨服务类价格；受劳动力价格上涨推动，2017 年衣着加工服务、家庭服务、旅游服务和教育服务价格分别上涨 4.0%、4.2%、3.6% 和 3.1%。从月度同比数据看，如图 7 所示，服务价格指数持续走高，2017 年 12 月服务价格指数同比上涨 3.0%。分类别来看，医疗服务、衣着加工服务、家庭服务、旅游和教育服务价格分别上涨 8.0%、3.8%、4.0%、2.5% 和 2.7%。

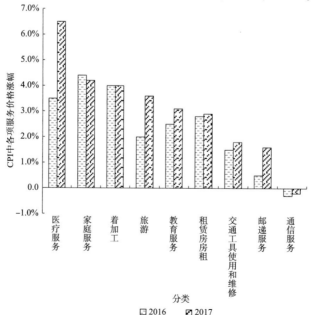

图 6　2016 年和 2017 年 CPI 各项服务价格涨幅

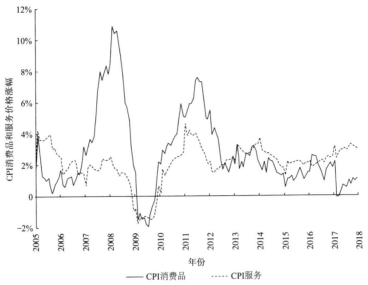

图 7　2005 年 1 月至 2017 年 12 月 CPI 消费品价格和服务价格走势

（二）生产资料价格大涨，PPI 持续走高

2017 年，我国 PPI 延续 2016 年下半年以来的回升势头，持续上涨。2017 年，工业生产者出厂价格同比上涨 6.3%，其中，生产资料价格快速上涨，涨幅为 8.3%，生活资料价格基本平稳，微涨 0.7%。如图 8 所示，生产资料中，采掘工业和原材料工业价格上涨是推动 PPI 上行的重要因素，2017 年，采掘工业价格上涨 20.7%，原材料工业价格上涨 11.5%，加工业价格上涨 6.1%。

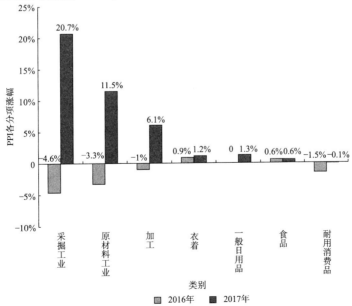

图 8　2016 年和 2017 年 PPI 各项价格涨幅

从月度同比数据看，2017 年 PPI 呈现一个反复走高的态势，2017 年 2 月 PPI 同比涨幅达到 7.8%高点，随后逐月回落到 5.5%，8 月受能源价格上涨带动出现反弹，10 月 PPI 涨幅回升到 6.9%，12 月又随翘尾因素的退去回落到 4.9%，其中，生产资料同比上涨 6.4%，生活资料同比上涨 0.5%（图 9）。

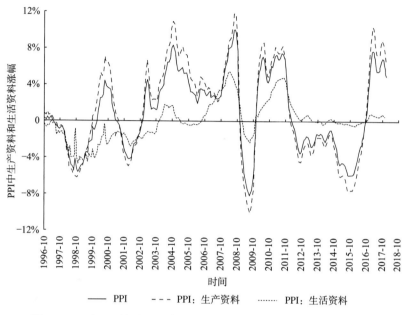

图 9　1996 年 10 月至 2017 年 12 月 PPI 及生产资料和生活资料走势

2017 年我国 PPI 运行呈现以下特征。

（1）生产资料价格全面上涨。2017 年，PPI 中生产资料价格（权重约为 74.5%）上涨 8.3%，采掘（权重约为 3.7%）、原材料工业（权重约为 22.1%）和加工工业（权重约为 50.2%）全面上涨，涨幅分别达到 20.7%、11.5%和 6.1%，分别拉动 PPI 上涨 0.77 个百分点、2.54 个百分点和 3.06 个百分点，是 2017 年 PPI 上涨的主要动力。生产资料各行业也表现出全面上涨的态势。采掘工业中，2017 年，煤炭开采和洗选业、石油和天然气开采业的工业生产者出厂价格分别上涨 28.2%和 29.0%；原材料工业和加工业中，黑色金属冶炼和压延加工业，石油加工、炼焦和核燃料加工业，以及有色金属冶炼和压延加工业涨幅最大，分别为 27.9%、19.2%和 15.9%；造纸和纸制品业、化学原料和化学制品制造业、化学纤维制造业以及非金属矿物制品业价格也有较大幅度上涨，涨幅分别为 9.5%、9.4%、9.7%和 8.1%。采掘工业价格和原材料工业价格交替上涨从产业链上游推动 PPI 上涨。从月度同比涨幅看，如图 10 所示，PPI 各分项目涨幅已趋于回落，采掘工业和原材料工业同比涨幅已分别由 2017 年 2 月的 36.1%和 15.5%回落至 12 月的 9.1%和 8.1%，加工工业回落至 5.5%。

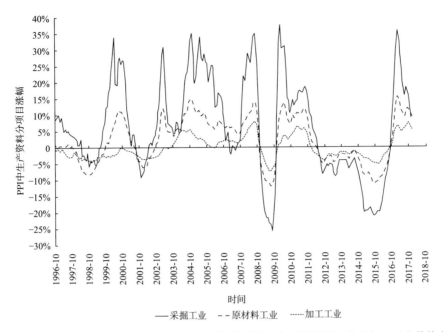

图 10　1996 年 10 月至 2017 年 12 月 PPI 生产资料采掘工业、原材料工业和加工工业价格走势

（2）生活资料价格稳定。2017 年，PPI 中生活资料价格（权重约为 25.5%）微涨 0.7%，并没有追随生产资料的大涨。其中，食品、衣着、一般日用品的价格仅有小幅上涨，分别上涨为 0.6%、1.2% 和 1.3%，耐用消费品价格微降 0.1%。从月度同比涨幅看，如图 11 和图 12 所示，2017 年生活资料涨幅一直总体维持低位，12 月生活资料价格同比上涨 0.5%。其中，食品价格上涨 0.2%，衣着价格上涨 0.6%，一般日用品价格上涨 1.6%，耐用消费品价格下降 0.2%。

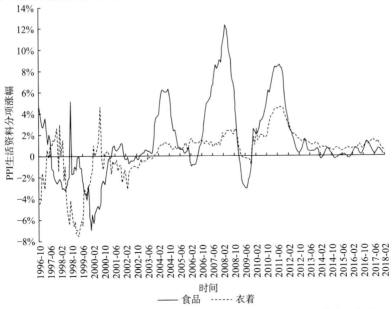

图 11　1996 年 10 月至 2017 年 12 月 PPI 生活资料食品和衣着价格走势

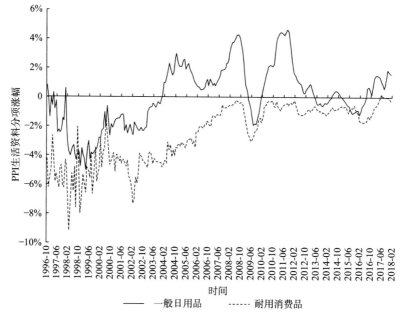

图 12　1996 年 10 月至 2017 年 12 月 PPI 生活资料一般工业品和耐用消费品价格走势

（三）燃料动力原材料价格齐涨，PPIRM 较快上涨

2017 年，PPIRM 延续了 2016 年下半年以来的上涨趋势，涨幅扩大，达到 8.1%。PPIRM 细分项目如图 13 所示，其中，黑色金属材料类价格上涨 15.9%，有色金属材料及电线类价格上涨 15.3%，燃料动力类价格上涨 13.0%，化工原料类价格上涨 8.4%，建筑材料及非金属类价格上涨 8.6%。木材及纸浆类价格上涨 6.2%，纺织原料类价格上涨 4.0%。其他工业原材料与半成品类、农副产品类价格分别上涨 2.6% 和 1.5%。

从月度同比涨幅看，2017 年我国 PPIRM 呈现出"M"形走势。PPIRM 在 2017 年 3 月上涨到 10% 后逐月回落到 7 月的 7%，8 月后出现反弹，10 月涨幅反弹到 8.4%，由于翘尾因素退去，12 月回落到 5.9%。分项目看，各项目月度走势出现分化，如图 14 和图 15 所示，燃料动力类月度同比涨幅已从 2017 年 2 月的 18.7% 回落到 2017 年 12 月的 7.1%，黑色金属材料类价格涨幅也从 2017 年 3 月的 21.8% 回落到 2017 年 12 月的 10.6%；有色金属材料及电线类价格从 2017 年的 10 月的 19.5% 回落到 2017 年 12 月的 10.4%；纺织原料类价格涨幅从 2017 年 5 月的 4.9% 回落到 2017 年 12 月的 2.8% 化工原料类、木材及纸浆类、建筑材料及非金属类仍在高位，月度同比涨幅分别为 7.6%、7.6% 和 11.6%。

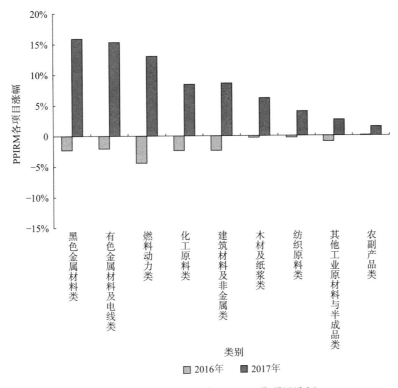

图 13　2016 年和 2017 年 PPIRM 分项目涨幅

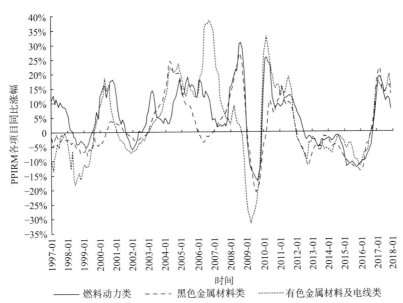

图 14　1997 年 1 月至 2018 年 1 月 PPIRM 燃料动力类、黑色金属材料类、有色金属材料及电线类价格
指数走势

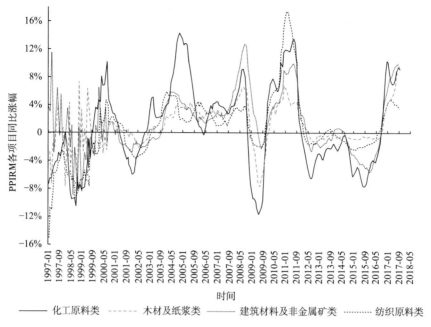

图 15　1997 年 1 月至 2018 年 5 月 PPIRM 化工原料类、木材及纸浆类、建筑材料及非金属矿类和纺织原料类价格指数走势

二、2017 年我国物价走势成因分析

CPI 和 PPI、PPIRM 出现明显背离是 2017 年我国物价走势的一个突出特点，主要原因有以下三个方面。

（一）CPI、PPI 及 PPIRM 各构成部分不同步

理论上，我国 PPIRM、PPI 和 CPI 三个价格指数描述了"投入—出厂—消费"的全流程价格的变动情况，彼此之间存在一定的联动关系。但这种联动关系仅体现在各构成子项目上。具体来看，如图 16 所示，PPIRM 对应着 PPI 中生产资料；PPI 中生活资料对应着 CPI 中的工业消费品；CPI 中食品和服务价格与 PPI、PPIRM 没有直接的对应关系。历史数据的走势可以很好地印证这一传导关系，如图 17 和图 18 所示，我国 PPIRM 与 PPI 中生产资料价格、PPI 中生活资料与 CPI 工业消费品的走势均有很高的一致性。

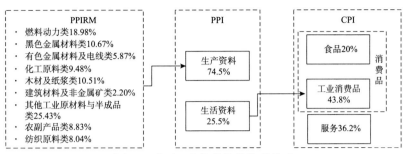

图 16　我国三大物价指数传递关系
由于四舍五入数据加和不为 100%

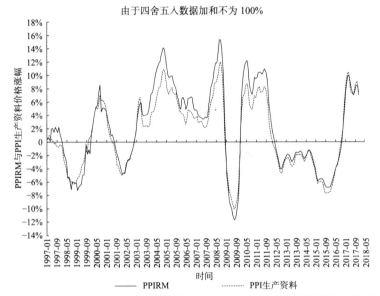

图 17　1997 年 1 月至 2018 年 5 月我国 PPIRM 和 PPI 生产资料价格走势对比

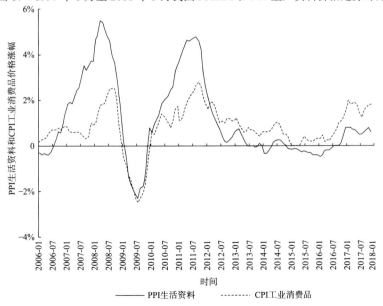

图 18　2006 年 1 月至 2018 年 1 月我国 PPI 生活资料和 CPI 工业消费品价格走势对比

由于 CPI 中食品和服务价格与 PPI、PPIRM 没有直接的对应关系，一旦食品价格、服务价格与 PPI/PPIRM 不一致，就会导致 CPI 与 PPI 走势的不一致。本轮 CPI 与 PPI 的背离正起源于食品价格与大宗商品价格走势的背离。2015 年到 2016 年 6 月，我国猪肉价格处于上涨周期，2016 年 7 月开始处于下降周期，而大宗商品走势却相反，2015 年到 2016 年初仍处于下降通道，2016 年下半年开始回升，势头一直延续到 2017 年。

（二）从定基指数看，2017 年 PPI 是恢复性上涨

就这一轮 PPI 上涨而言，由供给和需求两个方面的因素共同影响：一方面，随着供给侧改革的推进，特别是部分产能过剩行业去产能、去库存进程的持续推进，供给端受到显著影响，2017 年 11 月，煤炭开采和洗选业、有色金属矿采选业的规模以上工业企业产成品期末同比增速分别下跌 2.9% 和 2.5%，存货期末同比增速分别下降 3.8% 和 4.7%。环保督查限产的影响进一步加剧了供给紧张的局面；另一方面，受出口回升、基础设施建设投资回升等需求回升推动，经济增速明显回升，需求端出现周期性回暖。这样的供需格局导致了许多工业行业价格回升。

需要看到的是，这一上涨是在 PPI 同比自 2012 年 3 月起连续 54 个月下降的基础上开始的。2017 年我国 CPI、PPI 走势背离，主要还是从同比指数的角度看，即以 12 个月前的价格水平为基数，与其对比。如果改变基数，从定基指数角度看，情况会有所不同。若以 2002 年 1 月为基点，即将 2002 年 1 月的 CPI、PPI 均设为 100，以后月份的价格指数与 2002 年 1 月相比，构建 CPI 和 PPI 的定基指数，可以发现：如图 19 所示，2012 年 9 月以前 CPI 和 PPI 定基指数走势同步，2012 年 10 月后出现背离。2012 年 10 月后 CPI 持续走高，2017 年 12 月达到 147，比 2002 年 1 月上升了 47%；而 2012 年 10 月后 PPI 持续下降，从最高点下降了 14%，2016 年 2 月开始回升，从最低点上升了 10%，2017 年 12 月达到 136，比 2002 年 1 月上升了 36%，同期涨幅小于 CPI。若以 2012 年 1 月为 100 计算 PPI 定基指数，则 2017 年 12 月 PPI 定基指数仅为 97.6，PPI 实际是在跌入一个低谷后的恢复性上涨。这与居民主观感受也较为一致，虽然 CPI 涨幅不高，但由于其持续上涨，其绝对价格水平并不低，PPI 在 2017 年回升走势可以认为是在前期低点上的恢复性上涨。

（三）CPI、PPI 传导不畅

理论上，PPI 代表着上游产业的价格，存在成本传导以及示范效应，传递到下游，带来 CPI 同步变动。但目前成本传导机制没有发挥作用，PPI 和 CPI 出现不同步。首先，本轮 PPI 的上涨更多是因为供给端的收缩，而非总需求的扩张，因而未能带动下游价格上涨。其次，应该看到我国经济结构发生深刻变化，农村剩余劳动力大量转移，就业模

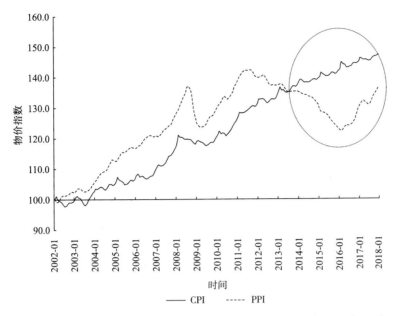

图 19　2002 年 1 月至 2018 年 1 月 CPI、PPI 定基值（2002 年 1 月为 100）

式从原来的农业、工业两部门转变为农业、工业、服务业三部门，农业生产也从小农生产走向集约化、工厂化生产。2012 年以后，在工业部门出现价格下跌，生产萎缩时，工人更多去了服务业部门，并没有回到农业部门，这导致一方面，工资水平并没有追随工业增速的下滑大幅下滑，另一方面，农产品价格并未出现下跌，因此 CPI 依然维持上涨，并没有随 PPI 下降而下降。最后，当前 PPI 上涨带来工业企业效益改善，但在我国产能过剩的大背景下，并没有带来生产和投资的大幅扩张和就业的繁荣。这种情况下，PPI的上涨未能有效传导到工资水平的上涨上，也就无法通过劳动力成本和居民收入上升途径传递到消费品进而带动 CPI 的上涨。

三、2018 年我国物价走势影响因素分析

价格是市场供需关系的直接体现，因此，2018 年我国经济的供需格局是影响我国物价走势的主要因素。在开放经济下，国际市场商品价格的变动会通过贸易、示范等途径传导到国内，这是影响我国物价走势的重要因素之一。此外，从 CPI 和 PPI 的构成来看，一些重要领域的价格变动会直接影响总体价格走势。具体分析如下。

（一）国内供需形势展望

（1）需求总体温和。2017 年我国经济出现周期性回暖，经济增速出现回升。但在经济结构性矛盾仍较突出、新的增长动能仍较温和的情况下，预计 2018 年经济增速趋于

稳定，随着周期性因素逐渐退去，经济增速将会有小幅回落。

（2）供给侧改革效应趋弱。2017 年去产能步伐较快，环保执行力度明显加大，一定程度上推动了上游产品价格的回升。但 2018 年随着去产能的推进和环保政策的稳定，其政策效应将趋于弱化。

（二）国际市场商品价格走势展望

（1）农产品价格稳定。目前全球农产品供应充足而需求增长不足的基本情况仍在延续，部分谷物的库存使用比达到多年来的高点，农产品价格总体温和，如图 20 所示。预计 2018 年这种态势仍将延续，全球农产品价格难以出现大涨局面，需要指出的是，由于农产品价格处于低点，向下大跌的可能也很小。

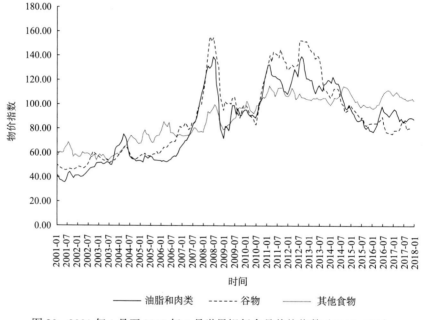

图 20　2001 年 1 月至 2018 年 1 月世界银行食品价格指数（2010=100）

资料来源：世界银行

（2）原油价格趋于上涨。受到需求稳步上升、石油出口国达成减产协议、美国页岩油产量趋稳以及地缘政治的影响，如图 21 所示，2017 年 9 月开始国际原油价格出现明显上涨。2017 年 12 月 Brent 原油均价达到 64.2 美元/桶，WTI（West Texas Intermediate，即西德克萨斯轻质）原油均价达到 57.9 美元/桶，考虑当前油价依然低于 10 年均价，在全球经济继续复苏，OPEC 限产延期以及地缘政治不稳的情况下，预计 2018 年原油价格可能呈现小幅上涨的态势。

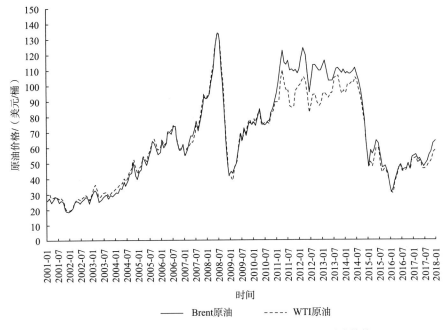

图 21　2001 年 1 月至 2018 年 1 月 Brent 和 WTI 原油价格

数据来源：CEIC

（3）基本金属价格趋于稳定。如图 22 所示，受需求回升拉动，2017 年金属价格出现了较大幅度上涨，但目前价格已有企稳迹象。考虑到基本金属的价格已恢复到一个较高水平，虽然全球经济继续复苏，但其供给仍显充足，继续快速上涨的可能性不大。同时，需要注意的是，个别金属品种因库存增减也可能导致价格出现一定幅度的波动。

（三）重要商品价格走势

（1）猪肉将走出下跌周期。2017 年猪肉价格呈现下跌趋势，自 2017 年 2 月开始猪肉价格同比持续负增长，至 2017 年 12 月已下跌 11 个月，从 2017 年 6 月起跌幅开始收窄。我国猪肉价格存在明显的周期性规律，但周期有拉长，周期波动幅度有缩小的趋势。如图 23 所示，最近两轮下跌区间分别持续 13 个月和 14 个月，猪肉价格可能于 2018 年第二季度逐步走完下跌周期。届时，猪肉价格对 CPI 将产生明显的推动作用。但考虑到我国生猪生产产业化程度明显提高，加上消费升级对猪肉的消费需求有所下降，猪肉涨幅很难达到前几轮猪肉周期的幅度，对 CPI 的影响应该在可承受范围内。

图 22　铜和铝国际价格

资料来源：世界银行

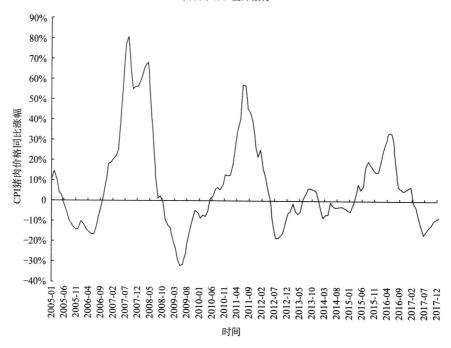

图 23　CPI 中猪肉价格同比涨跌幅变化图

（2）服务价格将继续上涨。2017 年服务价格上涨 3%。虽然其中的医疗服务价格上涨有公立医院改革的一次性因素，但考虑到劳动力供给减少的影响，劳动力成本总体上升的趋势还将延续，服务价格稳步上涨的势头也将延续。

（3）成品油价格将继续上涨。2017 年 8 月以来，在国际油价上涨和国内环保加强的双重影响下，国内汽油、柴油价格重拾升势，出现明显上涨趋势。考虑到国际油价将有可能延续上涨态势，预计 2018 年我国成品油价格也将继续上涨。

（4）铁矿石和钢铁价格趋于震荡。铁矿石和钢铁价格于 2017 年 6 月反弹到高位后震荡回落，11 月重启反弹，目前处于较高水平，考虑到当前库存处于较高位置，需求仍较温和，供给侧改革的效应趋于减弱，2018 年铁矿石和钢铁价格趋于震荡，难出现大幅上涨。

四、2018 年我国三大物价指数预测结果

考虑到我国 PPIRM、PPI 和 CPI 三个价格指数的细分项目之间存在明显的联动关系，基于骆晓强等[①]提出的多元传导模型对我国三大物价指数进行预测。

该方法对我国三大物价指数及其分项进行分析，得到我国物价指数的传导路径如图 24 所示，其中，灰色标示的是三大物价指数中的主要波动的源头，实线单箭头表示自上而下的成本传导，虚线单箭头表示自下而上的需求传导。具体而言，自上而下的成本传导有：PPIRM 作为预测 PPI 生产资料的源头，PPI 生活资料作为预测 CPI 工业消费品价格的源头，PPIRM 化工原料作为预测 PPIRM 纺织原料的源头。自下而上的需求拉动传递有：PPI 生活资料拉动 PPIRM 其他工业原材料及半成品类，PPIRM 其他工业原料及半成品类拉动 PPIRM 化工原料类。根据这一多元传导关系，存在传导关系的细分物价指标可以建立 ARDL 模型，从源头进行预测。

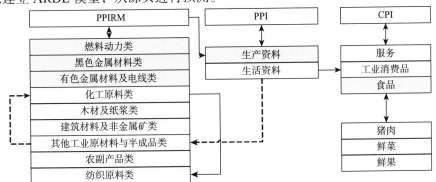

图 24　我国物价指数传导路径图

根据物价指数的多元传导模型，在确定传导路径和价格波动源头后，从物价指数的细分项目入手分别建立计量模型，其中，对价格波动源头的细分项目依据经济学理论构建 VAR 模型进行预测，对存在传导关系的细分项目建立 ARDL 模型进行预测，对波动较小的分项目根据简洁原则建立 ARIMA 模型，最后将细分项目预测值按权重加总得到整体预测，并基于环比数据预测和翘尾因素计算同比数据的预测。基于该模型对 2018

---

① 骆晓强，鲍勤，魏云捷，等. 2018. 基于多元传导模型的物价指数预测新方法——2018 年中国物价展望. 管理评论，30（1）：3-13.

年我国三大物价指数的预测结果如下。

（一）2018 年 PPIRM 预测

预测 2018 年全年 PPIRM 涨幅在 4.8%左右，其中翘尾因素影响为 3.0 个百分点。根据 2017 年各月的 PPIRM 环比指数，测算得到翘尾因素将拉动 2018 年 PPIRM 上升约 3.0 个百分点，PPIRM 各月翘尾因素如图 25 所示。

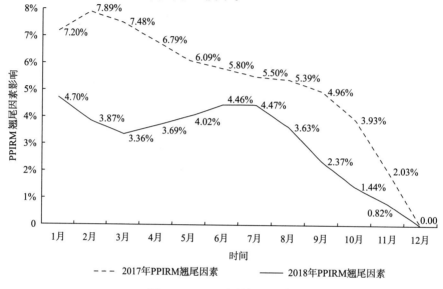

图 25　PPIRM 各月翘尾因素
2018 年数据为作者测算
资料来源：2017 年数据来自国家统计局

为测算燃料动力类价格指数，需要对原油价格做出假设。根据当前的库存情况及消费生产情况，对 2018 年 Brent 原油价格进行预测。在此假设基础上，可以计算出 2018 年 PPIRM 各月的环比变动情况，如表 1 所示。

表 1　PPIRM2016 年 1 月至 2018 年 12 月环比涨幅

年份	1 月	2 月	3 月	4 月	5 月	6 月	7 月	8 月	9 月	10 月	11 月	12 月
2016	−0.70%	−0.50%	0.30%	0.60%	0.60%	0.20%	0.30%	0.20%	0.40%	0.90%	1.80%	1.90%
2017	1.20%	0.80%	0.50%	−0.30%	−0.30%	−0.40%	0.00%	0.80%	1.20%	0.90%	0.60%	0.80%
2018	0.42%	0.18%	0.22%	0.33%	0.38%	0.39%	0.26%	0.13%	0.08%	0.02%	0.00%	0.02%

注：2017 年 12 月至 2018 年 12 月数据为作者计算

根据环比与同比的关系，可以计算出各月同比数据，如图 26 所示，预计 2018 年 PPIRM 月度同比涨幅最高点出现在 7 月，约为 6.7%。2018 年全年 PPIRM 涨幅在 4.8%左右，低于 2017 年的 8.1%。预计 2018 年四个季度的 PPIRM 同比涨幅分别为 4.4%、5.5%、5.6%和 3.0%。

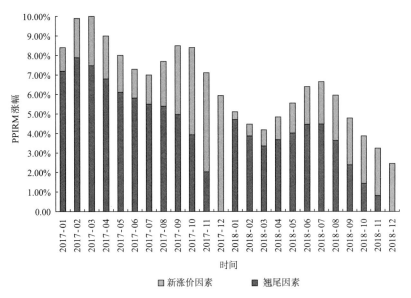

图 26　2017 年 PPIRM 月度同比数据 2018 年 PPIRM 月度同比预测数据

2018 年数据为作者测算

资料来源：2017 年数据来自国家统计局

（二）2018 年 PPI 预测

预测 2018 年全年 PPI 涨幅在 4.2% 左右，其中翘尾因素影响为 2.8 个百分点。根据 2017 年各月的 PPI 环比指数，测算得到翘尾因素对 2018 年 PPI 影响在 2.8 个百分点左右，PPI 各月翘尾因素如图 27 所示。

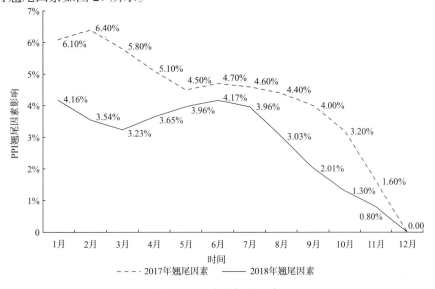

图 27　PPI 各月翘尾因素

2018 年数据为作者测算

资料来源：2017 年数据来自国家统计局

预测出 2018 年 PPI 月度环比涨幅如表 2 所示。

表 2　PPI 2016 年 1 月至 2018 年 12 月环比涨幅

年份	1 月	2 月	3 月	4 月	5 月	6 月	7 月	8 月	9 月	10 月	11 月	12 月
2016	−0.50%	−0.30%	0.50%	0.70%	0.50%	−0.20%	0.20%	0.20%	0.50%	0.70%	1.50%	1.60%
2017	0.80%	0.60%	0.30%	−0.40%	−0.30%	−0.20%	0.20%	0.90%	1.00%	0.70%	0.50%	0.80%
2018	0.31%	0.11%	0.18%	0.27%	0.31%	0.32%	0.19%	0.08%	0.06%	0.01%	0.01%	0.03%

注：2017 年 12 月至 2018 年 12 月数据为作者计算

根据环比与同比的关系，可以计算出月度同比指数，如图 28 所示，预计 2018 年 PPI 月度同比涨幅最高点出现在 6 月和 7 月，约为 5.7%。预计 2018 年全年 PPI 上涨 4.2%，低于 2017 年 6.3%。预计 2018 年四个季度的 PPI 同比涨幅分别为 3.9%、5.0%、4.6% 和 2.3%。

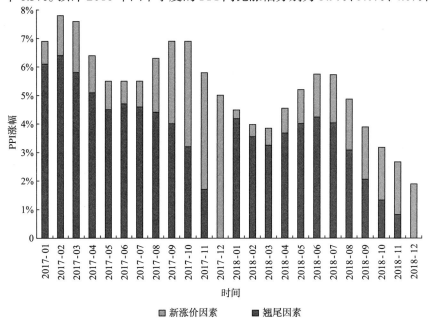

图 28　2017 年 PPI 月度同比数据 2018 年 PPI 月度同比预测数据

2018 年为数据作者测算

资料来源：2017 年数据来自国家统计局

（三）2018 年 CPI 预测

预测 2018 年全年 CPI 涨幅在 1.9% 左右，其中翘尾因素影响为 0.8 个百分点。由于 2017 年 CPI 呈现前低后高走势，其翘尾影响比较明显。根据 2017 年各月的 CPI 环比指数，测算得到翘尾因素对 2018 年 CPI 影响在 0.8 个百分点左右，2017 年和 2018 年各月 CPI 翘尾影响如图 29 所示。

同时还可以预测出 CPI 在 2018 年的月度环比涨幅，如表 3 所示。

2018 年中国物价形势分析与预测

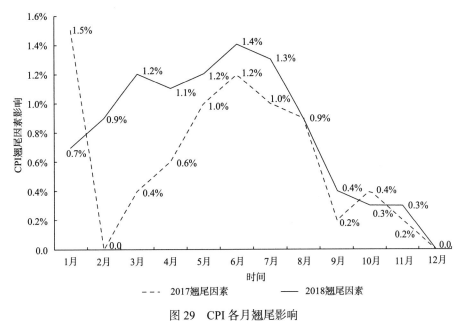

图 29　CPI 各月翘尾影响
2018 年数据为作者测算
资料来源：2017 年数据来自国家统计局

表 3　CPI 2016 年 1 月至 2018 年 12 月环比涨幅

年份	1 月	2 月	3 月	4 月	5 月	6 月	7 月	8 月	9 月	10 月	11 月	12 月
2016	0.50%	1.60%	−0.40%	−0.20%	−0.50%	−0.10%	0.20%	0.10%	0.70%	−0.10%	0.10%	0.20%
2017	1.00%	−0.20%	−0.30%	0.10%	−0.10%	−0.20%	0.10%	0.40%	0.50%	0.10%	0.00%	0.30%
2018	0.68%	0.31%	−0.05%	−0.01%	−0.22%	−0.02%	0.22%	0.24%	0.26%	0.09%	0.04%	0.43%

注：2017 年 12 月至 2018 年 12 月为作者计算

　　根据环比与同比的关系，可以计算出 CPI 月度同比涨幅，如图 30 所示，预计 2018 年 CPI 月度同比涨幅最高点出现在 7 月，约为 2.2%。预计 2018 年全年 CPI 同比涨幅分别为 1.7%、2.0%、2.0% 和 1.9%。

79

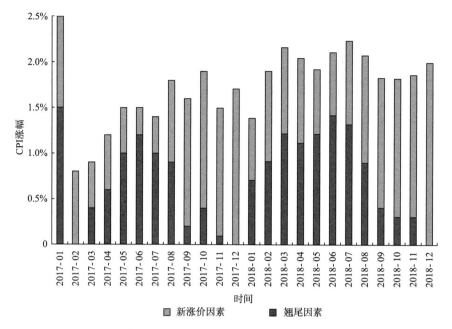

图 30　2017 年 CPI 月度同比数据 2018 年 CPI 月度同比预测数据

2018 年数据为作者测算

资料来源：2017 年数据来自国家统计局

五、结论和政策建议

综上所述，2018 年我国物价整体稳定，CPI 将出现温和上涨，涨幅比 2017 年提高，预测全年 CPI 将上涨 1.9%；PPI 和 PPIRM 继续上涨，但涨幅较 2017 年趋于回落，预测 PPI 和 PPIRM 将分别上涨 4.2% 和 4.8% 左右。预测结果显示 2018 年我国发生通货膨胀和通货紧缩的风险均不大。此外，2018 年物价的不确定性将主要来源于猪肉价格和原油价格。如果猪肉价格发生较大幅度上涨，将明显提高 CPI 涨幅；如果原油价格出现大的波动，PPI 和 PPIRM 的涨幅也将提高。

2018 年整体稳定的物价环境将为我国宏观调控政策特别是经济改革政策提供了空间。具体的政策建议如下。

一是继续实施稳健货币政策。2018 年货币政策防通货膨胀和通货紧缩的压力均不大，应充分利用这一良好时机，保障适度的货币供应，理顺货币政策机制，引导全社会去杠杆，防范我国债务风险的恶化。

二是抓紧时机继续理顺重要领域的价格机制，让市场发挥价格决定作用。推进电力、天然气、铁路货运等垄断行业的价格市场化改革。深化城市供水供电供气供热、医疗服务、旅游景区等公用事业和公共服务价格改革；创新和完善生态环保价格机制；稳步推进农业用水和农产品价格改革等。

三是去产能与产业升级相结合以减少供给对价格的冲击。去产能、环保政策应充分考虑市场供给情况，尽量不用一刀切、短期内大幅减少供给的政策，要充分利用市场压力促进去产能。要将去产能与产业升级、增加更有效的供给相结合，更加平稳、有序、高效地推进产业现代化。

四是做好价格监测预警和应急预案，有效防范价格异动。密切跟踪监测国内外重要商品价格走势，加强民生商品价格监测预警，完善价格异常波动应对预案，完善重要商品储备制度，丰富调控手段，提升调控能力，有效防范价格异常波动。

2017 年中国的财政形势与 2018 年展望

报告摘要：2017 年，我国财政运行总体平稳，全国一般公共预算收入 172 567 亿元，增长 7.4%，增速比 2016 年提升近 3 个百分点；全国一般公共预算支出 203 330 亿元，增长 7.7%，财政支出规模超过 20 万亿元。2017 年财政收入中，国内增值税、进口环节增值税、企业所得税和个人所得税对增收贡献较为明显；从行业看，煤炭、石油、钢铁、有色金属等上游行业受价格上涨带动，对财政收入贡献突出。财政支出中，一般公共服务受严格控制三公经费影响占比明显下降，社会保障就业支出、医疗卫生与计划生育支出、城乡社区事务支出、住房保障支出以及利息支出占比明显上升。

2017 年，我国继续实施积极的财政政策，加大减税降幅力度，实施普遍性降费，优化财政支出结构，强化地方政府债务管理。持续推进财税体制改革，完善预算管理制度，简化增值税税率结构，扩大水资源税改革试点，推进政府购买服务改革和 PPP 项目。

2018 年，我国财政发展面临着全球税收竞争的压力，地方政府面临做实财政收入挤出虚增部分压力，养老保险收支缺口已从中期压力变为当前必须直面的问题。

展望 2018 年财政形势，预计财政收入增速会在 7.8% 左右；财政支出预计将继续扩张，财政赤字占 GDP 的比重有望稳中趋降。按照 2017 年中央经济工作会议的部署，2018 年积极的财政政策取向不变，建议继续减税降费，调整优化财政支出结构，加强地方政府债务管理，扎实推进财税体制改革。

一、2017 年我国财政运行情况

2017 年以来，我国财政运行形势良好，如表 1 所示，四本预算均保持了较好态势。全国一般公共预算收入 172 567 亿元，比 2016 年同期增加 11 903 亿元，增长 7.4%[①]；全国一般公共预算支出 203 330 亿元，比 2016 年同期增加 14 513 亿元，增长 7.7%。全国政府性基金预算收入 61 462 亿元，比 2016 年增长 34.8%，其中国有土地使用权出让收入 52 059 亿元，比 2016 年增长 40.7%；全国政府性基金预算支出 60 700 亿元，比 2016 年增长 32.7%，其中国有土地使用权出让收入相关支出 51 780 亿元，增长 37.1%。全国

---

① 为推进财政资金统筹使用，2017 年 1 月 1 日起将新增建设用地土地有偿使用费、南水北调工程基金、烟草企业上缴专项收入 3 项政府性基金调整转列一般公共预算。据此调整了 2016 年财政收入基数，以便反映 3 项政府性基金转列一般公共预算的影响，以调整后的 2016 年财政收入计算同比增减额和增减幅，下同。

国有资本经营预算收入 2 579 亿元，比 2016 年下降 1.2%；全国国有资本经营预算支出 2 011 亿元，比 2016 年下降 6.7%。社会保险基金收入 55 380 亿元，比 2016 年增长 10.5%；全国社会保险基金支出 48 952 亿元，比 2016 年增长 12.3%。

表 1　2016~2017 年我国四本预算收支概况（单位：亿元）

项目	2016 年		2017 年	
	收入	支出	收入	支出
一般公共预算	159 605	187 755	172 567	203 330
政府性基金预算	46 643	46 878	61 462	60 700
国有资本经营预算	2 609	2 155	2 579	2 011
社会保险基金预算	50 112	43 605	55 380	48 952

注：2017 年数据为预算执行数

资料来源：财政部网站

考虑到一般公共预算收支是政府财政收支的核心，本报告主要分析一般公共预算收支情况。下文所称财政收入和支出专指一般公共预算收支，其概况如表 2 所示。

表 2　2012~2017 年全国一般公共预算收支概况

项目	2012 年	2013 年	2014 年	2015 年	2016 年	2017 年
财政收入/亿元	117 254	129 210	140 370	152 269	159 605	172 567
财政支出/亿元	125 953	140 212	151 786	175 878	187 755	203 330
财政收支差额/亿元	–8 000	–12 000	–13 500	–16 200	–21 800	–23 800
收支差额占 GDP 比重	–1.5%	–2.0%	–2.1%	–2.4%	–2.9%	–2.9%

注：2017 年数据为预算执行数，财政收支差额=收入总量（全国一般公共预算收入+全国财政使用结转结余及调入资金）–支出总量（全国一般公共预算支出+补充中央预算稳定调节基金），不等于（全国一般公共收入–全国一般公共预算支出）

资料来源：财政部网站

2017 年一般公共预算运行表现出以下特点。

（一）财政收入增速回升

2017 年以来，受经济周期性回暖、物价上涨等因素影响，我国财政收入一改 2016 年低速增长的态势，增速明显回升，全国一般公共预算收入增长 7.4%，比 2016 年提高了近 3 个百分点。主要项目收入情况如表 3 所示。

表 3　财政收入主要项目

主要项目	2014 年	2015 年	2016 年	2017 年	
				金额	增速
财政收入/亿元	140 370	152 269	159 605	172 567	7.4%
各项税收/亿元	119 175	124 922	130 361	144 359	10.7%
国内流转税/亿元	61 189	64 851	66 465	70 965	6.8%
国内增值税/亿元	30 855	31 109	40 712	56 378	8.0%

续表

主要项目	2014 年	2015 年	2016 年	2017 年 金额	2017 年 增速
国内消费税/亿元	8 907	10 542	10 217	10 225	0.1%
营业税/亿元	17 782	19 313	11 502		
城市维护建设税/亿元	3 645	3 886	4 034	4 362	8.1%
进口环节税收/亿元	17 269	15 094	15 388	18 966	23.3%
进口货物增值税、消费税/亿元	14 425	12 533	12 785	15 969	24.9%
关税/亿元	2 843	2 561	2 604	2 998	15.1%
出口货物退增值税、消费税/亿元	−11 356	−12 867	−12 154	−13 870	14.1%
所得税/亿元	32 019	35 751	38 940	44 077	13.2%
企业所得税/亿元	24 642	27 134	28 851	32 111	11.3%
个人所得税/亿元	7 377	8 617	10 089	11 966	18.6%
土地和房地产相关税收/亿元	13 819	14 021	15 018	16 438	9.5%
车辆交通工具有关税收/亿元	3 471	3 453	3 405	4 105	20.6%
其他税收/亿元	2 765	4 620	3 299	5 153	17.4%
非税收入/亿元	21 195	27 347	29 244	28 207	−6.9%
专项收入/亿元	3 711	6 985	6 909	7 014	9.8%
行政事业性收费收入/亿元	5 206	4 873	4 896	4 743	−7.4%
罚没收入/亿元	1 722	1 877	1 918	2 394	24.8%
国有资本经营收入/亿元	3 176	6 080	5 895	4 196	−33.1%
国有资源（资产）有偿使用收入/亿元	4 367	5 464	6 927	7 446	−5.7%
其他收入/亿元	3 012	2 068	1 823	2 414	−10.8%
财政收入占 GDP 比重	21.8%	22.1%	21.4%	20.9%	

注：2017 年营业税收入并入改征增值税科目反映，用调整后的增值税基数来计算 2017 年国内增值税增速。2017 年起将新增建设用地土地有偿使用费、南水北调工程基金、烟草企业上缴专项收入 3 项政府性基金调整转列一般公共预算。据此用调整后的 2016 年财政收入基数来计算 2017 年增速；土地和房地产相关税收包括房产税、城镇土地使用税、土地增值税、耕地占用税和契税。车辆交通工具有关税收包括车船税、船舶吨税、车辆购置税。其他税收包括印花税、资源税和烟叶税。2016 年与 2017 年财政收入口径存在差异，2017 年增长按同口径计算

资料来源：财政部网站，2014~2016 年为决算数，2017 年为预算执行数

（1）税收收入较快增长。2017 年，全国一般公共预算收入中的税收收入 144 359 亿元，增长 10.7%。分税种看，受益于上游产品价格上涨，国内增值税 56 378 亿元，增长 8.0%，拉动财政收入增长 2.6 个百分点。国内消费税 10 225 亿元，增长 0.1%。受益于企业效益好转，企业所得税 32 111 亿元，增长 11.3%，拉动财政收入增长 2.0 个百分点。由工薪所得税增长推动，个人所得税 11 966 亿元，增长 18.6%，拉动财政收入增长 1.2 个百分点。受进口较快回升带动，进口货物增值税、消费税共 15 969 亿元，增长 24.9%，关税 2 998 亿元，增长 15.1%，进口环节税收（进口货物增值税、消费税加上关税）拉动财政收入增长 2.2 个百分点。受出口较快增长影响，出口退税 13 870 亿元，增长 14.1%，拉低财政收入增幅 1.1 个百分点。土地和房地产直接相关税收出现分化，如契税增长 14.2%，土地增值税增长 13.3%，房产税增长 17.3%，城镇土地使用税同比增长 4.6%，耕地占用税

下降 19.6%，合计拉动财政收入增长 0.9 个百分点。从行业来看，上游周期性行业受益于价格上涨，对 2017 年财政收入贡献突出，占财政增收的 35%，房地产行业依然保持了较高的税收贡献。我国税收收入结构流转税比重趋于稳定，所得税比重继续上升，2017 年所得税占财政收入比重达到 25.5%，比 2016 年上升 1.1 个百分点。

（2）非税收收入出现下降。2017 年，我国一般预算非税收入 28 207 亿元，比 2016 年下降 6.9%。其中，专项收入增长 9.8%，行政事业性收费下降 7.4%，罚没收入增长 24.8%，国有资本经营收入下降 33.1%，国有资源（资产）有偿使用收入下降 5.7%。非税收收入占财政收入的比重从 2016 年的 18.3% 下降到 16.3%。

（3）地方财政收入出现明显分化。2017 年，中央一般公共预算收入 81 119 亿元，增长 7.1%；地方一般公共预算本级收入 91 448 亿元，增长 7.7%。分省（自治区、直辖市）来看，地方财政收入出现了明显分化，如图 1 所示。有山西省、西藏自治区、河北省、新疆维吾尔自治区、陕西省、海南省、浙江省、黑龙江省、广东省、北京市、河南省、辽宁省、宁夏回族自治区等 13 个地区增速超过 10%；四川省、上海市等 15 个地区，增速在 1%~10%；吉林省、天津市、内蒙古自治区 3 个地区，财政收入出现下降。这是我国地区经济增速分化以及财政经济数据挤水分的反映。

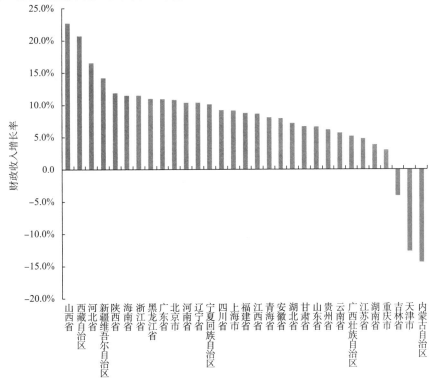

图 1　2017 年各省（自治区、直辖市）一般预算公共收入同口径增长情况

资料来源：财政部网站

（二）财政支出较快增长

2017 年，全国一般公共预算支出较 2016 年增长 7.7%，其中，中央一般公共预算本级支出 29 859 亿元，同比增长 7.5%；中央对地方税收返还和转移支付 65 218 亿元，同比增长 4.5%；地方一般公共预算支出 173 471 亿元，同比增长 7.7%。

从主要支出科目情况看，如表 4 所示：教育支出 30 259 亿元，增长 7.8%；科学技术支出 7 286 亿元，增长 11.0%；文化体育与传媒支出 3 367 亿元，增长 6.4%；社会保障和就业支出 24 812 亿元，增长 16.0%；医疗卫生与计划生育支出 14 600 亿元，增长 9.3%；节能环保支出 5 672 亿元，增长 19.8%；城乡社区支出 21 255 亿元，增长 15.6%；债务付息支出 6 185 亿元，增长 21.9%。

表 4　财政支出主要项目

项目	2014 年	2015 年	2016 年	2017 年 金额	2017 年 增长
一、一般公共服务支出/亿元	13 268	13 548	14 791	16 957	14.6%
二、外交支出/亿元	362	480	482	522	8.2%
三、国防支出/亿元	8 290	9 088	9 766	10 433	6.8%
四、公共安全支出/亿元	8 357	9 380	11 032	12 491	13.2%
五、教育支出/亿元	23 042	26 272	28 073	30 259	7.8%
六、科学技术支出/亿元	5 314	5 863	6 564	7 286	11.0%
七、文化体育与传媒支出/亿元	2 691	3 077	3 163	3 367	6.4%
八、社会保障和就业支出/亿元	15 969	19 019	21 591	24 812	16.0%
九、医疗卫生与计划生育支出/亿元	10 177	11 953	13 159	14 600	9.3%
十、节能环保支出/亿元	3 816	4 803	4 735	5 672	19.8%
十一、城乡社区支出/亿元	12 959	15 886	18 395	21 255	15.6%
十二、农林水支出/亿元	14 174	17 380	18 587	18 494	−0.5%
十三、交通运输支出/亿元	10 400	12 356	10 499	10 418	−4.2%
十四、资源勘探信息等支出/亿元	4 997	6 006	5 791	4 900	−15.4%
十五、商业服务业等支出/亿元	1 344	1 747	1 725	1 541	−10.6%
十六、金融支出/亿元	502	960	1 303	1 149	−11.8%
十七、援助其他地区支出/亿元	217	261	303	397	30.9%
十八、国土海洋气象等支出/亿元	2 083	2 115	1 787	2 231	−9.6%
十九、住房保障支出/亿元	5 044	5 797	6 776	6 321	−6.7%
二十、粮油物资储备支出/亿元	1 939	2 613	2 190	2 238	2.2%
二十一、债务付息支出/亿元	3 052	3 549	5 075	6 185	21.9%
二十二、债务发行费用支出/亿元	32	55	70	61	−13.0%
二十三、其他支出/亿元	3 757	3 671	1 899	1 743	−8.2%
支出合计/亿元	151 786	175 878	187 755	203 330	7.7%
财政支出占 GDP 比重	23.6%	25.5%	25.2%	24.6%	

注：因四舍五入小数点问题，数据有所偏差

资料来源：财政部网站，2017 年为预算执行数

从我国财政支出结构的变化趋势看，一般公共服务支出占比明显下降，从 2007 年占

财政支出 12.9%下降到 2017 年的 8.3%，体现了严格控制"三公经费"的成效。交通运输支出、资源勘探信息等支出、商业服务业等支出和金融支出四项经济事务支出比重从 2007 年的 12.3%下降到 2017 年的 8.9%，下降了 3.4 个百分点，体现了从经济事务中的逐步退出。社会保障和就业支出以及医疗卫生与计划生育支出占财政支出比重分别由 2007 年的 10.9%和 4.7%上升到 2017 年的 12.2%和 7.2%，分别上升了 1.3 个百分点和 2.5 个百分点，反映了人口老龄化的影响。城乡社区支出占比从 2007 年的 6.5%上升到 2017 年的 10.5%，上升 4.0 个百分点，反映了我国城镇化的进程和城乡建设的加快。住房保障支出占比从 2007 年的 1.3%上升到 2017 年的 3.1%，反映了住房保障政策的建立和完善。债务付息支出占比从 2007 年的 2.1%上升到 2017 年的 3.0%，上升了 0.9 个百分点，反映了我国政府债务负担的上升。

二、2017 年我国财政政策实施情况和财税改革进展

2017 年以来，我国继续实施积极的财政政策，推进财税体制改革，并取得了积极进展。

（一）加大减税力度

一是延续对小微企业的税收优惠政策。自 2017 年 1 月 1 日至 2019 年 12 月 31 日，将小型微利企业的年应纳税所得额上限由 30 万元提高至 50 万元，对年应纳税所得额低于 50 万元（含 50 万元）的小型微利企业，其所得减按 50%计入应纳税所得额，按 20%的税率缴纳企业所得税。2017 年 7 月 1 日起简并增值税税率，对月销售额不超过 3 万元的小微企业、个体工商户和其他个人免征增值税，将小规模纳税人增值税征收率由 6%和 4%统一下调至 3%。自 2018 年 1 月 1 日至 2020 年 12 月 31 日，继续对月销售额 2 万~3 万元的增值税小规模纳税人，免征增值税。支持小微企业融资，自 2017 年 1 月 1 日至 2019 年 12 月 31 日，对小额贷款公司取得的农户小额贷款利息收入，免征增值税。取得的农户小额贷款利息收入，在计算应纳税所得额时，按 90%计入收入总额。按年末贷款余额的 1%计提的贷款损失准备金准予在企业所得税前扣除。自 2017 年 12 月 1 日至 2019 年 12 月 31 日，对金融机构向农户、小型企业、微型企业及个体工商户发放小额贷款取得的利息收入，免征增值税；自 2018 年 1 月 1 日至 2020 年 12 月 31 日，对金融机构与小型企业、微型企业签订的借款合同免征印花税。

二是完善研发费用加计扣除政策，放宽适用加计扣除政策的研发活动范围，扩大研发费用口径；将科技型中小企业研发费用税前加计扣除比例由 50%提高至 75%。适当放宽高新技术企业认定条件并扩充重点支持的高新技术领域，加大对科技型企业特别是中小企业实施享受 15%企业所得税低税率的政策扶持力度。推广技术先进型服务企业所得税优惠政策，自 2017 年 1 月 1 日起，对经认定的技术先进型服务企业，减按 15%的税率征收企业所得税。同时，经认定企业发生的职工教育经费支出，不超过工资薪金总额

8%的部分，准予在计算应纳税所得额时扣除；超过部分，准予在以后纳税年度结转扣除。完善固定资产加速折旧企业所得税政策。出台股权激励和技术入股递延纳税政策等。

三是鼓励创业的税收优惠政策。从 2017 年 1 月 1 日起，对创投企业投资种子期、初创期科技型企业（简称初创科技型企业），可享受按投资额 70%抵扣应纳税所得额的优惠政策。自 2017 年 7 月 1 日起，将享受这一优惠政策的投资主体由公司制和合伙制创投企业的法人合伙人扩大到个人投资者。

四是降低部分消费品进口关税。自 2017 年 12 月 1 日起，以暂定税率方式降低部分消费品进口关税。

（二）实施普遍性降费

加大清理规范涉企收费力度。取消城市公用事业附加、新型墙体材料专项基金。扩大残疾人就业保障金免征范围，设定征收标准上限。降低国家重大水利工程建设基金、大中型水库移民后期扶持基金征收标准。授权地方自主减免地方水利建设基金、地方水库移民扶持基金等。取消工业企业结构调整专项资金。取消、停征或减免环境监测服务费等 43 项行政事业性收费，降低商标注册收费等 7 项收费标准。出台阶段性降低失业保险费率、降低物流用能成本、清理规范经营服务性收费、降低建筑领域工程质量保证金预留比例上限等政策。在财政部门户网站集中公布中央和地方政府性基金及行政事业性收费目录清单，实现全国"一张网"动态化管理。实施上述减税降费政策，财政部预计全年为企业减负超过 1 万亿元。

（三）深入推进供给侧结构性改革

一是落实"三去一降一补"重点任务。拨付工业企业结构调整专项奖补资金，用于化解钢铁、煤炭行业过剩产能过程中职工分流安置工作。有序推进防范化解煤电产能过剩风险，支持清洁能源发展。通过中央国有资本经营预算安排资金，支持中央企业处置"僵尸企业"。将棚户区住房改造与去库存结合起来，鼓励商品住房库存量较大、市场房源充足的地方，进一步提高棚改货币化安置比例。落实和完善企业兼并重组、债权转让核销等相关财税政策，推动降低企业杠杆率。加强重点领域薄弱环节建设，在公共服务领域积极推广运用政府和社会资本合作模式，继续支持地下综合管廊和海绵城市建设试点。

二是坚持以创新推动实体经济转型升级。聚焦重点，财政科技资金主要支持基础前沿、社会公益、重大共性关键技术研究等公共科技活动，特别是持续加大对基础研究的支持力度，为自主创新提供源头动力。推动落实中央财政科研项目资金管理等政策，进一步激发科研人员创新创造活力。深入实施"中国制造 2025"，重点支持智能制造、工业强基、绿色制造工程和首台（套）重大技术装备保险补偿试点。支持实施"十三五"国家战略性新兴产业发展规划，发展壮大节能环保、新一代信息技术等产业。开展小微企业创业创新基地城市示范,充分发挥国家中小企业发展基金作用,促进大众创业万众创新。

三是推进农业供给侧结构性改革。实施以绿色生态为导向的农业补贴制度改革,提高补贴精准性有效性。对中央农口相关专项转移支付,探索实行"大专项+任务清单"管理模式。调整完善玉米和大豆补贴政策,多渠道消化政策性粮棉油库存。支持开展国家现代农业产业园创建、畜禽粪污资源化利用和田园综合体建设等试点,继续实施"粮改饲""粮改豆"和耕地休耕轮作试点。在 13 个粮食主产省选择 200 个产粮大县,面向适度规模经营农户试点农业大灾保险。以粮食主产区和产粮大县为重点,大力推进高标准农田建设。加强水利薄弱环节建设,扩大华北地下水超采区综合治理范围。

(四)切实保障和改善民生

一是扎实推进精准扶贫精准脱贫。加大深度贫困地区脱贫攻坚工作力度。2017 年中央财政专项扶贫资金 860.95 亿元已全部拨付。同时,在农业、教育、文化、医疗、卫生、交通等领域,也加大了对贫困地区的投入力度。将贫困县财政涉农资金整合试点推广到全部贫困县。支持地方探索推进资产收益扶贫工作。

二是促进教育发展。统一城乡义务教育学生"两免一补"政策,实现相关教育经费随学生流动可携带。支持贫困地区改善义务教育薄弱学校基本办学条件。启动实施高中阶段教育普及攻坚计划。从 2017 年春季学期起,按照每人每年 3 000 元的幅度,进一步提高博士生国家助学金资助标准。支持实施现代职业教育提升计划。统筹推进"双一流"建设。

三是支持就业和社会保障。调整完善就业创业政策措施,落实更加积极的就业政策。按 5.5%左右的幅度提高机关事业单位和企业退休人员基本养老金标准。进一步整合设立困难群众救助补助资金,支持地方统筹做好低保、特困人员救助供养等工作。完善救灾补助政策,大幅提高灾害应急救助、因灾遇难人员家属抚慰金、过渡期生活救助、因灾倒损民房恢复重建等中央财政补助标准。

四是支持医疗卫生事业发展。城乡居民基本医疗保险财政补助标准由每人每年 420 元提高到 450 元。基本公共卫生服务项目年人均财政补助标准由 45 元提高到 50 元。继续支持县级公立医院和城市公立医院综合改革。开展生育保险和职工基本医疗保险合并实施试点。

五是推进生态环保建设。加大大气、水、土壤污染防治支持力度。开展第二批山水林田湖生态保护修复工程试点。实施新一轮退耕还林还草和天然林保护全覆盖政策。启动中央财政支持北方地区冬季清洁取暖试点。

六是推动文化体育事业发展。加快构建现代公共文化服务体系,支持地方落实国家基本公共文化服务指导标准。加强文化遗产保护利用,实施中华优秀传统文化传承发展工程。改善城乡公共体育设施条件,推动公共体育场馆向社会免费或低收费开放。

七是支持困难地区财政运转和基本民生兜底。中央财政增加阶段性财力补助规模,并统筹县级基本财力保障机制奖补资金等转移支付,加大对资源能源型等财政困难地区支持力度，兜住保障基本民生的底线。

（五）强化地方政府债务管理

一是健全地方政府债务监管政策。发布《关于进一步规范地方政府举债融资行为的通知》（财预〔2017〕50 号）《关于坚决制止地方以政府购买服务名义违法违规融资的通知》（财预〔2017〕87 号）等文件，进一步规范地方政府举债融资行为、坚决制止地方以政府购买服务名义违法违规融资，明确正面导向，设定"负面清单"，严禁借 PPP、政府投资基金、政府购买服务等名义变相举债。

二是完善地方政府专项债券制度。发布《关于试点发展项目收益与融资自求平衡的地方政府专项债券品种的通知》《关于印发〈地方政府收费公路专项债券管理办法（试行）〉的通知》，完善地方政府专项债券制度，发展依靠项目收益自求平衡的专项债券，在土地储备、政府收费公路领域开展试点。

三是核查地方政府违法违规融资问题并公开曝光典型案例。组织核查部分市县违法违规融资担保行为，严格依法依规问责处理，相关责任人被给予撤职、行政降级、罚款等处分。同时，公开曝光处理结果，发挥警示教育作用。

四是部署进一步加强地方政府债务风险防控工作。督促各地采取措施防范政府债务风险，坚决查处问责违法违规行为。

（六）推进财税体制改革

一是完善预算管理制度。预算法实施条例修订取得积极进展。清理规范重点支出同财政收支增幅或生产总值挂钩事项，完善重点支出预算保障机制。加大专项转移支付清理整合力度，中央对地方专项转移支付项目数量由 2016 年的 94 项进一步减少到 76 项。一般性转移支付预算比重达到 62%，比 2016 年提高 1.4 个百分点。

二是深化税制改革。简化增值税税率结构，将增值税税率由四档减至三档；废止《中华人民共和国营业税暂行条例》，修改《中华人民共和国增值税暂行条例》。扩大水资源税改革试点，自 2017 年 12 月 1 日起，在北京、天津、山西、内蒙古、山东、河南、四川、陕西、宁夏等 9 个省份扩大水资源税改革试点。试点省份最低平均税额为地表水每立方米 0.1~1.6 元，地下水每立方米 0.2~4.0 元。

三是推进财政体制改革。研究外交、教育、医疗卫生领域中央与地方财政事权和支出责任划分改革方案。积极推进理顺中央和地方收入划分、健全地方税体系改革工作。

四是增强基本养老保险制度可持续性。国务院印发了《划转部分国有资本充实社保基金实施方案》，就划转部分国有资本充实社保基金做出制度性安排。

三、2018 年我国财政运行面临的任务和挑战

财政是政府配置资源的基本手段，也是国民经济问题的综合反映。党的十九大提出了建设社会主义现代化强国，实现中华民族伟大复兴的奋斗目标。财政是国家治理的基础和重要支柱，我国经济社会发展中的不充分、不平衡会以不同方式、从不同方面、不同程度反映到财政上，财政发展面临多重挑战。

（一）经济发展的不确定性依然较多

2017 年我国经济在全球经济复苏的背景下，出现了周期性回暖，经济增速加快，物价出现上涨。但经济发展中的不确定性依然较多，我国经济增速回升的势头难以持续。从国内看，2017 年开始的经济周期性回暖，主要还是来自出口和大宗商品价格上涨带来上游行业的复苏，新动能还未成为经济增长的主导。周期性行业有涨必有跌的规律，决定其带来的增速回升必将面临瓶颈，持续发展还需要新动力的接力。从国外看，虽然全球经济复苏较为稳健，但全球宽松货币政策面临退出，缩表、加息周期开启，美国税改方案落实，贸易保护主义有升级势头，地缘政治风险加大，2018 年的外部环境可能更加复杂。总体上看，2018 年我国经济增速趋于回落，但考虑到我国经济具有良好韧劲，经济增速回落的幅度总体温和。经济是财政的基础，经济增速回落，财政收入增幅可能随之回落。

（二）美国税改带来税收竞争压力

美国税改方案趋于成形，约形成 1.4 万亿美元减税规模，将把美国企业所得税税率从 35% 降低到 21%，暂时降低个人所得税，并重塑跨国企业课税规则。减税确实会减轻美国企业的负担，增加企业收入，增强企业和产品的竞争力。并且不可避免地将产生外溢效应，很多国家可能会跟随减税，有望形成一轮全球资本竞争和减税浪潮。我国作为一个开放大国，不可避免地将受到冲击，减税压力将明显加大。

（三）地方政府财政困难和债务风险增加

财政收入增速明显分化，是近几年我国财政运行的一个重要特征，2017 年在财政收入增速明显回升的情况下，仍有 3 个地区财政收入下降。部分地区财政收入质量不高，还可能进一步挤水分，实际可用财力紧张，但支出刚性难以压缩，保工资、保运转、保基本民生的困难浮出水面。

与此同时，如表 5 所示，地区政府举债融资规模仍在扩大，债务风险趋于增加。根据债务可持续模型，地方政府债务是否可持续最终取决于 GDP 名义增长率和国债利率之间

的对比。虽然债券利率与经济增长在一般情况下存在正相关关系，但利率还受到其他因素影响，特别是地方政府一般只能作为利率的接受者，一旦其经济增长与利率变动出现偏离，特别是在 2018 年全球货币政策趋于退出，利率水平趋于上涨，我国利率水平存在被动跟随上涨的风险，一旦利率上涨超过地方经济增速回升步伐，支付困难将进一步显现。

表 5　我国政府债务情况（单位：亿元）

项目	2014 年	2015 年	2016 年	2017 年
政府债务余额	243 877	254 168	273 231	299 476
中央政府债务余额	95 655	106 600	120 067	134 770
地方政府债务余额	148 222	147 568	153 164	164 706
其中：地方政府一般债务余额	94 272	92 619	97 868	103 322
地方政府专项债务余额	53 949	54 949	55 296	61 384
政府债务占 GDP 比重	37.9%	36.9%	37.7%	37.3%
地方政府债务率	82.6%	82.6%	79.8%	

注：由于四舍五入数据有偏差

资料来源：根据财政部网站公布的历年预算决算报告整理

另外，一些地区的隐性债务问题仍未得到根治。一些地方仍继续利用平台贷款、征信合作、资管计划等渠道变相举债，一些地方将事业单位逐步演变为融资平台，将市政道路、隧道、桥梁、学校和医院资产等公益性资产作为标的物，采取售后回租的方式融资并用于公益性项目建设。隐性债务规模仍在增加，带来的风险不可小视。

（四）企业职工养老保险保费收支困难趋于普遍化

如表 6 所示，整体看，2014 年起我国企业职工养老保险保费收入已小于社会保险支出，出现缺口，2017 年缺口扩大到 4 550 亿元。2014 年河北、黑龙江、宁夏三省份当期收不抵支，2015 年有黑龙江、辽宁、吉林、河北、陕西和青海 6 个省份当期收不抵支，2016 年扩大到黑龙江、辽宁、河北、吉林、内蒙古、湖北、青海 7 个省份，2017 年扩大到 12 个省份，不包括财政补贴，2017 年保费缺口省份已高达 25 个。甚至一些省份已经出现穿底现象，如黑龙江 2016 年年底累积结余已用完毕，欠账 232 亿元。我国老龄化的趋势不可逆转，社会保险基金缺口还可能继续扩大，保险基金的支付问题将日益成为财政压力。

表 6　2011~2017 年我国企业职工养老保险收支情况（单位：亿元）

项目	2011 年	2012 年	2013 年	2014 年	2015 年	2016 年	2017 年
收入	15 435	18 300	20 790	23 273	26 554	28 519	31 340
其中：保费收入	12 719	15 029	17 002	18 726	21 096	22 407	24 148
财政补贴收入	2 272	2 427	2 814	3 269	3 893	4 291	4 866.77

续表

项目	2011 年	2012 年	2013 年	2014 年	2015 年	2016 年	2017 年
支出	11 402	13 948	16 699	19 797	23 092	25 782	28 698
其中：社会保险待遇支出	11 027	13 458	16 090	19 045	22 227	25 445	
本年收支结余	4 032	4 351	4 091	3 476	3 462	2 737	2 642
其中：保费收支结余	1 317	1 080	304	−1 071	−1 996	−3 375	−4 550
年末滚存结余	18 341	22 694	26 900	30 376	33 838	36 577	39 252

资料来源：财政部网站，2017 年为预算执行数

四、2018 年财政形势和财政政策展望

（一）2018 年财政收入预测

综合分析我国财政经济运行的内外部环境，2018 年我国经济增速总体稳定，工业品出厂价格水平涨幅将出现回落。在此基础上，2018 年财政收入增速总体回落。使用分税种模型，并考虑 2018 年可能出台的减税政策效应，2018 年财政收入增长 7% 左右，全国一般公共预算收入规模达到 18.6 万亿元左右。

财政支出方面，支出规模仍保持适当扩张的态势，力度不减，社会保障、医疗卫生等与人口老龄化相关领域的支出需要仍较显著。

（二）2018 年财政政策建议

一是继续实施积极财政政策。建议适度加大财政支出规模，重点加大对脱贫攻坚、生态环保等短板领域和重点环节的支持力度。考虑到经济增速的回暖和价格指数的上升，预计 2018 年财政赤字规模将低于 GDP 的 3%。

二是继续减税降费。建议紧密关注美国税改进展以及全球税收竞争的变化，实时适度实施一定规模的减税，包括完善增值税制度，进一步理顺税收链条，进一步降低制造业增值税税负；清理不合理的税收优惠政策，适度降低企业所得税税率；提高个人所得税抵扣额，完善个人所得税制度。继续清理规范行政事业单位收费和政府性基金。

三是进一步优化财政支出结构。建议进一步退出一般竞争性领域，有保有压，调整优化支出结构；循序渐进、量力而行改善民生，立足于保基本、兜底线、促公平，多做雪中送炭，不搞锦上添花；要加大社会保障、医疗卫生、农业发展、环境保护等领域的顶层设计，花钱买机制，增加资金配置效率。

四是防范地方政府债务风险。建议做好化解地方隐性债务工作，增加财政透明度，杜绝新的隐性债务的产生。适当增加地方政府债务限额。稳步推动地方融资平台公司市场化转型。

五是高度重视企业职工养老保险基金的可持续性。建议尽早研究出台一揽子措施，

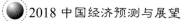

包括：加强征管，做到应收尽收；适度提高缴费率，降低替代率；稳定推进延迟退休；等等一系列政策，增强企业职工养老保险基金的可持续性。同时，研究建立弥补缺口的稳定资金来源。

六是推进财税体制改革。按十九大报告的要求，加快建立现代财政制度，建立权责清晰、财力协调、区域均衡的中央和地方财政关系。建立全面规范透明、标准科学、约束有力的预算制度，全面实施绩效管理。深化税收制度改革，健全地方税体系。

2017年货币政策回顾及2018年展望

姚启坤　鲍　勤

报告摘要：2017年，中国经济保持稳中向好态势，货币政策保持稳健中性的基调，结构性货币政策操作增多，为供给侧结构性改革营造了适度的总需求环境。

从2017年货币政策操作来看，随着外汇占款下降，中国人民银行（以下简称央行）调节银行体系流动性的主动性增强，常备借贷便利（standing lending facility，SLF）、中期借贷便利（medium-term lending facility，MLF）、抵押补充贷款（pledged supplementary lending，PSL）等货币政策操作工具起到了主动补充基础货币的作用。通过中期借贷便利、抵押补充贷款等工具补充中长期流动性缺口，又合理部署逆回购、临时流动性便利等工具的操作力度、期限搭配、到期时点和开停节奏，"削峰填谷"熨平临时性、季节性因素对流动性的扰动，维护流动性运行平稳、中性适度。准备金率方面，自2018年起，定向降准范围由原来服务小微和"三农"贷款扩大至普惠金融领域贷款。

从2017年货币政策运行来看，受货币需求放缓、强监管下金融去杠杆明显以及金融创新加快等多因素影响，M2增速从2016年年底的11.3%下降至2017年10月末的9%，下降了2.3个百分点，增速持续放缓。但宏观杠杆率（M2/GDP）依然处在较高水平，预计2017年将达到2.06左右，说明货币总供给水平并不低。同时，从社会融资规模看，金融对实体经济的支持力度不减。截至2017年9月末，社会融资规模存量为171.23万亿元，同比增长13%，说明实体经济从金融系统获取的融资仍在快速增长。

在各项影响因素的综合作用下，预计2018年将继续实施稳健中性货币政策。从库存周期方面，主营业务收入增速是产成品存货增速的先行指标，2017年下半年主营业务收入增速触顶回落，短期内企业将缺乏进一步填补库存的动力。产成品存货和PPI两个指标均有掉头下行的趋势；从物价波动方面，预测结果显示2018年CPI将同比上涨1.9%，延续低位增长态势；从宏观杠杆率方面，不论是广义货币杠杆率还是实体经济债务杠杆率，2017年都仍然处在较高水平，宏观杠杆率居高不下；从投资效率方面，2017年宏观投资效率和微观投资效率均有所回升，但总体水平与历史情况相比依然偏低。考虑到总需求方面的疲软，以及高杠杆和低效率并存所蕴含的金融风险，2018年不具备实施宽松货币政策的条件，预计将继续实施稳健中性货币政策，以有效控制风险，结构性货币政策仍是货币政策的重要组成部分。

一、2017 年货币政策回顾

2017 年，中国经济保持了稳中向好态势，经济运行的稳定性和韧性增强，经济结构改善，外需进一步复苏。货币政策保持稳健中性的基调，适应经济发展新常态，有效调节货币闸门，综合运用多种货币政策工具，尤其是增多结构性货币政策操作，维护了流动性基本稳定，引导了货币信贷及社会融资规模合理增长，为供给侧结构性改革营造了较为适度的总需求环境。

（一）2017 年货币政策操作情况

2017 年前三季度，央行继续实施稳健中性的货币政策。一方面，使用公开市场操作维持资金面的总体稳定性；另一方面，使用定向降准、常备借贷便利、中期借贷便利、抵押补充贷款等结构性货币政策操作工具，保持中期流动性常态化操作，实现货币政策定向调控功能，为供给侧结构性改革营造中性适度的货币金融环境。

1. 随着外汇占款的下降，央行调节银行体系流动性的主动性增强

过去很长一段时间央行基础货币供给的主要来源是外汇占款，央行为保持流动性的相对稳定，通过采取各种措施收紧商业银行流动性。外汇占款投放表现出一定的被动性，其持续上升往往伴随着存款准备金率的提高或者公开市场货币净回笼规模的上升。可以说，外汇占款在一定程度上影响了央行货币政策存款准备金率的调整。如图 1 所示，2000~2014 年，外汇占款从 1.48 万亿元增长到 27.07 万亿元，增长了 17 倍。同期，存款准备金率从 6% 提高到 20%。

2014 年底开始，央行外汇占款呈下降态势，从 2014 年底的 27.07 万亿元下降到 2017 年 9 月末的 21.51 万亿元，下降了 20.5%。外汇占款的下降，给予了货币政策更多的操作空间，通过调整对其他存款性公司的债权，央行重新获得了主动供给和调节银行体系流动性的功能。从央行资产负债表看，2014 年以来国外资产占比显著下降，对其他存款性公司债权的占比显著上升，如图 2 所示。从 2017 年一到三季度的情况看，基础货币减少 3 000 亿元，外汇占款减少 4 318 亿元，对其他存款性公司债权新增 4 410 亿元。

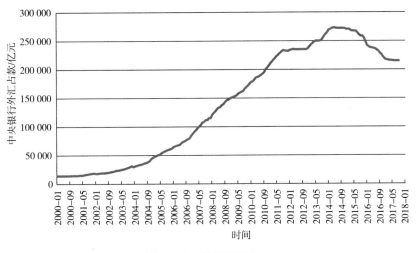

图 1　中央银行外汇占款

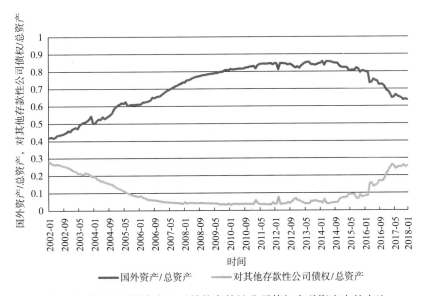

图 2　货币当局国外资产和对其他存款性公司债权在总资产中的占比

2. 公开市场操作张弛有度

随着货币供应方式发生变化，央行公开市场操作在调节银行体系短期流动性方面起到了有效的"削峰填谷"的作用，保持了银行体系流动性基本稳定。例如，2017 年 6 月 7 日重启到期日跨过半年末的 28 天期逆回购，此后连续操作，对冲税期、金融机构缴纳法定存款准备金、央行流动性工具到期等影响流动性的客观因素，以中性适度的取向对流动性总量进行"填谷"；考虑到每月下旬财政支出可大量投放流动性，为引导流动性总量向中性适度水平收敛，6 月 23 日起公开市场业务操作室连续 12 个工作日暂停操作，利用央行逆回购到期对流动性总量进行"削峰"。

图 3 为 2017 年前三季度公开市场操作货币净投放的情况，可以看出一般每月中旬往

往是多个因素叠加收紧流动性的时点，公开市场操作"填谷"的力度较大；下旬则有财政支出供应流动性，公开市场操作主要体现为"削峰"。公开市场操作的张弛有度，确保了流动性总量中性适度。

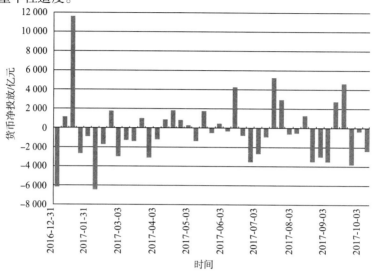

图 3　公开市场操作货币净投放情况

图为 2017 年公开市场操作货币投放的调度数据变化图，显示日期为日度，故无法一一对应

3. 开展常备借贷便利和中期借贷便利操作情况

在外汇占款渠道投放基础货币出现阶段性放缓的情况下，常备借贷便利、中期借贷便利、抵押补充贷款等货币政策操作工具起到了主动补充基础货币的作用，实现了货币政策定向调控功能，为供给侧结构性改革营造了中性适度的总需求环境。

一方面，开展常备借贷便利操作，对地方法人金融机构按需足额提供短期流动性支持，发挥常备借贷便利利率作为利率走廊上限的作用，促进货币市场平稳运行。截止到 2017 年 10 月末，累计开展常备借贷便利操作共 4 487 亿元，常备借贷便利操作的期末余额为 223 亿元。第一季度两次上调常备借贷便利利率，其中 7 天、1 个月利率分别上调 20 个基点，第二季度末利率水平与第一季度末持平，隔夜、7 天、1 个月利率分别为 3.30%、3.45%、3.80%。

另一方面，每月结合金融机构流动性需求情况，适时开展中期借贷便利操作，以促进经济平稳增长，保证基础货币供给。截止到 2017 年 10 月末，累计开展中期借贷便利操作 44 495 亿元，期末余额为 42 245 亿元，比年初增加 9 552 亿元。弥补了银行体系中长期流动性缺口，成为央行基础货币供给的重要渠道之一。中期借贷便利采取招标方式，6 个月期和 1 年期中期借贷便利中标利率分别为 3.05% 和 3.20%。

4. 存款准备金率调整情况

2017 年 2 月，央行根据 2016 年度金融机构信贷支农支小情况，实行了定向降准例行考核。大多数银行 2016 年度信贷支农支小情况满足定向降准标准，可以继续享受优惠准备金率；部分此前未享受定向降准的银行达到了定向降准标准，可以在新年度享受优惠准备金率；部分银行不再满足定向降准标准，将不能继续享受优惠准备金率。

2017 年 9 月 30 日，央行发布通知，将之前对涉农和小微企业贷款的定向降准考核范围扩大至普惠金融领域贷款，降准幅度为 0.5~1.5 个百分点。同时，央行表示，定向降准并不改变货币政策的稳健中性，新政策自 2018 年起执行。

自 2014 年建立定向降准制度以来，定向降准考核及存款准备金率动态调整已实施三年。但这次定向降准的领域不仅覆盖了小微和"三农"贷款，还延伸到脱贫攻坚和"双创"等其他普惠金融领域。

对普惠金融实施定向降准政策，是对原有政策标准进行了优化，聚焦小微、普惠，其政策精准性和有效性显著提高。同时建立了增加普惠金融领域贷款投放的正向激励机制，有助于促进金融资源向普惠金融倾斜，优化信贷结构。

（二）2017 年货币政策运行的特征分析

从 2017 年货币政策操作目标来看，央行通过公开市场操作、中期借贷便利等货币政策工具调控货币总量、信贷数量、利率等中间目标变量，从而进一步达到稳定物价、促进增长等最终目标的实现。

1. M2 增速放缓

1）M2 放缓情况

2017 年 M2 同比增速持续放缓，如图 4 所示，从 2016 年底的 11.3%下降至 10 月末的 8.9%，下降了 2.4 个百分点；其中 4 月末 M2 同比增速 9.8%，首次跌至 10%以下，如图 4 所示。

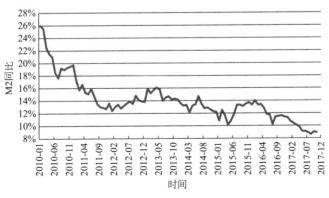

图 4　M2 同比

2）如何看待 M2 放缓

M2 放缓，原因有很多。货币政策执行报告中提到，M2 放缓主要原因是以下几个方面：一是货币需求已经放缓。过去 M2 增速高于名义 GDP 增速较多与住房等货币化密切相关，而目前住房商品化率已经很高，货币需求增长相应降低。同时，潜在产出的下降也意味着货币需求增速的下降。二是监管增强，金融体系控制内部杠杆，导致 M2 增速理性回落。近些年 M2 增长较快还与金融深化有关，主要体现为同业、理财等业务发展较快，但随着金融监管加强，金融去杠杆使得银行减少向非银行金融机构的资金投入，减少了资金空转现象；同时金融去杠杆抑制银行表外融资渠道，货币派生渠道受阻，M2 增速下降。第三季度，金融机构股权及其他投资同比增量减少较多，累计下拉 M2 增速约 1.0 个百分点。三是金融创新速度快于统计制度更新。近年来，金融创新快速发展，除了商业银行外，居民和企业存储货币的途径不断增加，如银行表外理财、货币基金、互联网金融存款、各类资管计划等。这些金融产品货币属性都很强，增长都很快，但很多都没有统计到 M2 中。

M2 是金融机构的负债，在一定程度上可以体现金融体系对实体经济提供的流动性和购买力。从这个角度说，M2 放缓是否意味着货币供给不能满足实体经济的货币需求呢？答案是否定的。

首先，从 M2 与名义 GDP 增速之间的关系看，如图 5 所示，虽然 2017 年一到三季度名义 GDP 增速高于 M2 增速，但前期从 2012 年一季度开始 M2 增速连续高于名义 GDP 增速长达四年之久，截至 2016 年 12 月末，M2 增速相对名义 GDP 增速平均高出 4.37 个百分点。2017 年 M2 增速回落，是对前期的修正，符合稳健中性货币政策的要求，如图 5 所示。

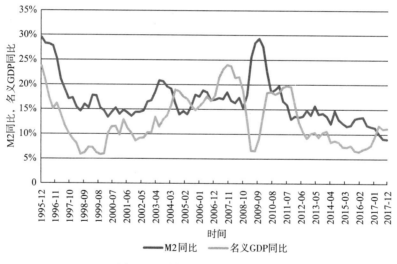

图 5　M2 同比与名义 GDP 同比

其次，从 M2/GDP（年度）这个指标看，M2 存量完全能满足经济发展需要。该指标反映了经济的金融深度，它衡量在全部经济交易中，以货币为媒介进行交易所占的比重。如图 6 所示，2011~2016 年 M2/GDP 这个指标持续上升，从 1.74 上升到 2.08。根据 2017 年一到三季度的情况判断，预计 2017 年 M2 增速约 9.7%，名义 GDP 增速约 11.18%，则 2017 年 M2/GDP 的水平值将达到 2.06 左右。虽然比 2016 年有略微下降，但总体水平值仍然处在高位。

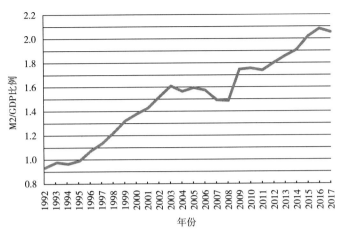

图 6 M2/GDP

2. 社会融资总量增速平稳

尽管 M2 增速回落，但金融对实体经济的支持力度不减。社会融资规模是衡量金融支持实体经济比较全面、客观的指标。截至 2017 年 9 月末，社会融资规模存量为 171.23 万亿元，同比增长 13%，比 2016 年同期高 0.5 个百分点，说明实体经济从金融系统获取的融资仍在快速增长，即实体经济的债务仍在快速膨胀。

如图 7 所示，社会融资规模与 M2 走势从 2016 年 10 月开始出现差异，并且差距逐渐扩大。2017 年 8 月，社会融资规模存量同比增速高于 M2 增速 4.5 个百分点，差距达到最大，比 2016 年 10 月扩大 3.4 个百分点；2017 年 9 月这一差距略有缩小，但依然有 4 个百分点，比 2016 年同期扩大 3 个百分点。

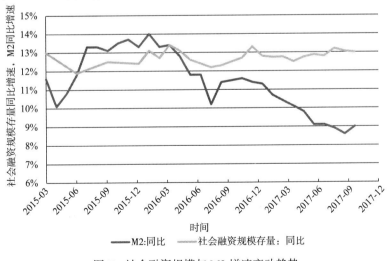

图 7 社会融资规模与 M2 增速变动趋势

二、2018 年货币政策展望

货币政策旨在服务于最终调控目标，宏观上需要与经济增长、通胀形势以及货币信贷投放相匹配。

（一）主动补库存阶段将结束，2018 年经济有下行压力

根据库存指标和需求指标的走势，可以把一个完整的库存周期分成四个阶段：第一阶段是被动去库存，即经济形势好转，需求上升，库存没有跟上，企业库存增速下行；第二阶段是主动补库存，即需求继续上行，企业意识到形势好转，开始补库存；第三阶段是被动补库存，即需求开始下降，企业惯性生产，库存增速继续上升；第四阶段是主动去库存，即需求下降，企业意识到形势不佳、缩减生产。库存周期的变化主要由需求端带动，能够在一定程度上反映总需求的扩张和收缩，对应经济的冷暖情况。

我们使用产成品存货指标刻画库存周期，使用 PPI 累计同比代表需求变量，如图 8 所示（tc 项为趋势循环波动项），根据图中指标走势可知，2017 年下半年库存周期总体上处于主动补库存阶段的末期，产成品存货和 PPI 两个指标均有见顶下行的趋势。

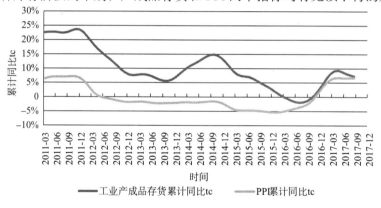

图 8　工业产成品存货累计同比 tc 和 PPI 累计同比 tc

由于经济总体需求仍弱，同时受基期因素的影响，预计四季度 PPI 同比涨幅将快速回落。从库存周期来看，主营业务收入增速是产成品存货增速的先行指标。如图 9 所示，2017 年下半年主营业务收入增速触顶回落，短期内企业将缺乏进一步补库存的动力。因此，企业主动补库存阶段基本结束，未来一段时期内产成品存货将下行，2018 年经济有下行压力。

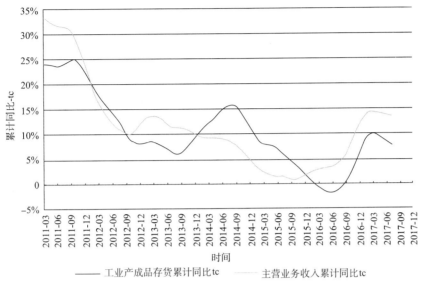

图 9 工业产成品存货累计同比 tc 和主营业务收入累计同比 tc

（二）CPI 继续低位增长，PPI 将下行

由于居民收入和消费增长趋缓，总需求仍然较弱，预计 CPI 在 2018 年将继续低位增长，PPI 由于基数效应回落明显。

预测结果显示，如图 10 所示，2017 年 CPI 新涨价因素将达到 1.0%左右，加上其基数效应 0.6%，2017 年 CPI 将同比上涨 1.6%左右。基于 2017 年的预测结果，可以测算 2018 年的基数效应为 1.0%；预计 2018 年新涨价因素将比 2017 年有所回落达到 0.9%，则 2018 年 CPI 将同比上涨 1.9%，延续低位增长态势。

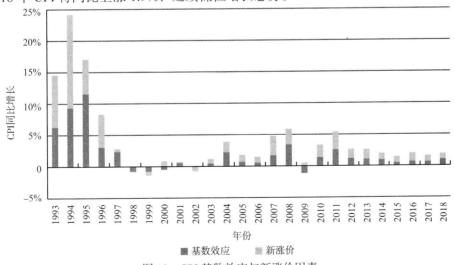

图 10 CPI 基数效应与新涨价因素

从 PPI 的情况看，如图 11 所示，2017 年 PPI 新涨价因素预计将达到 2.0%左右，加

上其基数效应 4.2%，2017 年 PPI 将同比上涨 6.2%左右。基于 2017 年的预测结果，可以测算 2018 年的基数效应为 1.8%；预计 2018 年 PPI 新涨价因素将比 2017 年有所回落达到 1.7%，则 2018 年 PPI 将同比上涨 3.5%，显著下行。

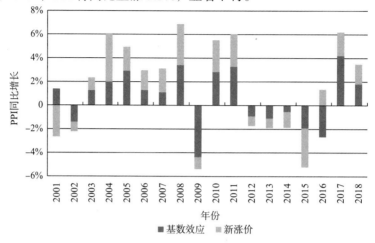

图 11　PPI 基数效应与新涨价因素

（三）预计 2018 年将继续实施稳健的货币政策

经济增长放缓，物价低位运行，反映了需求仍然较弱。同时当前杠杆率仍然较高，债务风险加大。当前和今后一个时期内金融领域尚处在风险高发期，一是宏观层面的金融高杠杆率和流动性风险，二是微观层面的金融机构信用风险。因此，2018 年不具备实施宽松的货币政策的条件，预计将继续实施稳健中性的货币政策，以有效控制风险。

1. 宏观杠杆率居高不下

宏观杠杆率可以使用两个指标进行说明，一个指标是广义货币宏观杠杆率，即 M2/GDP；另一个指标从债务角度计算，即实体经济债务在 GDP 中的比重，记为"实体经济债务/GDP"，这里实体经济债务包含国内贷款（包括人民币贷款和外币贷款）、信托贷款、委托贷款、企业债券、未贴现银行承兑汇票，即"社会融资规模指标"减去"非金融企业境内股票"项。

如图 12 所示，无论是 M2/GDP 还是"实体经济债务/GDP"，2017 年都仍然处在较高水平，宏观杠杆率居高不下。其中"实体经济债务/GDP"将继续上升。在假定 2017 年社会融资总量增速预测值为 13%、非金融企业境内股票增速预测值为 17%、名义 GDP 增速约 11.18%的情景下，2017 年"实体经济债务/GDP"将达到 2.05，比 2016 年上升 0.03 个百分点。

图 12　M2/GDP 和实体经济债务/GDP

2. 投资效率有所回升，但仍然偏低

投资效率可分为宏观投资效率和微观投资效率。从理论上来说，微观投资效率影响投资增长，宏观投资效率影响投资对经济增长的作用。宏观投资效率是指一定时期的 GDP 与固定资产投资总额的比例，它的高低反映了投资质量，决定经济增长的可持续性。由于边际资本产出比（incremental capital output ratio，ICOR）计算方便，而且在宏观投资效率研究中也得到广泛使用，因此本文以边际资本产出比作为我国宏观投资效率的衡量指标。计算方法如下：

边际资本产出比=（当年 GDP–上一年 GDP）/当年资本形成总额

微观投资效率即资本收益率，是指企业运用资本获得收入并扣除合同性成本费用后所形成的剩余，与创造收益所用资本之间的数量比率关系。考虑到近 20 年来工业在我国经济中占据的特殊地位和工业企业财务数据较为完整规范且数据可得，本文使用工业资本收益率作为衡量微观投资效率的指标，计算公式如下：

工业资本收益率=工业企业利润总额/工业企业总资产

根据相关假定推算 2017 年投资效率，其中 GDP 预测值同前，假定资本形成总额名义增速达到 10%，工业企业利润总额和工业企业总资产两个指标，使用 2017 年 1~10 月的累计同比作为全年增速的预测值，推算 2017 年全年的值。计算结果如图 13 所示。2017 年宏观投资效率和微观投资效率均有所回升，但总体水平与历史情况相比依然偏低。

3. 高杠杆与低效率并存，蕴含金融风险，需要稳健的货币政策防控风险

在经济结构调整过程中，保持稳健的货币政策有利于稳增长、调结构、抑泡沫、防风险等多目标之间的协调，在供求结构性矛盾较为突出的背景下，过度扩张总需求可能会进一步固化结构扭曲和失衡。

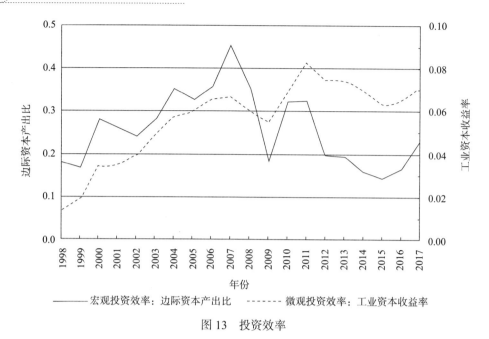

图 13　投资效率

　　考虑到需求方面的疲软，以及金融风险的积聚，预计 2018 年货币政策将继续坚持稳健中性的基调。同时，考虑到准备金率这个工具的调整可能形成资产负债表效应及信号意义较强，受到制约较多，结合现在的形势，预计 2018 年不会使用准备金率这个工具补充长期流动性缺口，可能将更多地借助公开市场操作、常备借贷便利、中期借贷便利以及抵押补充贷款等提供不同期限的流动性，结构性货币政策仍是货币政策的重要组成部分。

行业经济景气分析与预测

2018 年中国农业生产形势分析与展望

杨翠红　高　翔　陈锡康　徐　然

报告摘要：2017 年，农业种植结构调整优化，粮食播种面积减少；气候条件好，生产措施得力，粮食单产水平提高，粮食总产量持平略增。全国粮食总产量 12 358 亿斤，比 2016 年增加 33 亿斤，增长 0.3%。其中玉米 4 318 亿斤，减少 73 亿斤，下降 1.7%；稻谷 4 171 亿斤，增加 30 亿斤，增长 0.7%；小麦 2 595 亿斤，增加 19 亿斤，增长 0.7%；其他粮食作物 1 274 亿斤，增加 58 亿斤，增长 4.8%。分季来看，全国夏粮产量 2 806 亿斤，比 2016 年增产 22 亿斤，涨幅 0.8%；早稻产量 635 亿斤，比上年减少 21 亿斤，减幅 3.2%；秋粮增产 32 亿斤，增幅 0.4%。棉花方面，尽管 2017 年棉花播种面积继续下降 3.4%，但由于天气条件有利和高产的新疆棉区占全国植棉面积的比例进一步扩大，棉花产量出现回升，增幅为 3.5%。油料方面，尽管油菜籽市场前期表现疲软将带来油菜籽的减产，但由于花生价格前期的高位运行和"改玉米种花生"的潜在利好，2017 年我国油料播种面积和产量实现双升。其中，油料种植面积 1 420 万公顷，增加 7 万公顷，油料产量达到 3 732 万吨，增产 2.8%。

展望 2018 年，我们对粮食、棉花和油料的主要分析和预测如下：

第一，预计 2018 年我国粮食播种面积将持平略增。如果天气正常，不出现大的自然灾害，预计 2018 年全年粮食产量持平，其中，夏粮产量持平略减，秋粮产量持平略增。2018 年我国粮食生产既有有利因素的支持，同时又面临着一些不利因素的严峻考验。有利条件主要为：中央和各省市继续重视和加强对农业及粮食生产的支持力度；粮食价格稳定运行，玉米价格企稳回升；种植结构持续优化；小麦、稻谷将继续实行最低收购价政策；等等。这些有利因素将对粮农的种粮积极性有所刺激。不利因素为：稻谷和小麦先后调减最低收购价；农民收益持续较低，未见明显改善；持续降雨导致冬小麦播种面积略减；廉价进口粮冲击导致"卖粮难"问题持续；等等。

第二，预计 2018 年我国棉花播种面积将略减，但棉花产量将持平略增。主要依据为：棉花价格出现较大反弹，棉农收益得到提升；棉花种植区域结构调整，新疆棉区高产带动棉花产量提升；政策调整稳定棉农收益预期，促进植棉结构优化等。

第三，预计 2018 年我国油料播种面积将持平略增，其中油菜播种面积减少，花生播种面积增加。如果后期天气正常，预计油料产量将持平略增。主要依据有：油菜籽价格有所回升，但是油菜籽的种植收益仍不乐观，难以刺激农民的种植积极性；受 9 月下旬至 10 月持续阴雨天气的影响，2017 年冬播油菜籽面积减少；花生价格有所降低，但农民种植花生的收益依然可观，预计 2018 年花生播种面积将有一定幅度的增加。

为保证 2018 年及今后农业生产形势的稳定发展，我们提出如下建议：

（1）建议适度降低我国粮食的自给水平，进行粮食分类自给率统计。建议保证口粮（水稻+小麦）的高度自给，可将自给率定在 98%；对于谷物可适当降低自给水平，建议自给率定在 90%；而广义的粮食（谷物+豆类+薯类）自给率可定在 80%。

（2）建议完善土地流转机制，推动种植结构优化，有效实现农民增收。

一、2017 年中国农业生产形势回顾

1. 2017 年，我国粮食产量持平略有增加。其中，夏粮产量持平略增，早稻产量下降，秋粮产量持平略增

2017 年，农业种植结构调整优化，粮食播种面积减少；自然灾害较轻，抗灾救灾得力。气候条件好，生产措施得力，粮食单产水平提高，粮食总产量持平略增。

根据国家统计局发布的数据[①]，2017 年全国粮食播种面积 112 220 千公顷（168 329 万亩，1 亩≈666.67 平方米），比 2016 年减少 815 千公顷（1 222 万亩），减少 0.7%。其中谷物播种面积 92 930 千公顷（139 395 万亩），比 2016 年减少 1 464 千公顷（2 196 万亩），下降 1.6%。全国粮食总产量 61 791 万吨（12 358 亿斤），比 2016 年增加 166 万吨（33 亿斤），增长 0.3%。其中谷物产量 56 455 万吨（11 291 亿斤），比 2016 年减少 83 万吨（17 亿斤），减少 0.1%。全国粮食单位面积产量 5 506 千克/公顷（367 千克/亩），比 2016 年增加 54 千克/公顷（3.6 千克/亩），增长 1.0%。其中谷物单位面积产量 6 075 千克/公顷（405 千克/亩），比 2016 年增加 85 千克/公顷（5.7 千克/亩），增长 1.4%。

分季看，2017 年夏粮、秋产量略增，早稻产量下降。

2017 年全国夏粮播种面积、单位面积产量、总产量如下：全国夏粮播种面积 27 410 千公顷（41 115 万亩），比 2016 年减少 223 千公顷（334 万亩），减少 0.8%。全国夏粮单位面积产量 5 119 千克/公顷（342 千克/亩），比 2016 年增加 82 千克/公顷（5.5 千克/亩），增长 1.6%。全国夏粮总产量 14 032 万吨（2 806 亿斤），比 2016 年增产 111 万吨（22 亿斤），增长 0.8%。2017 年全国夏粮产量的持平略增得益于气象条件较好导致的夏粮单产上升。

国家统计局发布的全国早稻生产数据显示[②]，2017 年全国早稻产量为 3 174 万吨（635 亿斤），比 2016 年减产 103.7 万吨（21 亿斤），下降 3.2%。其中，早稻播种面积 5 463 千公顷（8 195 万亩），比 2016 年减少 156.5 千公顷（235 万亩），下降 2.8%；早稻单产为 5 810 千克/公顷（387 千克/亩），比 2016 年减少 22.7 千克/公顷（1.5 千克/亩），下降 0.4%。

2017 年，全国秋粮产量为 44 585.2 万吨（8 917 亿斤），比 2016 年增产 31.8 亿斤，

---

① 国家统计局. 国家统计局关于 2017 年粮食产量数据的公告. http://www.stats.gov.cn/tjsj/zxfb/201712/t20171208_1561546.html，2017-12-08.

②国家统计局. 国家统计局关于 2017 年早稻产量数据的公告. http://www.stats.gov.cn/tjsj/zxfb/201708/t20170825_1528020.html，2017-08-25.

增长 0.4%。尽管秋粮有所增产，但玉米产量仍有所下降。2017 年全国玉米产量 21 589 万吨（4 318 亿斤），比 2016 年减产 73 亿斤，下降 1.7%。在全年天气情况较好、粮食单产水平提升的背景下，这表明了我国农业供给侧改革的有效推进。

2. 2017 年我国棉花播种面积继续下降，棉花产量出现回升

根据《全国农产品成本收益资料汇编 2017》的数据，2016 年我国棉花每 50 千克主产品平均出售价格为 738.12 元，比 2015 年提高 24.02%，结束了连续两年的下降。全国亩均产值提高至 1 818.31 元，比 2015 年提高 33.03%，增幅明显。同时，亩均总成本为 2 306.61 元，增长率为 0.79%，较上年持平。亩均产值增加使得 2016 年植棉的全国亩均现金收益达到 937.26 元，与 2015 年相比增加 443.32 元，增幅达到 89.75%；且相比之下超过了 2016 年三种粮食的亩均现金收益和两种油料的亩均现金收益，分别为 512.11 元和 763.58 元，后两者分别较 2015 年有所下降和上升。植棉收益的有效提升将增强棉农的生产积极性，有效提升棉花的单产水平。

2017 年以来，关于我国棉花的种植面积，国家统计局、农业农村部、中国棉花协会等单位都先后进行了农民种植棉花的意向和实播面积的调查。调查结果显示，全国棉花种植面积将有所回升。例如，中国棉花协会在 2017 年 2 月对 12 个省和新疆维吾尔自治区 310 个县(市、团)进行的第二次植棉意向面积调查显示，全国植棉意向同比增长 2.85%，其中，新疆棉区植棉意向增加 1.74%，黄河流域棉区增加 5.52%，长江流域棉区增加 5.11%。根据央视网 2017 年 9 月 2 日的报道，农业部农情调度显示：2017 年棉花种植面积 5 035 万亩，增加了 20 万亩，是 2012 年以来首次增加。国家棉花市场监测系统于 2017 年 5 月中下旬对我国棉花实播面积的全国专项调查显示，2016 年全国棉花实播面积同比增加 8.5%，其中黄河流域同比增加 8.0%，长江流域同比增加 5.8%，西北内陆同比增加 9.2%。

受植棉面积回升和单产回升预期的影响，中国棉花协会等单位均对我国 2016 年棉花产量给出增产的预期。中国棉花协会在 2017 年 9 月发布的全国棉花生长情况及产量预测中，预测 2017 年全国棉花总产量同比增长 2.28%。

《中华人民共和国 2017 年国民经济和社会发展统计公报》[1]显示，2017 年全国棉花播种面积下降，全国棉花播种面积 323 万公顷（4 845 万亩），比 2016 年减少 12 万公顷（180 万亩），下降 3.6%；棉花单产水平有所提升，全国棉花单位面积产量 1 698.6 千克/公顷（113.2 千克/亩），比 2016 年增加 114 千克/公顷（7.6 千克/亩），提高 7.2%。受单产水平大幅提升的影响，2017 年全国棉花产量有所回升。全国棉花总产量 549 万吨，比上年增产 3.5%。

---

[1]国家统计局. 中华人民共和国 2017 年国民经济和社会发展统计公报. http://www.stats.gov.cn/tjsj/zxfb/201802/t20180228_1585631.html，2018-02-28.

3. 2017 年油料总的播种面积将增加，其中花生播种面积增加，油菜籽播种面积下降，预计油料总产量将增加

2016 年 6 月以来，花生价格震荡运行，并从 2017 年 3 月开始出现震荡下跌的态势（图 1）。但受近年花生价格大幅上涨的持续利好，以及种植结构调整导致的"改玉米种花生"，预计 2017 年我国花生种植面积和产量将有所增加。根据原农业部发布的《花生2016 年市场形势及 2017 年展望》，2016 年我国花生种植面积较 2015 年同比增加 1.4%，产量同比增加 17.98%。在花生品种改良、机械化水平提高等利好作用推动下，预计 2017年种植面积有望提升 10%，总产量将增长 7%。

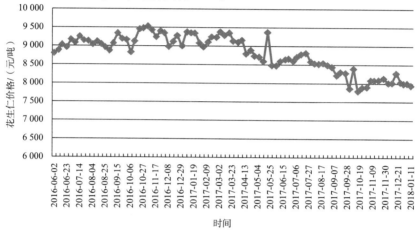

图 1　2016 年 6 月到 2018 年 1 月花生仁全国收购周均价走势图

资料来源：根据中华粮网（http://price.cngrain.net/sinoprice/LPIndex.aspx?id=52）数据整理

同时，近年来价格一直呈现疲弱状态的国内油菜籽价格在 2016 年 6 月以来呈现了震荡上升的势头，并在 2017 年 3 月后震荡企稳（图 2），这与油菜籽的产量下降预期有关。由于 2015 年我国取消油菜籽托市收购政策之后，油菜籽市场表现疲软且走货缓慢，农民种植油菜籽的积极性减弱。

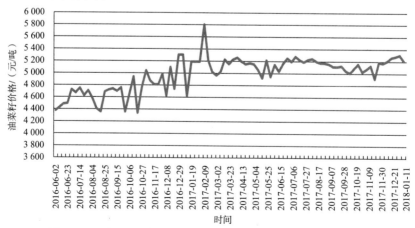

图 2　2016 年 6 月到 2018 年 1 月油菜籽全国收购周均价走势图

资料来源：根据中华粮网（http://price.cngrain.net/sinoprice/LPIndex.aspx?id=8）数据整理

《中华人民共和国 2017 年国民经济和社会发展统计公报》显示，2017 年中国油料种植面积 1 420 万公顷，增加 7 万公顷，油料产量 3 732 万吨，增产 2.8%。

二、2018 年中国农业生产形势初步判断

1. 2018 年粮食生产形势分析

初步预计 2018 年我国粮食播种面积将持平略增。如果天气正常、不出现大的自然灾害，预计 2018 年夏粮产量将持平略减，秋粮产量将持平略增，全年粮食产量将持平。2018 年我国粮食生产形势分析如下。

1）粮食生产的有利条件

（1）中央继续重视及加强对农业改革和粮食生产的支持力度。

习近平总书记在党的十九大报告中首次提出实施乡村振兴战略。2017 年 10 月 18 日，习近平总书记在党的十九大报告中就"三农"工作提出很多新概念、新表述，并首次提出实施乡村振兴战略。报告中指出："农业农村农民问题是关系国计民生的根本性问题，必须始终把解决好'三农'问题作为全党工作重中之重。要坚持农业农村优先发展，按照产业兴旺、生态宜居、乡风文明、治理有效、生活富裕的总要求，建立健全城乡融合发展体制机制和政策体系，加快推进农业农村现代化。巩固和完善农村基本经营制度，深化农村土地制度改革，完善承包地'三权'分置制度。保持土地承包关系稳定并长久不变，第二轮土地承包到期后再延长三十年。深化农村集体产权制度改革，保障农民财产权益，壮大集体经济。确保国家粮食安全，把中国人的饭碗牢牢端在自己手中。构建现代农业产业体系、生产体系、经营体系，完善农业支持保护制度，发展多种形式适度规模经营，培育新型农业经营主体，健全农业社会化服务体系，实现小农户和现代农业发展有机衔接。促进农村一二三产业融合发展，支持和鼓励农民就业创业，拓宽增收渠道。加强农村基层基础工作，健全自治、法治、德治相结合的乡村治理体系。培养造就一支懂农业、爱农村、爱农民的'三农'工作队伍。"[①]

每年的中央一号文件都体现了中央对农业的重视。从 2004 年到 2018 年，中央连续 15 年发布以"三农"为主题的中央一号文件，强调"三农"问题在我国社会主义现代化时期重中之重的地位。2015~2018 年的中央一号文件则进一步体现了在当前时期，中央对农业供给侧改革的决心和思路。2015 年中央一号文件提出了"推进农业结构调整"的政策思路，2016 年中央一号文件提出了"推进农业供给侧结构性改革"的战略构想，而 2017 年中央一号文件则进一步指出要"深入推进农业供给侧结构性改革"。2018 年 1 月 2 日 2018 年中央一号文件公布，全面部署实施乡村振兴战略，体现了中央对农业农村发展的重视。

---

① 习近平. 决胜全面建成小康社会 夺取新时代中国特色社会主义伟大胜利——在中国共产党第十九次全国代表大会上的报告. http:/www.gov.cn/zhuanti/2017-10/27content_5234876.htm，2017-10-18.

粮食安全责任制的推广和落实。2015 年 11 月 3 日，国务院办公厅发布《国务院办公厅关于印发粮食安全省长责任制考核办法的通知》（国办发〔2015〕80 号），明确粮食安全省长责任制考核主体、原则、内容、程序和结果运用等事项，对建立粮食安全省长责任制考核机制做出全面部署；明确国务院作为考核主体。考核内容涵盖了各省（自治区、直辖市）人民政府应承担的粮食生产、流通、消费等各环节的粮食安全责任，包括增强粮食可持续生产能力、保护种粮积极性、增强地方粮食储备能力、保障粮食市场供应、确保粮食质量安全和落实保障措施 6 个方面。在国家的推动下，各省市也相继出台了粮食安全责任制意见和考核办法，明确了各级政府粮食安全主体责任，加大了各级政府对粮食工作的重视力度。

在我国粮食生产和供需出现新形势的情况下，中央对农业和农村建设的重视与上述政策和措施的出台及预期落实，将在一定程度上保证农民对粮食生产工作的预期效益，提升农民的种粮积极性。

（2）粮食价格稳定，全年震荡运行。玉米价格在前期暴跌的基础上开始企稳有所回升。若后期玉米价格持续走高，将刺激作为高产作物的玉米在播种面积连续调减的基础上出现恢复性增长，带动粮食产量增长。

2017 年 1 月以来，粮食主产区的三种粮食价格均以震荡为主（图 3）。其中小麦价格在 5 月中下旬出现一定幅度下跌，5 月 11 日全国小麦收购周均价 2 612.08 元/吨，到 6 月 22 日降至 2 393.49 元/吨，降幅为 8.37%。后得益于农民惜售心理，供需条件较为紧张，价格有所回升，至 12 月 21 日缓慢回升至 2 516.61 元/吨，增幅为 5.14%。粳稻价格在 10 月也出现下降势头，9 月 28 日全国粳稻收购周均价为 3 139.63 元/吨，到 12 月 21 日下降至 3 019.67，降幅为 3.82%，幅度较小。从全年来看，小麦和稻谷的价格走势较为稳定，有利于维持农民的种粮积极性，从而保证小麦和稻谷的种植面积不会出现较大波动。

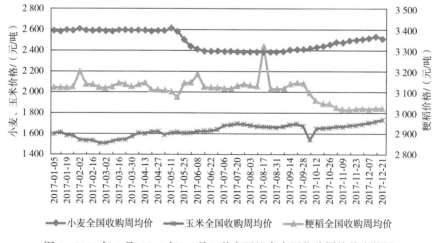

图 3　2017 年 1 月~2017 年 12 月三种主要粮食全国收购周均价走势图

资料来源：根据中华粮网（http://price.cngrain.net/sinoprice/AvgPrice.htm）数据整理

2016 年，我国进行玉米收储制度改革，取消了东北玉米临储等托市收购，改为"市场定价+生产者补贴"，玉米价格回归市场，出现大幅的下跌。2017 年以来玉米价格开始企稳并有所回升。2017 年 12 月 21 日全国玉米收购周均价为 1 732.43 元/吨，与 3 月 2 日的价格最低点相比涨幅高达 14.86%。玉米价格的回升将刺激农民对玉米的种植积极性，加之近年来由于宏观调控，玉米种植面积持续调减，预计 2018 年玉米播种面积会出现恢复性增加。作为高产作物，玉米种植的增加将会为粮食产量带来有效的正面影响。

（3）优化种植结构，高品质粮食种植比重明显提升。

河南省按照布局区域化、经营规模化、生产标准化、发展产业化的基本思路，以及专种、专收、专储、专用的工作路径，在稳定小麦面积的基础上，发展优质专用小麦。2016 年，优质专用小麦种植面积达到 600 万亩，2017 年秋播优质专用小麦将发展到 800 万亩，到 2018 年将发展到 1 200 万亩。同时优质小麦示范县也由 2016 年的 8 个增长到 2017 年的 22 个。

2017 年，内蒙古符合市场需求的优质中强筋小麦，专用高蛋白、高油大豆，优质马铃薯等种植面积稳步提升。呼伦贝尔市中强筋小麦面积占小麦总播种面积比例由 30%增加到 2017 年的 50%；全区高蛋白、高油大豆专用品种种植面积同比增加约 5%；脱毒种薯、加工薯、鲜食薯比例已由 2 ∶ 2.5 ∶ 5.5 调整接近 2 ∶ 3 ∶ 5。

根据中华粮网 10 月 20 日到 23 日的东北粳稻调研结果，2017 年东北种植结构优化进程明显，旱改水比例持续扩大，且优质稻谷种植面积明显增加。

在总体粮价震荡运行的基础上，优质作物的供不应求将带来价格红利，有效带动农民增收，提升农民的种粮积极性。

（4）小麦、稻谷将继续实行最低收购价政策。为保护农民利益，防止"谷贱伤农"，2017 年 10 月 25 日，国家发展和改革委员会公布 2018 年政府将继续在小麦主产区实行最低收购价政策，促进粮食生产稳定发展。2018 年 2 月 9 日，国家发展和改革委员会公布，2018 年政府将继续在稻谷主产区实行最低收购价政策，促进粮食生产稳定发展。

国家发展和改革委员会、国家粮食局 2016 年 10 月 13 日印发的《粮食行业"十三五"发展规划纲要》（以下简称《纲要》）提出，"十三五"期间要"继续执行并完善稻谷、小麦最低收购价政策，积极稳妥推进玉米收储制度改革，调整完善大豆目标价格政策，完善油菜籽收购政策"。针对改革完善粮食收购制度，《纲要》提出，稳步推进粮食收购资金来源多元化，满足粮食收购资金需求。还要适应粮食生产组织方式变化，创新粮食收购方式，引导企业与种粮大户、家庭农场、农民合作社等新型粮食生产经营主体对接，开展订单收购、预约收购、代收代储、代加工等个性化服务，构建渠道稳定、运行规范、方便农民的新型粮食收购网络体系。依法开展粮食收购资格审核，规范收购秩序。

尽管最低收购价有所调减，对稻谷和小麦的价格造成影响。但最低收购价的实行将保证农民种粮的基本收益，为粮农的种粮积极性打下一剂强心针。

2）粮食生产的不利因素

（1）玉米临时储备政策取消后，稻谷和小麦先后调减最低收购价，粮价后市增长空间有限，影响农民的种植积极性。

2018 年 2 月 9 日，国家发展和改革委员会公布 2018 年国家继续在稻谷主产区实行最低收购价政策。综合考虑粮食生产成本、市场供求、比较效益、国际市场价格和粮食产业发展等各方面因素，经国务院批准，2018 年生产的早籼稻（三等，下同）、中晚籼稻和粳稻最低收购价格分别为每 50 千克 120 元、126 元和 130 元，2016 分别为每 50 千克 130 元、136 元和 150 元，早籼稻、中晚籼稻和粳稻分别下调 10 元、10 元和 20 元。

2017 年 10 月 25 日，国家发展和改革委员会公布，2018 年政府将继续在小麦主产区实行最低收购价政策。综合考虑粮食生产成本、市场供求、国内外市场价格和产业发展等各方面因素，经国务院批准，2018 年生产的小麦（三等）最低收购价为每 50 千克 115 元，比 2017 年下调 3 元。

稻谷最低收购价的下调是中国稻谷最低收购价的连续第二年全面下调，且下调幅度远高于第一年。从 2008 年开始，国家连续 7 次上调了稻谷的最低收购价，2015 年未做调整，2016 年仅是早籼稻下调，中晚籼稻和粳稻最低价保持不变。2017 年稻谷收购价首次全面下调，早籼稻、中晚籼稻和粳稻分别下调 3 元、2 元和 5 元。

小麦最低收购价的下调也是 2006 年国家实行小麦最低收购价以来的首次下调，从 2006 年开始，我国小麦最低收购价持续上涨，2014~2017 年，我国小麦最低收购价保持在 1.18 元/斤的历史最高点不变。

稻谷和小麦最低收购价的全面下调可能会对粮食市场带来冲击，增强粮食市场的看空情绪，从而影响农民的种植积极性。

（2）价格低位运行，农民种粮收益下降甚至出现亏损，挫伤粮农生产积极性。

根据《全国农产品成本收益资料汇编 2017》的数据，2016 年我国三种粮食（稻谷、小麦和玉米）每 50 千克主产品平均出售价格为 108.39 元，比 2015 年下降 6.79%，亩均产值为 1 013.34 元，比 2015 年下降 8.67%，降幅较大。其中，稻谷和小麦由于价格降幅相对较小，亩均产值分别下降 2.45%和 7.12%，而玉米由于价格的大幅下降，亩均产值降幅高达 19.34%。与此同时，三种粮食的平均亩均总成本为 1 093.62 元，较上年增长 0.33%。价格的下降和成本的持平略增造成 2016 年三种粮食的亩均现金收益全国平均仅为 512.11 元，比 2015 年减少 104.52 元，降幅为 16.95%；亩均净利润从 2014 年的 124.78 元跌至 2015 年的 19.55 元，到 2016 年更是跌至净亏损 80.96 元/亩。粮食收益的下跌极大地挫伤了粮农的种粮积极性。

2017 年，粮食价格基本稳定，全年震荡运行，且由于 2017 稻谷最低收购价的调减和 2018 年小麦最低收购价调减的公布，预计粮食价格上升空间不大。与此同时，粮食的种植成本将继续升高，粮农的收益情况难以得到有效改善，持续的低收益将进一步降低粮农的种粮积极性。

（3）持续降雨导致冬小麦未能足播，冬小麦播种面积略减。

2017 年秋播期间，西北、黄淮、江淮等地累计降水量较常年同期偏多 1~3 倍，累计阴雨日数 12~16 天。连阴雨天气影响了秋收腾茬和秋播进度。据反映，山东省 2017 年有 96.5%的小麦实现适期播种，而河南省仅有 81%的小麦实现适期播种。因此，预计冬小麦播种面积将有所减少。同时，受 9 月下旬到 10 月中旬持续降雨影响，安徽、湖北、河南、陕西等省的晚播麦生育进程延迟，长势偏弱。

（4）现有粮食库容问题或成隐患，国外廉价进口粮冲击持续，"卖粮难"现象持续。

近年来，由于我国粮食生产供大于求，且托市收购政策导致的粮食库存不断增加，我国各粮食主产区的粮食库容不容乐观。不但在需求端无法顺利进行国家粮食的收购，而且在供给端为粮农的直接卖粮造成了一定阻碍。

与此同时，国外廉价进口粮的冲击还将持续。尽管在我国宏观调控政策影响下，2017年我国玉米进口大幅下降，但我国小麦、稻谷和大米的进口数量和金额仍有增长。海关2017 年 10 月统计月报显示，2017 年 1 月至 10 月，我国小麦总进口数量为 404 万吨，金额为 657 153 万元，数量增长 28.1%，金额增长 32.1%；我国稻谷和大米总进口数量为328 万吨，金额为 1 018 130 万元，数量增长 18.0%，金额增长 22.9%。同时，根据商务部 2017 年 7 月 26 日的消息，中美双方在首轮全面经济对话期间就美国大米输华检验检疫要求达成一致，中国将首次准许进口美国大米。进口品对国内品的替代进一步影响了对我国国产粮食的需求。

库存粮的轮出和进口廉价粮的冲击将影响粮农的粮食销售，"卖粮难"现象持续。部分粮农只能自行储存粮食，增大了粮食生产的风险。

2. 2018 年棉花生产形势分析

棉花的产量经过多年下降，当前供需形势已发生变化。2017 年棉价、棉农收益、播种面积与产量纷纷回升。初步预计，如果天气情况正常，2018 年我国棉花播种面积略减，产量持平略增。主要可供判断的依据如下。

（1）棉花价格从 2016 年中开始有较大幅度的反弹，2017 年始终在高位稳定窄幅震荡运行，有效刺激棉农的种植积极性。以我国 3128B 级皮棉的价格为例（图 4），2016年 6 月 1 日，棉花价格每吨仅为 12 615 元；年中之后，受国内棉花产量下降、新棉上市推迟和棉花库存减少的预期影响，棉花价格开始反弹，截至 2016 年 12 月 1 日，反弹至15 966 元/吨，增长 26.6%。此后，棉花价格一直在高位窄幅震荡运行，截至 2017 年 12月 8 日，棉花价格为每吨 15 842 元/吨，2017 年全年棉花价格环比增（减）幅不超过 1%。尽管价格相比 2013 年、2014 年均价仍处于低位，但棉花价格的回升和企稳将有效回升棉农的收益并增强棉农的种植积极性。

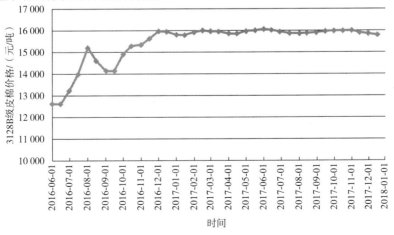

图 4　2016 年 6 月以来我国 3128B 级皮棉价格趋势图（月中和月末价格）

资料来源：根据中国棉花协会（http://www.china-cotton.org/search）数据整理

（2）植棉面积总体仍呈现西北内陆棉区增，长江、黄河流域棉区减的趋势，2017年棉花面积和产量的双升主要来自新疆棉区的带动。

近年来，我国棉花的种植面积和产量均主要向新疆棉区集中，其他主要棉花种植区域的种植面积和产量逐年减少。2016年国家统计局公布的全国棉花种植面积和产量分别为3 376.1千公顷和534.3万吨，其中新疆棉区分别为1 805.2千公顷和359.4万吨，分别占53.5%和67.3%。2017年，新疆棉区的植棉面积和产量分别为1 963.1千公顷和408.2万吨，占全国的比例双双提升至60.8%和74.4%。新疆棉区面积的增加将抵消长江、黄河流域棉区面积的减少，有效带动2017年我国棉花面积产量的双升。

由于新疆棉区的植棉单产和棉花质量普遍远高于全国平均，我国棉花的种植面积和产量向新疆棉区集中是农业种植结构优化的大势所趋。预计2018年新疆棉区植棉面积会进一步增加，其他棉区会进一步减少，全国棉花种植面积将持平略减。但由于新疆棉区的单产较高，将抵消棉花种植面积减少的不利因素，预计全年棉花产量将持平略增。

（3）国际贸易形势呈现复苏趋势，棉纺织整体趋势向好，纺织服装出口呈增长趋势，但棉花的进口替代形势依然严峻。

中国棉花协会预计，2017~2018年度棉花消费量为827万吨，同比增长3.4%。同时，根据海关总署2017年10月出口主要商品量值表，2017年1月至10月，我国棉纱线、服装出口量同比增加，其中棉纱线出口32.4万吨，同比增加8.7%；服装出口88 803 068万元，同比增加3.2%。棉花出口也有大幅的增长，1月至10月我国棉花出口同比增长134.9%。需求端的增长将有效带动棉花市场情绪，支撑棉花价格并提升棉农的植棉积极性。

但是，海关总署2017年10月进口主要商品量值表显示，2017年1月至10月，我国棉纱线进口量同比增加，其中棉纱线进口160万吨，同比增加0.6%，约是我国棉纱线出口的5倍；棉花进口有大幅的增长，1月至10月我国棉花进口98万吨，远高于我国的棉花出口量，同比增长40.5%。在棉花需求端增长的前提下，国外棉花的进口替代形势依然严峻，对棉农的植棉积极性会造成一些影响。

（4）政策调整稳定棉农收益预期，促进植棉结构优化。2017年3月17日，国家发展和改革委员会发布了国家在新疆深化棉花目标价格改革。经国务院批准，自2017年起在新疆深化棉花目标价格改革。棉花目标价格由试点期间的一年一定改为三年一定，2017~2019年新疆棉花目标价格为每吨18 600元，与2016年持平。棉花目标价格持续时间的延长将保障棉农的基本收益，稳定棉农的收益预期，促进棉农的植棉积极性。此外，新疆开展了棉花目标价格改革与质量挂钩的试点，推动建立优质优价机制。

（5）棉花种植机械化水平较低，人工成本较高，影响棉农植棉收益。

棉花只有耕地、整地、播种和铺膜采用机械化作业，特别是采收环节，机械化程度低、劳动强度大。2016年棉花机收率仅23%，不到全国农作物平均机收率的一半。

由于人工成本较高，我国植棉效益一直偏低。2016年考虑用工成本的棉花亩均成本为2 306元，其中用工成本1 393元，达到总成本的60.4%。考虑用工成本后，净利润每亩亏损488元。植棉效益偏低将对棉农的植棉积极性造成一定负面影响。

3. 2018 年油料生产形势分析和预测

预计 2018 年我国油料播种面积持平略增，其中油菜播种面积减少，花生播种面积增加。如果后期天气正常，预计油料产量将持平略增。

由于 2015 年国家取消油菜籽托市收购政策，而实行"省级政府+中央补贴"相结合的政策，油菜籽收购数量降低幅度较大，价格震荡下跌，种植户收益下降，2016 年和 2017 年油菜种植面积和产量双双下滑。由于产量的预期下降，2016 年 6 月以来，油菜籽价格呈震荡上升的态势，并在 2017 年 3 月后震荡企稳。截至 2017 年 12 月 21 日，油菜籽收购周均价为 5 164.19 元/吨，较 2016 年 6 月 2 日上涨 17.9%。

尽管价格有所回升，但油菜籽种植收益仍不容乐观，各主产省对油菜籽成本收益的情况统计显示，在大多省市，2017 年油菜籽的收益情况仍未摆脱亏损的状况。例如，四川省发展和改革委员会 2017 年 7 月 21 日发布的《2017 年四川省油菜籽生产成本收益情况分析》显示，油菜籽亩均总成本为 1 115.84 元，同比上升 3.01%，亩均净利润为 -272.83 元，收益与价格有所上涨，亏损减少 22.8 元。江西省发展和改革委员会统计显示，油菜籽亩均总成本 795.84 元，同比升 9.21%，亩均净利润为 -136.23 元，虽收益与价格提升有所增加，但仍为负值。持续的低收益将挫伤农民的生产积极性。

同时，受 9 月下旬至 10 月持续阴雨天气的影响，2017 年冬播油菜面积减少。湖北、河南等省部分油菜无法播种，改种其他农作物，此外，湖北、安徽、湖南、江西等省油菜长势偏弱。预计 2018 年我国油菜籽播种面积和产量均将减少。

由图 1 可见，2017 年 3 月以来花生价格开始震荡下跌，截至 12 月 21 日，花生仁平均收购周均价为 8 046 元/吨，较年初减少 14.1%。尽管花生价格持续走低，但农民种植花生的收益依然可观。预计 2018 年花生播种面积将有所增加，但增幅将小于 2017 年。

三、政 策 建 议

1. 建议适度降低我国粮食的自给水平，进行粮食分类自给率统计

1996 年《中国的粮食问题白皮书》中首次提及了"95%的粮食自给率"红线；而 2008 年的《国家粮食安全中长期规划纲要（2008—2020 年）》则再次明确提出了我国"粮食自给率稳定在 95%以上"。虽然 2004~2015 年我国粮食生产已连续 12 年增产，但是粮食需求增速快于生产增速，且近几年来国内外粮食价格倒挂，粮食的净进口量大幅度增加，我国粮食的自给率已经悄然下降。2003 年我国粮食净进口量为 10.6 亿斤，粮食自给率为 99.9%，为高度自给；2010 年降为 90.9%；2014 年我国粮食净进口量为 1 798 亿斤，粮食自给率已经降低到 87.1%；2015 年我国粮食净进口量为 2 275.6 亿斤，粮食自给率进一步降低到 84.5%。

我国粮食生产成本已经高于不少发达和发展中经济体，因此盲目地追求很高的粮食自给率不但成本高昂，而且不是非常必要。但需要保证口粮（稻谷+小麦）的高度自给，

建议将口粮自给率定在 98%；对于谷物可适当降低自给水平，建议定在 90%（谷物中除三种主要粮食外尚包括很多别的作物）；而广义的粮食（谷物+豆类+薯类）自给率可定在 80%。

2. 建议完善土地流转机制，推动种植结构优化，有效实现农民增收

长期以来，我国粮食生产在国际上没有比较优势。这主要是因为我国自然禀赋较弱，人均资源短缺，特别是人均耕地和人均水资源短缺，且农业经营分散，规模化经营程度较低。在此背景下，我国出台了一系列土地流转政策，推动规模化生产，希望通过降低边际生产成本来实现农民增收。但是，现行土地流转机制并不完善，很多地方出现土地流转价格不透明、土地流转后的用途不明确、运营不规范等问题，即违背了政府希望通过土地流转实现农民增收的初衷，甚至还引发了一部分地方矛盾。因此健全土地流转机制、完善土地流转效应的评估势在必行。

此外，在粮食总体供过于求、库存高企，而优质粮食供不应求、价格持续走高的背景下，多地推动粮食生产的结构优化，从供给侧改革，增加优质粮食的生产，在解决优质粮食需求问题的同时实现农民增收。后续应进一步推动种植结构的优化，进一步解决粮食需求侧和供给侧的结构矛盾，实现满足国民对优质粮食的需求，满足农民对收入增加的需求，同时降低粮食整体库存的三赢局面。

2018 年房地产市场预测与调控政策建议①

董纪昌　李秀婷　董　志　苗晋瑜　何　静

报告摘要： 2017 年以来，我国房地产市场发展速度明显放缓，市场投资性需求得到有效抑制，销售面积和销售额同比增速逐渐下降，政府坚持推进房地产市场"因城施策"，三、四线城市去库存效果明显，"租售同权"的住房租赁市场建设机制催生了新发展模式，住房租赁市场迎来了新的发展机遇。

2017 年 1~10 月，我国房地产市场呈现出"两加快、两平稳、五回落"的特征。具体而言，土地购置面积、土地成交价款增速有所加快；土地购置"量价齐升"，从 6 月到 10 月，全国土地成交规模显著回升，但规模的上升并未带来土地价格的回落，地价持续走高；房地产开发投资、商品房施工面积增速基本平稳；热点一、二线城市房地产市场明显降温，房价涨幅趋于平缓，紧缩调控初显成效；企业资金来源及商品房新开工面积、竣工面积、销售面积、销售额增速均出现回落。

2018 年我国房地产市场走势主要受以下几个方面影响：我国经济增长速度将有所下降，加快结构调整将增强经济韧性，固定资产投资增长速度下降，房地产投资中东西增长速度分化；房地产企业开发贷款将维持比较平稳的上升态势，金融去杠杆仍将有序推进，房地产市场更是成为金融去杠杆过程中的重要环节之一；房地产市场开发投资额已逐步进入中低速增长的调整期，将影响市场整体的供给水平；受货币政策与房地产市场销售情况的显著影响，房地产市场新开工面积在未来一定时期将保持低速增长；土地购置面积的持续增加，可有效提高房地产市场供给水平；预计 2018 年企业的融资需求仍将加大，投资风险管控仍会是金融机构工作的重点，将给金融机构带来一些难度和挑战；房地产市场调控主基调仍将延续，住房租赁市场将是未来重要发展方向，住房制度改革正加速推进，加快建立租购并举的住房制度。

预计 2018 年房地产开发投资完成额约为 116 509 亿元，同比增长约 5.7%，增幅较 2017 年下降约 1.8 个百分点。预计全国商品房销售面积约为 179 553 万平方米，同比增长约 6.3%；商品房销售额约为 145 836 亿元，同比上升 10.2%。预计 2018 年全年商品房平均销售价格约为 8 122 元/平方米，较 2017 年同比增长 3.7%，增幅较 2017 降低约 1.0 个百分点。

2018 年我国房地产调控政策应着重于以下几点：加快发展住房租赁市场，推动多层次住房供应体系建设；积极推动房地产市场去杠杆化与投资化，防范化解房地产金融风险；坚持房地产市场分类调控与因城因地施策，完善土地分类管理制度。

---

① 本报告受国家自然科学基金（71573244，71532013，71202115）的资助。

一、2017年房地产市场回顾

2017年1~10月，全国房地产市场呈现出"两加快、两平稳、五回落"的特征。具体而言，土地购置面积、土地成交价款增速有所加快。2017年土地购置"量价齐升"，从6月到10月，全国土地成交规模显著回升，地价持续走高。房地产开发投资、商品房施工面积增速基本平稳。热点一、二线城市房地产市场明显降温，房价涨幅趋于平缓，紧缩调控初显成效。企业资金来源及商品房新开工面积、竣工面积、销售面积、销售额增速均出现回落。由于前期利好逐渐消化、需求过度透支，9月以来房地产市场呈现新开工冷，商品房销售量骤降的局面。由于坚持宏观房地产政策"房子是用来住的，不是用来炒的"基调，中央不断完善住房租赁制度建设，加快推进房地产长效机制，并多次表态加强房地产金融风险监管，强调对一、二线城市房地产市场应保持收紧调控态势。地方调控仍坚持收紧，表现为二线城市继续深化，三、四线城市不断扩围。短期调控与长效机制的衔接更为紧密，通过大力培育、发展租赁市场和共有产权住房等推动长效机制的建立健全，有利于促进房地产市场的健康平稳发展。

（一）房地产开发投资

1. 房地产开发投资保持稳定增长，增速小幅回落

2017年房地产开发投资放缓，1~3月房地产开发投资累计同比有所提升，随后累计同比增速整体上呈下降趋势。1~10月全国房地产开发投资累计达到90 544.00亿元，比2016年同期增长7.8%，增速上涨1.2个百分点，其中用于住宅的累计投资为61 871.23亿元，比2016年同期增长9.9%，增速上涨4个百分点。

如图1所示，2017年1~10月月度房地产开发投资额和用于住宅的投资额保持小幅增长态势，累计同比增速整体呈下滑趋势，这主要是因为相比于销售指标，开发投资指标反映市场状况相对滞后，因此尽管2017年楼市持续降温，但开发投资仍能保持正增长，同时在"稳"字当头的经济环境下，房地产开发投资不会出现大起大落的现象。

2017年1~10月，东部地区房地产开发投资47 936.00亿元，中部地区房地产开发投资18 379.00亿元，西部地区房地产开发投资19 612.00亿元，表1展示了2010~2017年（其中2017年为前10个月）的累计投资额变化情况，可以发现2017年西部地区的房地产投资份额较前几年已有小幅增加，由2010年的20.13%增加到22.82%，而东部地区的房地产投资份额较前几年小幅下降，由2010年的58.56%降至55.79%。这是因为东部地区经济相对发达，城市发展空间相对西部明显不足，土地供给减少且价格较高；而西部地区房地产市场发展相对东部较为落后，土地资源相对充足，房地产开发投资逐年增加。

122

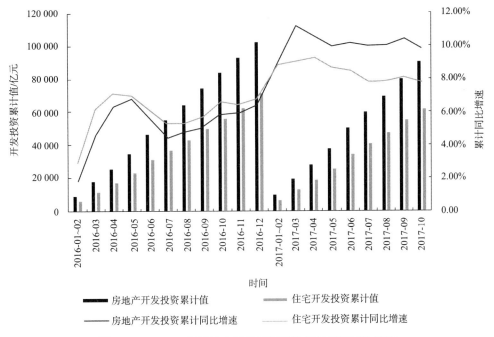

图 1　2016~2017 年房地产开发投资累计值及累计同比增速

资料来源：Wind 数据库

表 1　2010~2017 年各地区房地产开发投资情况

年份	房地产投资完成额/亿元			房地产投资完成额占比		
	东部	中部	西部	东部	中部	西部
2010	28 009.07	10 516.65	741.35	58.56%	21.31%	20.13%
2011	35 606.66	13 197.33	12 935.79	57.51%	21.33%	21.16%
2012	40 541.36	15 762.82	15 499.61	56.96%	21.51%	21.53%
2013	47 971.53	19 044.80	18 997.05	55.96%	21.68%	22.36%
2014	52 940.55	20 662.29	21 432.78	55.94%	21.40%	22.67%
2015	53 231.29	21 038.12	21 709.43	56.52%	21.08%	22.40%
2016	46 416.00	18 727.00	18 832.00	55.27%	22.30%	22.43%
2017	47 936.00	18 379.00	19 612.00	55.79%	21.39%	22.82%

注：表中 2016 年数据为 2016 年 1~10 月数据。西部地区包括四川、重庆、贵州、云南、西藏、陕西、甘肃、青海、宁夏、新疆、广西、内蒙古 12 个省（自治区、直辖市）；中部地区包括山西、吉林、黑龙江、安徽、江西、河南、湖北、湖南 8 个省；东部地区包括北京、天津、河北、辽宁、上海、江苏、浙江、福建、山东、广东和海南 11 个省（直辖市）

资料来源：Wind 数据库

　　如表 2 所示，2017 年 1~10 月，房地产开发用于住宅的投资增长上升较快，累计同比增速在 3 月达到最高，由 1~2 月的 9.00% 上升至 3 月的 11.20%，上升了 2.2 个百分点，3 月以后累计同比增速相对稳定，保持在 10% 左右。商业营业用房的投资增速持续下滑，由 1~2 月的 11.80% 下降至 10 月的 1.10%，下降了 10.7 个百分点。就办公楼开发投资而言，投资增速呈现持续增长的趋势。虽然目前住宅市场处于调控高压态势之下，且商业地产投资回报率与过去相比有所降低，但就统计数据来看，住宅投资氛围依旧十分火爆。

另外，受调控政策限制，办公楼越来越受开发商的青睐。

表2   2017 年 1~10 月各类型商品房开发投资情况

时间	开发投资总额/亿元			累计开发投资同比增速		
	住宅	办公楼	商业营业用房	住宅	办公楼	商业营业用房
2017-01~02	6 571.07	654.08	1 517.12	9.00%	−0.60%	11.80%
2017-03	6 409.95	540.14	1 417.72	11.20%	−3.80%	8.20%
2017-04	5 690.29	541.46	1 286.94	10.60%	1.10%	7.80%
2017-05	6 751.62	634.89	1 456.18	10.00%	5.10%	5.90%
2017-06	8 895.33	788.73	1 911.39	10.20%	4.80%	5.00%
2017-07	6 364.76	548.97	1 245.10	10.00%	4.70%	3.00%
2017-08	6 757.01	575.37	1 360.39	10.10%	4.80%	2.40%
2017-09	7 669.25	694.76	1 514.77	10.40%	5.40%	1.40%
2017-10	6 761.95	604.79	1 378.08	9.90%	5.20%	1.10%

资料来源：Wind 数据库

2. 房地产开发国内贷款与自筹资金涨幅明显，利用外资增速大幅下滑

如图2所示，2017年1~10月，房地产开发企业资金共125 940.92亿元。其中，国内贷款20 798.04亿元，约占总资金的16.52%，累计同比增速20.20%；利用外资124.99亿元，占总资金的0.10%，累计同比增速1.60%；自筹资金41 086.32亿元，占总资金的32.62%，累计同比增速 0.80%；包括单位自有资金、定金及预收款等在内的其他资金63 931.57亿元，占总资金的50.76%，累计同比增速8.20%。同2016年同期开发资金来源相比较，在占比方面，国内贷款和其他资金有所上升，自筹资金占比下降2.14个百分点；在累计同比增速方面，国内贷款与自筹资金涨幅明显，而利用外资大幅下滑。

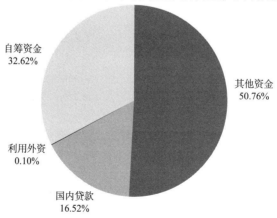

图2   2017 年 1~10 月房地产开发资金来源
图中数据经过舍入修约
资料来源：Wind 数据库

如表3和表4所示，从房地产开发投资的各项资金来源看，主要是国内贷款与其他资金来源的上涨导致了总投资增速加快。在国内贷款方面，在金融与房地产逐渐分化背景下，2017 年 1~10 月货币政策继续维持宽松状态，使开发商信贷来源相对充足，资金回笼及资金周转压力得到释放，土地投资意愿增强。

表3　2017 年各月房地产开发资金主要来源情况（单位：亿元）

时间	总投资	国内贷款	利用外资	自筹资金	其他资金
2017-01~02	22 880.06	4 984.77	48.41	6 896.66	10 950.22
2017-03	35 666.33	6 892.04	74.03	10 894.21	17 806.06
2017-04	47 221.34	8 773.83	74.31	14 217.04	24 156.16
2017-05	58 988.54	10 496.69	89.80	18 008.16	30 393.88
2017-06	75 764.55	13 352.05	104.32	23 273.26	39 034.93
2017-07	87 664.14	15 094.00	111.89	27 340.23	45 118.02
2017-08	99 804.29	16 903.85	111.74	31 439.32	51 349.39
2017-09	113 095.45	19 002.68	113.49	36 450.87	57 528.42
2017-10	125 940.92	20 798.04	124.99	41 086.32	63 931.57

资料来源：Wind 数据库

表4　2017 年各月房地产开发资金主要来源累计同比增速

时间	总投资	国内贷款	利用外资	自筹资金	其他资金
2017-01~02	7.00%	11.50%	227.40%	−17.20%	27.70%
2017-03	11.50%	10.70%	308.00%	−7.20%	27.10%
2017-04	11.40%	17.00%	115.30%	−4.70%	21.30%
2017-05	9.90%	17.30%	115.10%	−3.40%	16.70%
2017-06	11.20%	22.10%	58.90%	−2.30%	17.20%
2017-07	9.70%	19.80%	20.60%	−1.90%	14.80%
2017-08	9.00%	19.00%	15.40%	−1.70%	13.40%
2017-09	8.00%	19.50%	0.90%	−0.30%	10.40%
2017-10	7.40%	20.20%	1.60%	0.80%	8.20%

资料来源：Wind 数据库

（二）房地产供需情况

1. 土地购置平稳增长，累计同比增速整体呈上升趋势

2017 年 1~10 月，全国房地产开发企业购置土地面积累计为 19 048.00 万平方米，较 2016 年同比增长 12.90%，涨幅上升 18.40 个百分点。从图 3 中的月度数据来看，2017 年土地购置面积累计值平稳上行，累计同比增速整体呈上升趋势且一直为正值，这主要受益于 2017 年我国政府积极推进"因城施策"，重点城市土地供应力度不断加大，因此房地产商拿地意愿强烈。

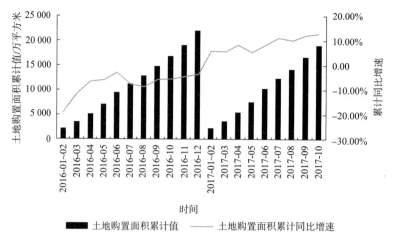

时间

■ 土地购置面积累计值　—— 土地购置面积累计同比增速

图 3　2016~2017 年土地购置面积及同比增速

资料来源：Wind 数据库

表 5 展示了 2017 年 1~10 月我国东、中、西部和东北地区的土地购置面积累计值及累计同比增速情况。截至 2017 年 10 月，东部地区土地购置面积累计达 7 981.79 万平方米，且 2017 年以来一直呈稳步增长态势，1~5 月累计同比增速不断下滑，但 6~10 月开始呈上升趋势。中部地区 2017 年 10 月土地购置面积累计为 5 723.54 万平方米，相比 2016 年同期增长 26.40%，尽管 6 月以来同比增速有些许放缓，但整体来看其一直呈现高速增长态势。2017 年 10 月西部地区土地购置面积累计为 4 183.88 万平方米，同比增长 14.00%，且 6 月以来累计同比总体呈正向增长趋势。将我国东北地区土地及房地产相关数据单独统计，可以看到该地区土地购置面积累计值一直呈稳步增长趋势，但其同比增速均为负值，6 月以来同比增速有所回升。综合来看，中部地区土地购置面积同比增幅最大，但 2017 年以来同比增幅不断放缓；东、西部累计同比增速较为平稳，且 2017 年以来呈现小幅上升；东北地区同比增长均为负值，但 2017 年以来同比累计增速下降幅度放缓。

表 5　2017 年 1~10 月房地产土地购置情况表

时间	土地购置面积累计值/万平方米				土地购置面积累计同比增速			
	东部	中部	西部	东北	东部	中部	西部	东北
2017-01~03	1 695.83	1 153.62	755.60	176.99	6.30%	33.60%	−8.40%	−39.60%
2017-04	2 306.90	1 730.11	1 149.94	340.63	−0.80%	38.10%	3.00%	−18.60%
2017-05	3 231.07	2 376.97	1 501.90	470.09	−3.20%	37.00%	−2.40%	−19.70%
2017-06	4 476.40	3 184.20	2 094.60	585.30	3.50%	37.50%	3.50%	−30.10%
2017-07	5 295.85	3 818.51	2 582.63	712.60	7.20%	30.70%	9.40%	−24.80%
2017-08	5 949.80	4 362.00	3 032.66	884.78	6.80%	26.70%	7.30%	−18.20%
2017-09	7 000.01	5 074.49	3 605.07	1 053.52	8.20%	26.80%	10.90%	−12.00%
2017-10	7 981.79	5 723.54	4 183.88	1 158.60	9.00%	26.40%	14.00%	−14.00%

注：东部地区包括北京、天津、河北、上海、江苏、浙江、福建、山东、广东、海南 10 个省（直辖市）；中部地区包括山西、安徽、江西、河南、湖北、湖南 6 个省；西部地区包括内蒙古、广西、重庆、四川、贵州、云南、西藏、陕西、甘肃、青海、宁夏、新疆 12 个省（自治区、直辖市）；东北地区包括辽宁、吉林、黑龙江 3 个省

资料来源：Wind 数据库

2. 房地产开发建设有所放缓，去库存成效显著

如图 4 所示，2017 年 1~10 月，我国房地产开发投资建设有所放缓，与 2016 年同期相比，房屋竣工面积累计同比增速呈明显下降态势，且伴随着我国去库存政策的实施，商品房待售面积不断减少，我国房地产降温工作取得一定成效。其中，我国房屋竣工面积累计达 65 612.00 万平方米，较 2016 年同比增长 0.6%，同比增速下降 6 个百分点。随着一系列收紧地产市场政策的出台，人们对房地产市场的预期不断下降，房地产开发商施工建设的速度明显放缓。

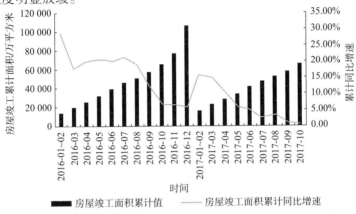

图 4　2016~2017 年房屋竣工累计面积及累计同比增速

资料来源：Wind 数据库

2017 年我国加快推进"三去一降一补"政策，其中商品房去库存取得较好效果。如图5所示，2017 年 1~10 月商品房待售面积及住宅待售面积一直呈平稳下降趋势，同比增速均为负值且不断下降。截至 2017 年 10 月底，商品房和住宅待售面积分别为 60 258 万平方米和 31 484 万平方米，同比下降分别为 13.30% 和 23.30%，跌幅分别为 14.6 个百分点和 17.3 个百分点。

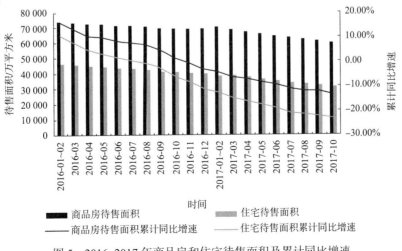

图 5　2016~2017 年商品房和住宅待售面积及累计同比增速

资料来源：Wind 数据库

3. 商品房累计销售额和销售面积同比增速大幅下滑

2017 年 1~10 月，商品房累计销售面积为 130 254.00 万平方米，累计同比增速为 8.20 %，下降 18.6 个百分点，其中，住宅销售面积累计值为 112 244.00 万平方米，同比增速为 5.60%，下降 21.4 个百分点，如图 6 所示。整体来看，2017 年以来商品房及住宅销售面积增速不断放缓，这主要源于政府以"四限"（即限购、限贷、限价、限售）为核心的紧缩调控政策。

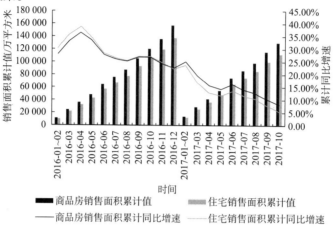

图 6　2016~2017 年商品房和住宅累计销售面积及累计同比增速

资料来源：Wind 数据库

从地区来看，截至 2017 年 10 月，我国东部、中部、西部和东北地区商品房累计销售面积分别为 56 194.00 万平方米、34 697.00 万平方米、32 636.00 万平方米和 6 728.00 万平方米，累计同比增速分别为 3.50%、12.30%、12.80%和 8.30%，分别下降 25.3 个百分点、20.8 个百分点和 3.9 个百分点（东北地区无相关对比数据）。如表 6 所示，2017 年 1~10 月，我国东部、中部、西部和东北地区商品房累计销售面积均平稳增长，累计同比增速整体呈下滑趋势但均为正值，表明了各地区商品房限售政策均取得一定成效，尤其是东部地区效果明显。

表 6　2017 年 1~10 月商品房累计销售面积情况表

时间	商品房累计销售面积/万平方米				商品房累计销售面积同比增速			
	东部	中部	西部	东北	东部	中部	西部	东北
2017-01~02	6 594.65	3 680.20	3 779.49		15.90%	33.00%	36.20%	
2017-03	13 469.10	7 208.19	7 475.72	881.84	13.30%	26.40%	25.10%	20.90%
2017-04	19 258.51	10 218.17	10 613.24	1 565.24	9.30%	18.90%	25.10%	19.60%
2017-05	25 045.51	13 590.11	13 844.52	2 340.37	8.90%	17.70%	21.00%	18.80%
2017-06	33 401.10	19 140.10	18 745.90	3 374.60	11.70%	19.90%	21.20%	13.30%
2017-07	38 323.60	22 296.45	21 667.56	4 063.28	9.30%	18.00%	20.00%	9.00%
2017-08	43 371.00	25 557.11	24 666.09	4 944.81	7.90%	16.60%	18.60%	9.00%
2017-09	50 655.85	30 520.58	28 968.13	5 861.60	5.50%	13.90%	16.00%	8.00%
2017-10	56 194.00	34 697.00	32 636.00	6 728.00	3.50%	12.30%	12.80%	8.30%

资料来源：Wind 数据库

2017 年 1~10 月，我国商品房和住宅累计销售额呈平稳上升趋势，相比 2016 年，累计同比增速整体不断下滑。如图 7 所示，截至 2017 年 10 月，我国商品房累计销售额为 102 990.00 亿元，同比累计增速为 12.60%，下降 28.6 个百分点，其中住宅累计销售额为 85 532.32 亿元，同比累计增速为 9.60%，下降 33 个百分点。商品房累计销售额与累计销售面积基本呈同向变动，但相比之下，累计销售额下降幅度略低，这一定程度上反映出商品房价格依然处于上行态势。

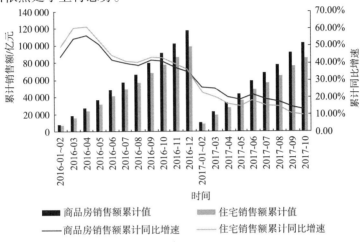

图 7　2016~2017 年商品房和住宅累计销售额及累计同比增速

资料来源：Wind 数据库

与商品房累计销售面积和累计同比增速类似，2017 年 1~10 月，我国东部、中部、西部和东北地区商品房累计销售额平稳增加，累计同比增速整体呈下降趋势。如表 7 所示，截至 2017 年 10 月，东部、中部、西部和东北地区商品房累计销售额分别为 58 492.00 亿元、20 950.00 亿元、19 176.00 亿元和 4 372.00 亿元，累计同比增速分别为 5.20%、21.40%、27.40% 和 22.80%，累计同比下降 42.00 个百分点、9.00 个百分点和 13.60 个百分点（东北地区无相关对比数据）。其中，虽然东部地区商品房累计销售额最大，但其增速最低，反映出限购政策取得明显效果，中、西部地区累计同比增速虽大幅下降，但仍处于较高水平，表明限购政策在该地区依然具有很大的施展空间。

表 7　2017 年 1~10 月商品房累计销售额情况表

时间	商品房累计销售额/亿元				商品房累计销售额同比增速			
	东部	中部	西部	东北	东部	中部	西部	东北
2017-01~02	6 645.23	2 072.81	2 087.50		15.70%	44.10%	49.50%	
2017-03	14 251.38	4 149.62	4 210.52	570.74	18.60%	37.30%	38.90%	25.00%
2017-04	20 122.17	5 992.63	6 119.63	988.19	12.70%	28.50%	40.80%	24.10%
2017-05	26 033.33	8 065.48	8 056.61	1 476.31	11.50%	26.90%	36.70%	25.50%
2017-06	34 695.40	11 398.30	10 929.70	2 128.30	14.40%	31.40%	37.70%	21.70%
2017-07	39 890.92	13 318.28	12 668.22	2 583.94	11.70%	28.00%	36.50%	19.10%
2017-08	45 146.86	15 312.20	14 460.65	3 175.88	9.80%	26.00%	35.10%	19.50%
2017-09	52 662.20	18 454.19	16 996.95	3 790.19	6.90%	23.50%	32.00%	21.50%
2017-10	58 492.00	20 950.00	19 176.00	4 372.00	5.20%	21.40%	27.40%	22.80%

资料来源：CEIC 数据库

（三）房地产价格波动

2017 年 1~10 月全国土地购置均价为 4 217.86 元/米²，同比增速 23.04%，较 2016 年同比增长了 6.04 个百分点。整体而言，2017 年 1~10 月土地购置均价总体呈增长态势；分月度看，2017 年上半年土地购置均价低于 2016 年同期水平，下半年土地购置均价则高于 2016 年同期水平，如图 8 所示。

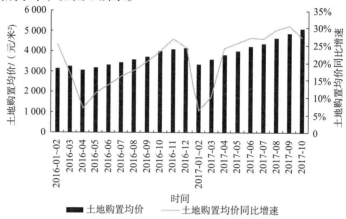

图 8　2016~2017 年全国土地购置均价及同比增速

资料来源：Wind 数据库

如图 9 所示，2017 年 1~10 月全国商品房销售均价 7 910.00 元/米²，较 2016 年同期增长 3.95%，增速下降 7.65 个百分点。2017 年商品房销售均价在经历 3 月时到达前 10 个月最高价格 8 261.88 元/米²，之后总体上保持平稳趋势，各月均价围绕 7 900 元/米² 小幅波动。整体来看，2017 年商品房销售均价各月累计值均比 2016 年同期水平高，但累计同比增速低于 2016 年同期水平。

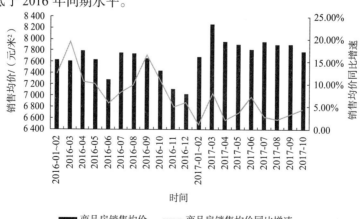

图 9　2016~2017 年全国商品房销售均价及同比增速

资料来源：Wind 数据库

如表 8 所示，分区域看，2016~2017 年 40 大中城市中一线、二线及三线城市房地产市场商品房销售均价整体呈上升的趋势。2017 年第二季度一线城市商品房销售价格上升至 27 635.97 元/米^2，二线城市商品房销售价格上升至 10 313.09 元/米^2。三线城市商品房销售均价在 2017 年第一季度上升至 9 029.24 元/米^2，随后逐渐回落。但是从商品房价格同比增速来看，一、二线城市近两年总体下降，且一线城市下降幅度较大，三线城市商品房价格同比增速总体提升。总的来看，一、二线城市商品房价格增速回落，三线城市商品房价格增速提升，说明目前一线城市、二线城市和三线城市房价差之间的分化逐渐减小。

表 8　2016 年至 2017 年前三季度 40 大中城市城市商品房平均价格情况表

时间	商品房价格/（元/米^2）			商品房价格同比增速		
	一线	二线	三线	一线	二线	三线
2016Q1	25 055.55	9 085.96	7 693.88	42.32%	16.92%	0.03%
2016Q2	25 287.63	9 189.82	7 521.71	25.05%	13.54%	1.66%
2016Q3	25 592.63	9 337.14	7 498.57	20.56%	14.49%	3.64%
2016Q4	25 212.24	9 315.26	7 555.10	17.79%	13.28%	5.03%
2017Q1	27 120.32	9 958.73	9 029.24	8.24%	9.61%	17.36%
2017Q2	27 635.97	10 131.09	8 863.94	9.29%	10.24%	17.84%
2017Q3	26 628.68	10 313.39	8 818.45	4.05%	10.46%	17.60%

注：40 大中城市包括北京、上海、广州、深圳 4 个一线城市；天津、重庆、杭州、南京、武汉、沈阳、成都、西安、大连、青岛、宁波、苏州、长沙、济南、厦门、长春、哈尔滨、太原、郑州、合肥、南昌、福州、石家庄 23 个二线城市；无锡、贵阳、昆明、南宁、北海、海口、三亚、呼和浩特、兰州、温州、西宁、银川、乌鲁木齐 13 个三线城市；Q 表示季度

资料来源：Wind 数据库

（四）2017 年房地产市场运行特征分析

自 2016 年底以来，房地产市场调控政策接踵而至，从国家"四限"（限购、限贷、限价、限售）政策的出台，到中央经济工作会议的"房子是用来住的，不是用来炒的"，再到中央"脱虚入实"政策的推进，在新的政策背景下，房地产市场发展速度逐渐趋缓，地产厂商不断调整发展战略，以期在此历史风口站位。其主要市场特征概括如下。

（1）房地产市场投资性需求降低，市场交易活跃性下降。2017 年以来，我国房地产市场发展速度明显放缓，市场投资性需求得到有效抑制，销售面积和销售额同比增速逐渐下降。中央经济工作会议指出"房子是用来住的，不是用来炒的"，并出台一系列限购、限贷等政策，在需求端打压房地产市场，限制商品房交易。十九大报告再次强调"坚持房子是用来住的、不是用来炒的定位，加快建立多主体供给、多渠道保障、租购并举的住房制度，让全体人民住有所居"[1]的属性，因此预测未来房地产市场的管制依然是趋紧的。在行业发展趋稳的背景下，很多房地产企业为了实现弯道超车，选择将规模提升到战略高度，并通过创新发展模式寻求新的盈利途径，如产业地产、"住房租赁"市场等

---

[1] 习近平. 决胜全面建成小康社会 夺取新时代中国特色社会主义伟大胜利——在中国共产党第十九次全国代表大会上的报告. http:www.gov.cn/zhuanti/2017-10/27content_5234876.htm，2017-10-18.

将成为地产厂商的新选择。

（2）坚持推进房地产市场"因城施策"，三、四线城市去库存效果明显。针对三、四线城市和县城房地产库存过剩的现状，国家继续坚持推进"因城施策"去库存，支持居民自住和满足进城人员住房需求，化解房地产高库存带来的金融压力。2017 年以来我国商品房待售面积累计值不断下降，较前一年同期有较大的跌幅。

（3）"租售同权"催生新发展模式，房地产租赁市场迎来新机遇。2016 年底，中央经济工作会议强调房屋"非炒而住"的属性，后又提出鼓励租赁市场发展以推进房地产市场长效调控机制建设。2017 年 7 月 18 日，住房和城乡建设部等九部门联合印发了《关于在人口净流入的大中城市加快发展住房租赁市场的通知》，以土地政策、金融政策、运营政策、企业转型政策等举措支持租赁市场发展。因此 2017 年以来我国房地产租赁市场迎来新的机遇，越来越多的地产厂商开始布局长租公寓，也有一些小企业结合移动互联网技术，推出创新住房租赁模式，抢占市场先机。但住房租赁市场"投资回收期长"的属性也给地产厂商提出了新的挑战，因此资产证券化方式可能会成为未来地产厂商融资的一大途径。

二、2018 年房地产市场展望

2017 年在经济运行存在下行压力的情况下，房地产市场发展成为政府促消费、保投资所关注的重点。受到短期调控政策的影响，一线城市及部分二线城市的住房需求被有效地遏制，价格趋稳，部分地区价格有所回落，与之对应的，三线城市的市场较为活跃。2018 年宏观经济运行仍存在诸多不确定性，房地产市场仍处于下行周期，诸多因素相互作用影响我国房地产市场的发展趋势。

（一）房地产市场影响因素分析

1. 房地产市场长期影响因素分析

1）人口因素

人口是影响房地产市场需求的重要因素，人口总量、人口增速、人口结构和人口迁移等因素对房地产市场现阶段状况及未来发展趋势或潜在风险具有重要影响。一般来说，人口因素在一定程度上决定了房地产市场运行的周期，特别是商品房新开工面积的变化。从国际经验来说，人口对房地产的影响有 20 年左右的滞后。考虑到从 20 世纪 90 年代开始，我国出生人口的规模就呈现出逐年递减的趋势，所以从人口因素考虑，近年来，随着房地产刚性需求的逐步释放、适龄购房人口的减少及人口抚养比上升引起的人口红利逐年减弱，未来房地产市场发展将逐步向改善型需求调整，预计未来 10~20 年居民二次置业需求将超过首次置业需求。房地产行业发展也从高速增长阶段转向了调整换挡期。

未来城市的常住人口和流动人口数量、居民收入分配、全社会人口抚养比等均将对城市住房需求产生深远影响，尤其是人口结构和劳动人口的影响程度将在时间与空间上得到显著提升。从人口结构变化的角度来看，在房价持续上升的预期背景下，两代甚至三代人的储蓄同时释于房地产市场，对当前的房地产市场供给形成一定压力。未来一段时间内我国的人口年龄结构将呈现出老年人口比例的持续升高、中青年人口的比例持续下降的局面，预计未来 5~20 年我国城市人口住房需求将呈现"倒 U 形"的发展趋势。从劳动人口变化的角度来看，近年来，劳动人口的增速大幅度放缓，劳动人口占比持续下降。到 2017 年劳动人口达到峰值，预计在 10 亿人左右，而未来劳动人口数量将会呈现出降低的趋势。劳动人口的下降将会带来购房刚性需求的逐步减弱，压缩了房地产市场发展的空间。因此，从人口因素来看，由于我国人口数量、劳动人口数量的减少和人口结构的改变，人口红利随之消失，这将成为我国房地产市场长期发展过程中的利空因素。

2）新型城镇化

我国的城镇化建设为固定资产投资、宏观经济运行、房地产市场发展及人民生活水平的提高做出了重要贡献。城镇化发展对于房地产市场的影响是随着城镇化进程的加快逐渐显现的，在过去的发展过程中，城镇化水平的提高对于房地产业的发展具有明显的带动作用，二者之间存在长期的正向稳定关系。城镇化发展水平的提高对于房地产市场投资额、商品房销售面积及商品房平均销售价格均存在正向的影响。同时新型城镇化发展水平也扩大了房地产市场投资对于经济发展的贡献度。

现阶段新型城镇化建设与房地产市场发展的进程中，房地产市场呈现出区域发展不均衡的特征，尤其是三、四线城市房地产市场整体开发投资过剩，高库存、低需求成为三、四线城市房地产市场发展面临的重要压力。要缓解现阶段供需矛盾，新型城镇化建设是三、四线城市房地产市场发展的重要动力，2016 年全国城镇化率约为 57.35%，预计 2020 年我国城镇化率为 60% 左右，到 2030 年城镇化率将达到 70% 左右。从长期来看，稳定的新型城镇化发展进程和持续增长的城镇化率将会给房地产市场带来稳定的住房刚性需求，同时也会逐步改善三、四线城市房地产市场投资过剩的问题，促进房地产市场的协调发展。

3）住房属性明确定位

在十九大报告中，提到了对住房属性的明确定位：坚持房子是用来住的、不是用来炒的。十九大报告对于住房属性的定位，改变了以往房屋是居住属性和投资属性共存的理解，强调了未来房地产市场发展的去投资化趋势。为了实现房屋定位从投资属性到准公共物品属性的转变，提出了加强社会保障体系建设，加快建立多主体供给、多渠道保障、租购并举的住房制度等具体措施。这意味着在现有基础上，政府将针对不同人群的特点和需求，丰富住房类型，细分不同的供应主体，各司其职解决住房矛盾。对于一线、二线的一些热点城市，需要针对中低收入人群及毕业生群体合理发展公租房和共有产权房，满足人们的基本住房需求，同时增加人们的消费倾向。

与此同时，也要考虑中高收入人群对于住房的刚性需求和改善型需求，提供相对应的商品住宅，提高生活品质。对于三、四线城市来说，要协调租赁住房和商品住宅的规模，政府需要牵头提供租赁住房的有效供给，让房地产市场稳定发展。住房属性定位的确定，明确了未来建立租购并举住房制度的方向，以及满足民生基本住房保障和市场多层次需求的目标。对于房地产市场来说，需要结合不同城市的结构特点，进行合理的规划，科学引导住房需求。对于一些房价上涨压力较大的城市在加快建设成熟的住房租赁市场体系的同时，需要在供给端进一步增加土地的有效供给，在需求端有效控制市场中投机性资金的流入，从而抑制房地产市场的泡沫。

4）住房租赁市场发展

在十九大报告明确了要"加快建立多主体供给、多渠道保障、租购并举的住房制度"后，各地区普遍大力推动租赁市场的发展。北京、深圳、山东等地先后提出，将加速发展住房租赁市场，支持住房租房消费，规范管理住房租赁市场。2017年11月15日，上海宣布与14家住房租赁企业共同签署《住房公积金租赁提取集中办理业务合作协议》。同日，成都印发《成都市住房租赁市场发展五年规划（2017-2021年）》，计划到2021年，全市租赁住房数量达到151万套，租赁住房需求规模达到122万套。11月16日北京鼓励国有企业利用自有用地建设保障房，并提出5年内供应1 000公顷集体土地用来建设租赁房。郑州、浙江等地也展开了租赁房试点的工作。当前多家房地产企业积极试水租赁业务，租赁市场可为企业提供长期稳定的现金流，提升企业利润稳定性，对于房地产市场供给的提升将起到积极的促进作用。

从各个地方政府的积极响应和举措来看，住房租赁市场的发展将成为今后住房制度建设中的重点。伴随着土地的到位、制度的完善和政策的支持，住房租赁市场会逐渐成熟，成为政府调节房地产市场供需平衡和建立多层次的住房供应体系的重要突破口。住房租赁市场的完善也会有效缓解一些热点城市住房交易市场的供给压力，将一部分刚性需求分流，抑制投资需求，带来需求端增幅的下降从而使得房价增幅下降。

2. 房地产市场短期影响因素分析

1）宏观经济因素

（1）经济增长速度相对平缓，结构调整将增强经济韧性。2017年前三季度GDP同比增速为6.8%，其中第三季度GDP同比增长6.7%，与前两季度持平，宏观经济延续稳增长势头，但经济根本性好转信号仍不明显。十九大报告强调"深化供给侧结构性改革"，从产业结构看，第三产业增加值（不变价）占GDP（不变价）的比重增长迅速，2015年为45.1%，2016年为50.7%并超过第二产业占比，再到2017年前三个季度为52.4%。十九大报告指出，"增强消费对经济发展的基础性作用"，从总需求结构看，传统拉动经济的三驾马车中，消费对GDP的贡献逐年上升，投资对GDP的贡献相对降低。2015年、2016年社会消费品零售总额占GDP（现价）的比例分别为43.7%和44.7%，2017年前三个季度达到50.1%；相比之下2015年、2016年固定资本形成总额占GDP（现价）的比重分别为43.8%和42.8%，呈现逐年减少态势。预计未来在"增强消费对经济发展的基础性作用"的情况下，经济增长将降低对投资的依赖程度。预计2018年我国经济增长速度将有所下降，加快结构调整将增强经济韧性，因此增速将相对平缓。

（2）固定资产投资增长速度下降，房地产投资中东、西增长速度分化。2017 年，固定资产投资完成额累计同比增长继续延续下滑趋势，从 3 月到 10 月已连续 8 个月下滑，10 月固定资产投资累计同比增长仅为 7.3%，是自 4 月以来连续第六个月下滑。2017 年全国房地产开发投资完成额累计同比增长从 4 月的 9.3%下滑至 10 月的 7.8%。中部地区房地产开发投资完成额累计同比增长保持高位下滑趋势，从 5 月 16.9%的历史高位下滑至 10 月的 13.1%，但仍大幅高于全国数据；东部地区增长幅度与全国增长幅度相近，且维持在 8%以上；而 2017 年西部地区增长幅度从 2 月的 7.8%大幅下滑至 2017 年 10 月的 4.1%。2015~2017 年房地产开发投资完成额占固定资产投资完成额的比例一直稳定在 17%以上。房地产市场发展与整体经济发展相互影响，经济发展增速趋缓，在一定程度上影响房地产市场需求。在各地配套抑制房价措施仍在陆续出台的背景下，2017 年第四季度房地产投资仍保持稳定，预计 2018 年将呈现走低趋稳的趋势。

（3）货币政策有收紧趋势，有利于抑制房价快速上涨。十九大报告指出"健全货币政策和宏观审慎政策双支柱调控框架，深化利率和汇率市场化改革。健全金融监管体系，守住不发生系统性金融风险的底线"，并强调房子不是用来炒的。2017 年 M2 增速继续延续 2016 年以来的下降趋势，由 1 月的 11.3%下降到 10 月的 8.8%，表明现行货币政策趋紧。同时，个人住房贷款利率从 2017 年 1 月的 4.52%逐步上升至 2017 年 10 月的 5.01%，个人住房贷款成本达到了 2015 年 12 月以来的新高，住房贷款成本的提升会在一定程度上减弱住房的需求，从而抑制房价的提高。2017 年，房地产贷款余额占各项贷款余额比重的增速放缓，个人住房贷款余额增速持续回落，占各项贷款余额的比重结束了上升趋势。可见 2017 年以来楼市调控政策对个人购房需求产生了抑制作用。2017 年 1~10 月房地产企业到位资金中国内贷款同比增速为 20.2%，而 2016 年 1~10 月同比增速仅为 1.2%。预计 2018 年房地产企业开发贷款将维持比较平稳的上升态势，个人住房抵押贷款余额增速可能持续回落，金融机构对贷款的鉴别与审核更加严格，更注重贷款的质量。为了防范金融业系统性风险，金融去杠杆仍将有序推进，房地产市场更是成为金融去杠杆重要环节之一。

2）房地产市场供给因素

（1）房地产开发投资。2017 年 1~10 月，房地产开发投资额的增速达到 7.8%，较 2016 年 1~10 月的增速 6.6%及 2016 年全年的增速 6.88%有明显的回升，2017 年前十个月同比增幅始终保持在 7.5%以上。2015 年底房地产开发投资额同比增速一度降至 1%，之后伴随着房地产市场的回暖和房地产企业资金的回流，在 2016 年和 2017 年，房地产开发投资额的增速也回升到了相对较高的水平，但是与 2013 年和 2014 年还有较大的差距。目前房地产市场开发投资额已逐步进入中低速增长的调整期，在当前的政策情况下，预计短期年均增速将维持在 5%~8%，影响市场整体的供给水平。

（2）房地产新开工面积。2017 年 1~10 月，我国房地产新开工面积同比增速为 5.64%，较 2016 年 1~10 月的增速 8.1%及 2016 年全年的增速 8.08%有显著下降。一方面是由于 2017 年短期调控政策的不断落实，不少开发商持观望态度将工期延后；

另一方面也是由于近几年来中国劳动人口占比的逐年下降及人口红利的消失,新开工面积增速进一步放缓。短期预计房地产市场新开工面积的发展趋势与房地产开发投资相似,并且受货币政策与房地产市场销售情况的显著影响,预计未来一定时期将保持低速增长。

(3)商品房待售面积。2017年1~10月商品房待售面积增速为-13.3%,较2016年1~10月的增速1.3%及2016年全年的增速-3.2%有显著下降。其中2017年1~10月住宅待售面积同比增速为-23.3%,较2016年1~10月的增速-6.0%及2016年全年的增速-11.0%有显著下降。房地产市场去库存速度加快,自2015年末商品房市场存量处于峰值之后,市场去库存表现效果明显。而2016年和2017年房地产市场销售的快速增长,也使得整体市场表现比较活跃,商品房待售面积增速出现了快速下降,在现有的政策条件下,未来商品房待售面积,尤其是住宅累积待售面积增速将持续呈现下降趋势。预计2018年一、二线城市的商品房待售面积增速将继续下降,但三、四线城市去库存效果将不如一、二线城市。

(4)土地供给。2017年1~10月,房地产市场土地购置面积和土地购置费分别同比增速12.9%和20.1%,较2016年1~10月的增速-5.5%和3.9%及2016年全年的增速-3.4%和6.2%有显著上升。自2014年3月以来,受土地供给与土地积压等的影响,房地产企业土地购置面积大幅下跌,2015年全年跌幅保持在30%以上,土地购置费的增速到2015年底也一度滑落到1.2%。2016年以来,土地购置面积跌幅有显著收窄,土地购置金额则有明显的涨幅,土地供给的市场交易有所起色。受2016年房地产市场销售增长的影响,房地产企业开发资金充裕,这也使得2017年土地市场表现出较好的交易水平。2017年1~10月,土地购置面积同比增速始终保持在5.0%以上,而土地购置费的同比增速始终保持在15.0%以上。这除了说明土地供给的增加外,也意味着土地价格水平的提高。土地购置面积的持续增加,可有效提高房地产市场供给水平,稳定房价。

(5)房地产开发企业资金情况。房地产企业开发资金情况会对房地产企业的开工、施工与土地购置、住房销售等产生重要影响,2016年以来,房地产企业开发资金较2015年有显著回升,其同比增速均保持在14%以上,房地产企业开发资金面较好。2017年1~10月房地产企业开发资金同比增速为7.4%,较2016年1~10月的增速15.5%及2016年全年的增速15.2%有明显放缓的趋势。据调查,多数房地产企业认为房地产调控有利于行业长远发展,但企业发展短期将面临一定压力,在房地产交易规模下行的预期下,房地产开发企业的销售回流将受一定影响,预计2018年企业的融资需求仍将加大。据调查,多数金融机构表示支持房地产开发企业的合理资金需求,以期实现共赢。预计2018年投资风险管控仍会是金融机构工作的重点,将给金融机构带来一些难度和挑战。

3)房地产市场需求

2017年1~10月商品房销售面积的同比增速为8.2%,较2016年1~10月的增速26.8%及2016年全年的增速22.5%有明显放缓的趋势。2017年1~10月商品房销售额的同比增速为12.58%,较2016年1~10月的增速41.2%及2016年全年的增速34.8%同样有明显放缓的趋势。由于 2016 年过热的市场表现，政府不断出台房地产市场的调控政策，2017 年我国房地产市场销售情况未延续 2016 年快速增长的趋势，但结合商品房待售面积的大幅下降分析可知，房地产市场需求在过去的两年得到了有效释放，在调控政策影响下，2018 年房地产市场需求增速将有所下降。

从具体的数据分析看，2012 年至 2017 年 10 月，70 个大中城市新建住宅价格指数同比增速经历了两个波动周期，第一个周期从 2012 年 1 月到 2014 年 8 月，同比增速由 2012 年 1 月的 0.7%下降到 2012 年 6 月的-1.3%，达到波谷，2013 年 12 月上升至 9.2%，达到波峰，之后到 2014 年 8 月下降为 0.5%；第二个周期从 2014 年 9 月到 2017 年 10 月，同比增速由 2014 年 9 月的-1.1%下降到 2015 年 4 月的-6.3%，达到波谷，2016 年 12 月上升至 10.25%，达到波峰，之后到 2017 年 10 月下降为 5.6%。从一、二、三线城市新建住宅价格指数同比增长来看，波动周期与上述周期基本相同。一线城市房价周期的波动幅度和同比增长速度大幅高于二线城市，而二线城市明显高于三线城市。2017 年以来，房价增速出现显著回调，到 10 月，一线城市房价同比增速降至 1%，显著低于二线城市的 4.2%，三线城市同比增速为 6.7%，位于一、二线城市之上。2017 年房地产市场需求虽然受到了政策因素的抑制，但是依旧保持着一定的增速，限购并没有完全抑制住购房需求，而是使得部分限购城市的购房需求外溢，在一定程度上也体现出了旺盛的市场需求。预计房地产市场成交量和成交额增幅较 2017 年不会出现大幅度的下降。

4）房地产市场调控政策

十九大报告中对于房地产市场的论述，为我国房地产市场的下一步发展指明了方向，在"房子是用来住的、不是用来炒的"基本定位前提下，"四限"（限购、限贷、限价、限售）政策仍需从紧执行，更多城市将落地乃至升级调控。住房租赁市场将是未来的重要发展方向，住房制度改革正加速推进，加快建立租购并举的住房制度。房地产市场调控主基调仍将延续。

2016 年 10 月以来，受房地产市场成交过热、房价上涨过快的影响，许多热点城市纷纷出台市场调控政策，多数城市采取"限购"和"限贷"及土地交易调控等政策。9 月 30 日到 10 月 6 日仅七天时间，就有北京、天津、深圳等 20 个城市先后实行了限购新政。进入 2017 年后，从 2017 年 3 月到 10 月中旬，累计已有超过 40 个城市出台了限购政策，限购期大多为 2~3 年。在调控政策的影响下，一、二线城市住房的需求被有效地遏制，价格趋稳，部分地区价格有所回落。与之对应的，三线城市的市场较为活跃。根据 70 大中城市新建住宅价格指数数据，一线城市 2017 年 1~10 月房地产住宅价格同比增速为 1.0%，较 2016 年 1~10 月的增速 28.5%及 2016 年全年的增速 25.0%有明显放缓的趋势。二线城市 2017 年 1~10 月房地产住宅价格同比增速为 4.2%，较 2016 年 1~10 月的增速 18.0%及 2016 年全年的增速 17.6%，同样有显著的下降。而三线城市 2017 年 1~10 月房地产住宅价格同比增速为 6.7%，较 2016 年 1~10 月的增速 4.8%及 2016 年全年的增速 5.9%，有一定的上升。而且从横向比较来看，2017 年前 10 个月三线市场的表现也强于一、二线城市。

预计在市场长效调控机制尚未建成之前，非市场化政策不会退出。限购政策作为短期的、临时性的行政调控手段，在未来的一段时间也将依旧持续发挥作用，抑制一些热点城市的住房需求，避免房价过快的上涨，其他措施还包括信贷资金监管、增加土地供给、培养住房租赁企业等。各种政策的落实将会有效抑制房地产市场的投资需求，稳定房地产市场价格，有利于加快建立多主体供给、多渠道保障、租购并举的住房制度，让全体人民住有所居。

5）房地产市场预期

据调查,部分金融机构和房地产企业预期 2018 年市场的成交量同比将会有所下降，房地产市场将呈现下降态势，房价将基本维持在现有水平不变。但是从 2017 年前三季度房地产市场销售情况来看，虽然与 2016 年相比有明显差距，但商品房销售面积和销售额的增速分别达到了 10.29% 和 14.58%，显示出购房者对房地产市场相对较强的看涨预期。虽然 2017 年以来热点城市的限购政策对市场交易起到了一定的作用，让一些消费者在购房上持观望态度，但未能有效改善购房者的看涨预期，反而使得购房需求外溢，促使一些三、四线城市及未限购的二线城市房地产市场表现活跃。房地产投资依然是消费者投资理财的优先选择。这进一步促进了资金入市，对看涨的市场预期形成了强化作用。

（二）2018 年房地产市场预测

基于对以上长、短期房地产影响因素的分析，我们运用经济计量预测模型分别对房地产开发投资、需求、供给和价格四个方面进行了预测，以下将对预测结果分四个部分作详细介绍。

1. 房地产开发投资预测

预计 2018 年房地产开发投资完成额约为 116 509 亿元，同比增长约 5.7%，增幅较 2017 年下降约 1.8 个百分点（图 10）。其中，住宅开发投资完成额约为 79 472 亿元，同比增长 6.5%，增速较 2017 年下降约 2.0 个百分点。

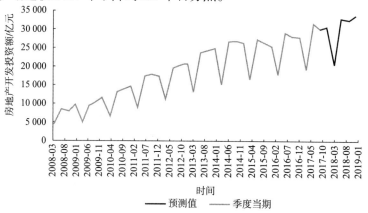

图 10　2018 年房地产开发投资额预测

资料来源：Wind 数据库

2. 房地产需求预测

如图 11 所示，预计 2018 年全国商品房销售面积约为 179 553 万平方米，同比增长约为 6.3%，增幅较 2017 年下降 1.1 个百分点。如图 12 所示，预计全国商品房销售额约为 145 836 亿元，同比上升 10.2%，增幅较 2017 年下降 2.3 个百分点。

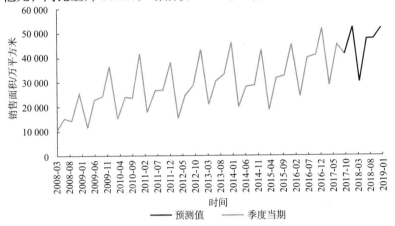

图 11   2018 年商品房销售面积预测

资料来源：Wind 数据库

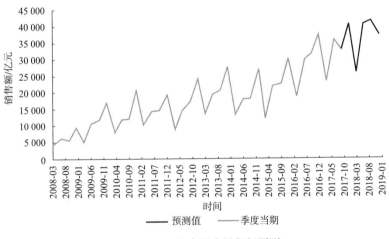

图 12   2018 年商品房销售额预测

资料来源：Wind 数据库

3. 房地产供给预测

预计 2018 年房地产新开工面积约为 182 089 万平方米，较 2017 年同比增长 3.9%，增幅较 2017 年下降约 1.1 个百分点，如图 13 所示。

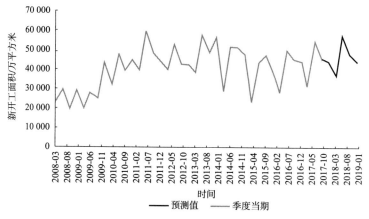

图 13　2018 年房地产市场新开工面积预测
资料来源：Wind 数据库

4. 房地产价格预测

基于经济计量预测模型及因素分析,预计 2018 年全年商品房平均销售价格约为 8 122.18 元/米^2，较 2017 年同比增长 3.7%，增幅较 2017 降低约 1.0 个百分点，其中住宅平均销售价格较 2017 年同比增长 4.2%，增幅较 2017 年下降约 1.3 个百分点，如图 14 所示。

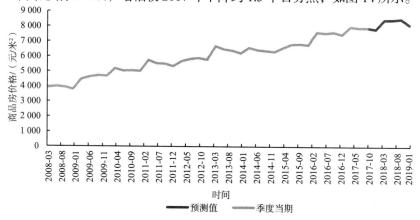

图 14　2018 年全国商品房平均销售价格预测
资料来源：Wind 数据库

三、2018 年房地产调控政策建议

2017 年以来，我国房地产市场发展速度明显放缓，市场投资性需求得到有效抑制，销售面积和销售额同比增速逐渐下降，政府坚持推进房地产市场"因城施策"，三、四线城市去库存效果明显，"租售同权"的住房租赁市场建设机制催生了新发展模式，住房租赁市场迎来了新的发展机遇。2017 年，房地产政策坚持"房子是用来住的，不是用来炒的"基调，地方以城市群为调控场，从传统的需求端调整向供给侧增加进行转变，限购、限贷、限售叠加，土拍收紧，供应结构优化，调控效果逐步显现。同时短期调控与长效机制的衔接更为紧密，大力培育发展住房租赁市场，深化发展共有产权住房试点，在控制房价水平的同时，完善多层次住房供应体系，构建租购并举的房地产制度，推动长效机制的建立健全。2017 年各地房地产市场发展基本稳定，政策卓有成效地抑制了重点城市房价攀升的势头，欠发达城市库存压力得到缓解，总体来看，2017 年房地产市场调控取得一定成效，但房地产市场健康发展之路仍任重道远。

本报告将首先对 2017 年房地产调控相关政策进行回顾，再根据目前我国经济的发展现状提出 2018 年房地产调控政策建议。

（一）2016 年末到 2017 年房地产调控政策回顾

表 9 为 2016 年末到 2017 年房地产政策重要事件及主要内容概述，按照时间顺序进行了梳理。

表 9 2016 年末到 2017 年房地产政策重要事件及主要内容概述

日期	重要事件	主要内容概述
2016 年 12 月 8 日	印发《住房城乡建设部 财政部关于做好城镇住房保障家庭租赁补贴工作的指导意见》	该意见指出，每个地方要合理确定租赁补贴面积的标准，确定时主要根据两点因素：①租赁补贴申请家庭成员数量；②本地区人均住房的面积。该意见提出原则，住房保障家庭应该租住中小户型住房，每户的平均租赁面积不超过 60 平方米，如果超出，则超出部分由住房保障家庭自行承担
2016 年 12 月 31 日	国土资源部等八部门联合印发《关于扩大国有土地有偿使用范围的意见》	为了与融资体制改革的要求相适应，对公共服务项目可以被划拨土地的，以自愿为基础，支持用出让、租赁方式来对土地进行供给，并且鼓励通过作价出资或者入股的方式提供土地，让项目有完备的土地产权，来提供融资能力和增加资产总量
2017 年 1 月 4 日	关于《国家税务总局关于土地价款扣除时间等增值税征管问题的公告》的解读	房地产开发企业向政府部门支付的土地价款，以及向其他单位或个人支付的拆迁补偿费用的处置问题；涉及纳税人前后实际适用税率的变化，明确了不同情形的处理方式；明确了抵减以后月份应缴纳增值税的具体处理方式；对于保险公司开展共保业务发票开具问题进行了明确规定；明确了房地产开发企业在计算可抵扣土地价款时，地下车库面积不纳入"建筑面积"进行计算；明确了纳税人继承或接受遗赠房屋产权，在办理免征增值税手续时不再要求提供经公证的证明资料；关于纳税人出租不动产，租赁合同中约定免租期的，免租期是否需要视同销售缴纳增值税问题
2017 年 2 月 3 日	上调 SLF 利率	中国人民银行宣布上调 SLF 利率，调整后隔夜、7 天和 1 个月利率分别为 3.1%、3.35% 和 3.7%，此前利率分别为 2.75%、3.25% 和 3.6%。同时，中国人民银行全面上调 7 天、14 天和 28 天逆回购中标利率 10 个基点，分别至 2.35%、2.50% 和 2.65%
2017 年 2 月 4 日	《全国国土规划纲要（2016—2030 年）》印发	明确了国土开发、保护、整治的指导思想及基本原则和主要目标；确立了"三位一体"的总体格局，三位分别是国土集聚开发、分类保护与综合整治；完善了以用途管制为主要手段的国土空间开发保护制度；围绕美丽国土建设的主要目标，部署了集聚开发、分类保护等重点任务
2017 年 3 月 5 日	深化农村改革	政府工作报告指出，要深化农村改革。包括稳步推进农村集体产权制度改革、深化农村土地制度改革试点，赋予农民更多财产权利；完善粮食等农产品价格形成机制和收储制度，推进农业水价综合改革；深化集体林权、国有林区林场、农垦、供销社等改革

续表

日期	重要事件	主要内容概述
2017 年 5 月 8 日	推进新型城镇化建设	中华人民共和国国土资源部部令第 72 号，公布《土地利用总体规划管理办法》，为落实创新、协调、绿色、开放、共享的新发展理念，对土地利用进行总体的规划管理，达到对用地进行节约集约及耕地进行保护的结果
2017 年 5 月 24 日	三年的棚改工作目标	2018 年到 2020 年的 3 年棚改攻坚计划，主要有以下三点：再改造各类棚户区大约 1 500 万套；对用地进行财政补助并且加大支持力度；尽快实现改造约 1 亿人民的城镇棚户区和城中村的承诺
2017 年 7 月 18 日	《关于在人口净流入的大中城市加快发展住房租赁市场的通知》印发	进一步贯彻落实《国务院办公厅关于加快培育和发展住房租赁市场的若干意见》（国办发〔2016〕39 号），加快推进租赁住房建设，培育和发展住房租赁市场
2017 年 8 月 16 日	国务院颁布《国务院关于促进外资增长若干措施的通知》	支持国家级开发区项目落地，允许各地在符合经济社会发展规划、土地利用总体规划、城市总体规划的前提下，对国家级开发区利用外资项目所需建设用地指标予以优先保障
2017 年 12 月 4 日	推进特色小镇	国家发展和改革委员会等四部门联合印发了《关于规范推进特色小镇和特色小城镇建设提出若干意见》。总体指导思想：深入学习贯彻党的十九大精神，促进新型城镇化建设和经济转型升级。基本原则主要有：坚持创新探索、坚持因地制宜、坚持产业建镇、坚持以人为本和坚持市场主导。此外，还对与此相关的重点任务与组织实施的方法提出了意见要求
2017 年 12 月 18 日	中央经济工作会议	会议指出，要围绕推动高质量发展，做好 8 项重点工作。第一项就是深化供给侧结构性改革。要推进中国制造向中国创造转变，中国速度向中国质量转变，制造大国向制造强国转变。深化要素市场化配置改革，重点在"破""立""降"上下功夫
2017 年 12 月 23 日	全国住房城乡建设工作会议	会议表明，2018 年重点是继续深化住房制度的改革，多渠道地给予保障，大力发展住房长期租赁市场，并且计划 2018 年各类棚户区改造 580 万套。提出 2018 年楼市调控不放松，严禁炒房、房产税加快出台

资料来源：住房和城乡建设部、中国人民银行、自然资源部、新华网

　　根据住房和城乡建设部、财政部和中国人民银行联合印发的《关于发展住房公积金个人住房贷款业务的通知》，2017 年各地区继续通过提高贷款首付比例、降低贷款额度上限、收紧公积金贷款申请条件等方式调整住房公积金信贷政策，确保房地产市场平稳发展。2017 年相关城市公积金政策调整如表 10 所示。

表 10　2017 年相关城市公积金政策调整

时间	城市
1 月	上海
3 月	三亚、青岛、南京、北京、长沙、保定、厦门、杭州、福州、广州、天津
4 月	珠海、成都、海南、济南
6 月	佛山
9 月	重庆、长沙、贵阳、石家庄、无锡

（二）2018 年房地产调控政策建议

　　2017 年，在中央政府及地方政府的政策调控下，房地产市场发展有所平稳，但城市

仍存在分化现象。一线城市和部分二线城市房地产市场供需矛盾突出，三、四线城市的楼市虽量价齐升，但仍面临需求动力不足的问题；房地产市场调控对一线城市及部分二线城市改善需求起到了一定抑制作用。2018 年，房地产市场调控主基调仍将延续，以保持房地产市场调控政策的稳定性与连续性，坚持住房的居住属性，持续推动金融去杠杆化，加快推进房地产市场长效调控机制建设，着力发展与完善住房租赁市场。以此基调，政府可从以下方面加强房地产市场管理与调控。

1. 坚持房地产市场分类调控与因城因地施策，完善土地分类管理制度

经过多轮的差别化调控，我国房地产市场区域分化程度得到了一定的缓解，各地区根据具体情况坚持分类调控、因城因地施策，尤其在去库存方面成效显著。由于经济发展、产业结构、资源禀赋等存在的差异，我国房地产市场区域差异特征将长期存在，房地产市场调控仍需坚持分类调控，保持调控政策的连续性与稳定性。在土地供给方面，政府需要制定更为灵活的土地供给制度，区别应对不同区域的土地需求，增加土地市场有效供给，建立土地供给分类管理制度，改善区域土地市场供给结构，平衡各城市土地供应的比例，合理增加房价上涨过快城市的土地供给，减缓三、四线库存过高城市的土地供给。构建土地市场监测预警体系，做到土地市场短期调控与长期制度建设的有效衔接。

2. 积极推动房地产市场去杠杆化与投资化，防范化解房地产金融风险

预计 2018 年投资风险管控仍会是金融机构工作的重点，金融机构对贷款的鉴别与审核更加严格，更注重贷款的质量。为了防范金融业系统性风险，金融去杠杆仍需有序推进，房地产市场更应成为金融去杠杆的重要环节之一。要控制土地市场与房地产市场开放投资信贷规模，对自有资金与信贷投入比例进行限定；坚持差别化信贷调控政策，鼓励刚性需求，加快推进房地产市场金融产品创新。完善房地产市场金融风险监测体系与机制，加强非按揭类贷款管理，严防投机资金进入房地产市场。

3. 加快发展住房租赁市场，推动多层次住房供应体系建设

加快推进住房租赁市场制度落实，使市场发展真正由顶层设计向实际落地过度，落实"租售同权"。优化土地供应结构和土地管理流程，盘活土地存量，保障住房租赁市场的土地供应规模。加快培育住房租赁市场供应主体，发展专业化的住房租赁企业，推动住房租赁市场的规模化、专业化。加快推进住房租赁市场金融产品创新，制定税收优惠制度，如住房租赁贷款、住房租赁补贴等。明确政府在住房租赁市场建设中的地位与作用，构建住房租赁市场信息化平台，建立供需两端的信用管理体系，对住房租赁市场的发展运行实施有效监测与监管，加快住房租赁市场法律法规建设，保障住房租赁市场的良好运行。

2017 年中国物流业发展回顾与 2018 年展望

冯耕中　孙炀炀　刘昀皓　刘伟华　汪寿阳

报告摘要： 2017 年是我国"十三五"规划深入的关键之年，十九大的召开更是为未来一段时期我国经济发展奠定了基调。在世界经济有所回升，国内经济转型升级依旧等背景下，我国经济继续保持中高速增长的新常态。物流业维持景气增长态势，2017 年物流业景气指数[①]较 2016 年有所回升，平均值为 55.3%，较上年小幅增长，11 月达到峰值 58.6%。2017 年社会物流总额继续增长，前 11 个月达到 229.9 万亿元，增幅较 2016 年提升 0.5%，需求结构持续改善。预计 2017 年我国物流业总收入有望达到 8.5 万亿元左右，同比增长幅度约 13%。随着供给侧改革的不断深入及降本增效工作的加速推进，社会物流运行成本持续优化，物流提质效应明显。前三季度我国社会物流总费用为 8.6 万亿元，占 GDP 的比重进一步下降，物流运行时效性显著提升。围绕制造业结构改革及"互联网+流通"推进，包括电商物流等多个物流领域的持续发展，无车承运人试点加深，物流模式推陈出新，物流业向智慧物流、绿色物流、高效物流的转型已见成效，互联网、大数据等赋能明显。

2018 年，我国经济仍将在高质量发展的宗旨下继续前行，物流有望维持景气发展态势，LPI 保持平稳。物流需求结构有望进一步调整，服务业模式创新源源不断，工业品物流深度转型，农业物流改造升级。预计 2018 年我国社会物流总收入有望超过 9 万亿元，规模继续扩张。而在物流市场运行中，为响应十九大"向高质量现代经济"转型的号召，物流业将持续深化改革创新，在技术设备研发升级与"互联网+业态探索"方面加大投入，以技术和创新驱动物流效益提升；2018 年是物流业降本增效三年行动计划收官之年，物流业降本工作全面深化，物流"制度性成本"与实际运行各环节成本都将大大降低。此外，在节能减排问题成为经济关注重点的背景下，物流业尤其是电商物流业将加紧在绿色包装、新能源车辆、智慧物流方案等方面的尝试，引领行业向绿色物流转型；近年来首部供应链国家政策出台，加快推动物流业与供应链深度融合，围绕物流服务核心打造覆盖产业链上下游，集多项服务于一身的综合性物流供应链服务将是物流业提升整体价值空间的重大机遇；大数据挖掘处理技术日益成熟，围绕"互联网+流通"发展趋势，物流与大数据有望进一步结合，在大数据算法研究、产品化推广及物流数据互联互通上更进一步。

针对以上趋势，本报告为 2018 年物流业发展提出以下建议：深入落实物流业各项"十

---

① 物流景气指数（logistics prosperity index，LPI）与货运量、快递业务量、港口货物吞吐量等物流指标，以及工业生产、进出口贸易、固定资产投资、货币投放等相关经济指标具有较高的关联性，主要由业务总量、新订单量、从业人员数、库存周转次数、设备利用率、平均库存量、资金周转率、主营业务成本、主营业务利润、物流服务价格、固定资产投资完成额、业务活动预期 12 个分项指数和一个综合性指数构成，全面客观地反映了我国物流的运行情况。

三五"规划，推动物流高质量发展；开展物流信用评价体系建设，推动物流业规范有序运行；进一步加强智慧物流投入，积极推广物流新技术；加快淘汰落后设施设备，助推全行业产能升级。

一、2017 年中国物流业发展回顾

（一）物流业总体形势分析

1. 国民经济稳定增长，物流行业保持景气

2017 年，世界局势风云变幻，国际环境下机遇与挑战并存；国内"十三五"规划逐步深入，供给侧改革加快推进。在党和政府的领导下，中国经济克服重重困难，继续保持稳定增长态势，在经济转型与升级的道路上持续前行。2017 年我国 GDP 同比增长达到 6.9%，实现了 2011 年以来的首次增速回升，较 2016 年增速提高 0.2 个百分点，整体保持稳中有升的发展形态，彰显了当前中国经济稳中向好的良好格局。

物流行业既是保障国民经济增长的基础性行业，又是国民经济发展的指示灯。对于物流业整体发展形势，可以用中国 LPI 反映。从 LPI 走势图看出，2017 年中国物流行业仍呈较为景气的状态，如图 1 所示。2017 年 LPI 一直保持在荣枯分界线（LPI=50%）以上，平均值达到了 55.3%，表明我国物流业整体运行良好。从月度数据上来看，受到春节等假期和外部环境影响，1~2 月 LPI 整体数值较低。3~5 月，LPI 迅速回升，达到全年的一个高点。6 月后，LPI 出现一定的回落和调整，但仍保持在 54% 左右，9 月迎来"金九银十"的黄金期后逐步回暖。总体而言，在电商物流等物流新业态的迅速崛起及传统物流需求继续稳定的带动下，我国物流行业运行虽有波动，但整体保持在平稳上升区间，在各项政策支持下物流条件正不断转好。

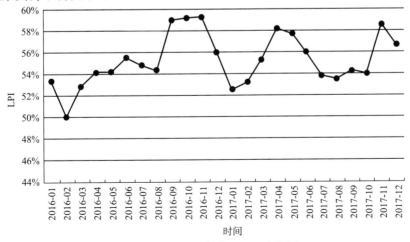

图 1　2016~2017 年中国 LPI 走势图

资料来源：中国物流信息中心（http://www.clic.org.cn/zxdt/275186.jhtml）

如表 1 所示，在具体季度上，2017 年第一季度处于全年较低水平，但仍比 2016 年第一季度高 1.63 个百分点。第二季度达到了最高峰，平均值为 57.23%，比上一年同期高出 2.6 个百分点。第三季度和第四季度 LPI 呈调整回升状态，但较 2016 年同期有所降低。原因一方面是本阶段物流发展经过了前一个小高峰有所调整，进入了一个平稳增长的阶段；另一方面是受到了 2016 年同期物流增速大提升的影响。总体来说，2017 年我国 LPI 成长性与稳定性并存，发展健康度增加。

表 1　2016 年和 2017 年分季度 LPI 平均值比较表

2017 年	LPI 平均值	2016 年	LPI 平均值	差值
第一季度	53.7%	第一季度	52.07%	1.63%
第二季度	57.23%	第二季度	54.63%	2.60%
第三季度	53.87%	第三季度	56.03%	−2.16%
第四季度	56.40%	第四季度	58.17%	−1.77%

资料来源：中国物流信息中心（http://www.clic.org.cn/ zxdt/275186.jhtml）

2. 物流规模不断扩张，行业整体收入水平提升

2016 年和 2017 年社会物流总额变化图如图 2 所示。2017 年前 11 个月，全国社会物流总额达到了 229.9 万亿元，按照可比价格计算，同比增长幅度达到了 6.7%，增速比 2016 年同期提升 0.5 个百分点。从月度数据上看，2017 年前三季度物流总额同比增长基本稳定在 7.0% 左右，增幅较 2016 年回升明显，第四季度同比增幅略有下降，预计全年社会物流总额同比增长幅度也将在 6.5% 左右，发展态势理性乐观。在中国经济继续稳定、基础建设投资不减、供给侧改革稳步推进、"互联网+"改造逐渐加深的大背景下，2017 年的中国物流市场整体需求不断提升，发展形式趋于多样，市场主体更加活跃，带来社会物流总额的不断扩张。

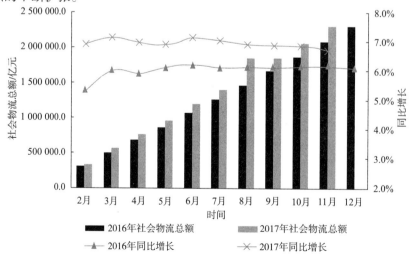

图 2　2016 年和 2017 年社会物流总额变化图

资料来源：中国物流与采购网（http://www.chinawuliu.com.cn/lhhkx/201712/25/327358.shtml）

在市场整体向好的引领下，物流业整体收入水平也实现了较大幅度的提升。2017 年

前 11 个月，物流业总收入达到了 7.8 万亿元，同比增长 11.9%，增速较 2016 年同期大幅提升了 6.6 个百分点。多个物流分领域的优秀表现为物流行业收入的较快发展提供了支撑。在"互联网+"、消费升级的赋能下，前三季度邮政快递物流收入同比增长超过 20%，增速比上半年提高 0.4 个百分点；随着食品安全、农村物流受到关注，冷链物流市场收入同比增长在 9% 左右。预计 2017 年全年社会物流总收入同比增长幅度有望接近 13%。

（二）物流市场运行特征分析

1. 多领域齐发力，物流需求发展更为均衡

近几年来，在供给侧改革的影响下，转型与升级成为经济市场运行的主基调。诸多物流领域在国家政策的重点扶持下广泛吸纳需求，创新服务模式，重视服务质量，充分发挥物流业的通道与支撑作用，使物流市场发展更为均衡。

2017 年前 11 个月，工业品物流总额为 213.1 万亿元，同比增长幅度为 6.6%，增幅较 2016 年同期提升了 0.6 个百分点。2017 年，我国制造业 PMI 均值为 51.6%（图 3），较近两年回升明显，显示出制造业已重新回到扩张区间。规模增长的同时，工业品物流需求继续结构性变化。一方面，部分传统产业在高耗能、重资产的困境下谋求产业的转型与变革，增长幅度普遍放缓甚至出现了下降。例如，前三季度采矿业物流需求同比下降 1.6%，降幅较 2016 年扩大 1.2 个百分点，六大高耗能产业总体增长幅度更是下降了 2.7 个百分点，为 3.1%。另一方面，新兴产业、高附加值产业迅速崛起，在智能制造的引领下融合交汇出更多新的物流需求点。例如，前三季度装备制造业和高技术产业物流需求分别同比增长 11.6% 和 13.4%，增速分别高出工业品物流总额 4.9 和 6.7 个百分点，较 2016 年同期分别加快 2.5% 和 2.8%，全年其 PMI 平均水平分别为 52.7% 和 53.4%，分别高出 2016 年 1.7 个百分点和 1.4 个百分点，成为工业物流的新引擎。[①]

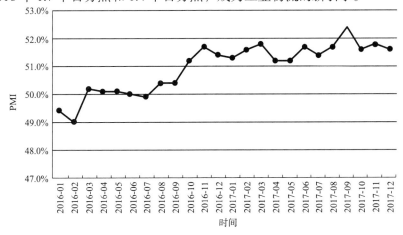

图 3　2016~2017 年制造业 PMI 变化图

资料来源：中国物流信息中心（http://www.clic.org.cn/wljqzs/index.jhtml）

---

① 中国物流信息中心. 2017 年前三季度物流运行稳中有进. http://www.clic.org.cn/ wltjwlyx/289060.jhtml，2017-10-27.

2017 年前 11 个月,进口物流总额稳步回升达到 11.3 万亿元,同比增幅为 9.7%,超 2016 年同期 1.7 个百分点,预计全年将保持 10% 左右的增幅。大宗商品物流经历了前一段时期的低迷后,在运价震荡走低及制造业回暖等因素的作用下需求得到提振,给予进口物流强劲支撑。此外,对外贸易的发展及产业升级等因素也助推了进口物流的增长。

2017 年前 11 个月,与消费相关的单位和居民物品物流总额继续保持高速增长,增幅达 30.3%,高出社会物流总额 23.6 个百分点,继续扮演物流业推进器的角色。居民消费需求不断升级及消费品种层出不穷驱动着电商物流、共享经济等新业态的不断创新,进而推动着居民消费物流增长,进一步支撑了物流需求。例如,2017 年我国快递服务企业业务量完成 401 亿件,同比增长 28%,显示出强劲的增长势头。

2.企业运行效率提升明显,提质增效工作取得进展

当前提质增效工作依然是物流行业与从业企业经营管理的核心诉求之一,是推动物流业健康运行与社会流通成本降低的关键,也是近几年国家政策关注的重点。如图 4 所示,2017 年前三季度社会物流总费用为 8.6 万亿元,占 GDP 比重为 14.5%,和 2016 年同期相比下降 0.1 个百分点,表明社会物流提质增效进一步深入。

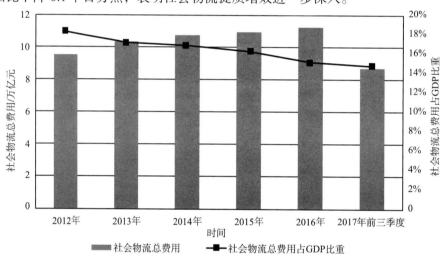

图 4   2012 至 2017 年第三季度社会物流总费用与社会物流总费用占 GDP 比重图

如表 2 所示,依据中国 LPI 数据,2017 年,受多种外部因素影响,物流业运行成本有所上涨,主营成本指数年均值为 56.98%,较 2016 年上涨 0.78 个百分点,但同时,物流业服务价格呈现下降态势,物流服务价格指数连续三年低于 50%,物流业主营业务利润不断上涨,2017 年主营业务利润指数 51.56%,呈扩张态势,显示出物流业面临成本压力下运行效率持续优化,带动利润空间的提升。中国 LPI 各类细分指数的变动也展现了物流运行效率的优化。例如,2017 年新订单指数平均值为 56.38%,高出 2016 年 1.78 个百分点,连续两年同比增长;库存周转次数 2017 年平均值为 53.76%,整体趋势向好;设备利用率值的平均数为 53.71%,虽绝对值相较 2016 年有所下降,但仍处于较高水平;

资金周转率 2017 年平均值为 53.63%，更是相比 2016 年增长了 2.24 个百分点。总体来看，物流运行效率与活跃度提升明显。

表 2　2016 与 2017 年 LPI 部分指标对比表

中国物流业景气指数	2017	2016	变化/个百分点
主营业务利润	51.56%	49.85%	1.71
主营业务成本	56.98%	56.20%	0.78
库存周转次数	53.76%	53.80%	−0.04
设备利用率	53.71%	54.68%	−0.97
资金周转率	53.63%	51.38%	2.24
新订单	56.38%	54.60%	1.78
物流服务价格	49.56%	49.94%	−0.38

资料来源：中国物流信息中心（http://www.clic.org.cn/wljqzs/index.jhtml）

这些变化得益于党和政府的高度重视与企业的积极参与。在 2016 年多个"降本增效"相关政策的基础上，2017 年 8 月，国务院办公厅发布《关于进一步推进物流降本增效促进实体经济发展的意见》，提出深化"放管服"改革、激发物流运营主体活力、加大降税清费力度、切实减轻企业负担等多项切实有效的扶持政策，要求全行业认真落实相关政策，全面推进物流技术水平、管理水平的提升，建立高效物流服务体系，推动物流成本持续优化。行业企业也积极贯彻落实相关政策，围绕"降本增效"开展一系列技术与模式的创新实践，将企业竞争力的提升、服务水平的上升与技术的革新结合在一起，根据市场实际情况和企业自身发展水平，着力改善自身经营效率，降低物流成本，推动运输物流协同，实现降本与增效并行。

（三）物流基础设施建设与企业竞争力分析

1. 基础设施投资持续调整，西部基础设施加速建设

2017 年，在供给侧改革、智能制造、节能减排、"一带一路"倡议等的持续推进下，我国投资环境进一步变化，总体固定资产投资增长基本保持稳定。如表 3 所示，2017 年我国完成固定资产投资额 63.17 万亿元，同比增长率为 7.2%，较 2016 年同期下降了 0.9 个百分点，其中第一产业固定资产投资完成额为 2.09 万亿元，同比增长 11.8%，增幅较 2016 年同期下降 9.3 个百分点；第二产业固定资产投资完成额为 23.58 万亿元，同比增长 3.2%，较 2016 年增幅回落 0.3 个百分点；第三产业固定资产投资完成额为 37.50 万亿元，增幅为 9.5%，较 2016 年增幅回落 1.4 个百分点。

表3 2017 年固定资产投资及交通运输、仓储和邮政业投资情况表

投资项目	2017 年		2016 年		相差
	投资累计值/亿元	累计同比增长率	投资累计值/亿元	累计同比增长率	
全国固定资产投资（不含农户）	631 684	7.2%	596 501	8.1%	−0.9 个百分比
交通运输、仓储和邮政业	61 186	14.8%	53 628	9.5%	5.3 个百分比
其中：铁路运输业	8 006	−0.1%	7 748	−0.2%	0.1 个百分比
道路运输业	40 304	23.1%	32 937	15.1%	8.0 个百分比
水上运输业（前 11 个月）	1 724.19	−10.3%	1 930.89	−9.2%	−1.1 个百分比
航空运输业（前 11 个月）	2 079.71	4.7%	1 986.42	30.7%	−26 个百分比
管道运输业（前 11 个月）	298.88	37.3%	217.65	−16.8%	54.1 个百分比
仓储业（前 11 个月）	6 357.54	1.5%	6 295.78	6.2%	−4.7 个百分比

资料来源：国家统计局

在这一轮调整中，与物流业相关的基础设施投资出现了较为明显的结构分化，如表 3 所示。2017 年前我国交通运输、仓储和邮政业固定资产投资完成额约为 6.12 万亿元，同比增长率为 14.8%，较 2016 年上升了 5.3 个百分点。尤其是第一季度，在多项基础设施建设政策相继出台的大背景下，该项投资同比增长率达到了 17.8%，较 2016 年同期大幅提升了 8.5 个百分点，呈现出良好的增长态势。其中，公路基础投资增幅稳定提升，2017 年道路运输业固定资产投资完成额约为 4.03 万亿元，增速大幅提升至 23.1%；管道运输业前 11 个月固定资产投资完成额达到了 298.88 亿元，同比大涨 37.3%，实现跨越式发展；而同时，前 11 个月航空运输业、水上运输业、仓储业等固定资产投资增速分别为 4.7%、−10.3%、1.5%，较 2016 年均有所下滑，全年铁路运输业增幅则与 2016 年基本持平，这一方面是由于 2016 年投资基数涨幅较大，另一方面也显示出我国当前基础建设投资重点的针对性调整。

固定资产投资领域的结构性调整不仅体现在行业上，也体现在地域上，如图 5 所示。2017 年，西部各省市区基础建设投资计划普遍大幅上涨，新疆等地基础固定资产投资计划增幅更是超过 50%。2017 年西部地区固定资产投资累计完成 16.68 万亿元，增幅达 8.5%，比东部地区增幅高出 0.2 个百分点，其中前三季度新疆维吾尔自治区固定资产投资达 10 376.54 亿元，增长幅度为 31%，增速居全国首位，引领了西部地区基础设施建设的投资热潮。全年宝兰专线、西成高铁等多项重点工程先后开通，高速公路、高速铁路、机场、水利枢纽等多项交通项目上马建设，西部物流基础网络格局正在加速形成。国家与西部各省市区政府在基建领域进行的大额投入，旨在缩小东西部经济发展差距、弥补长期以来物流基础建设缺口，奠定全国物流一体化网络体系的基础，也为西部地区物流业发展打入一剂强心针。

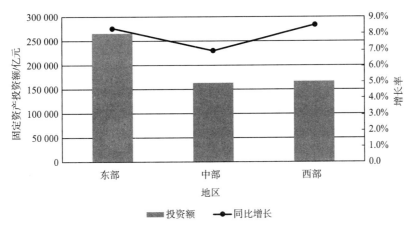

图 5　2017 年我国固定资产投资及增长率区域分布图

资料来源：国家统计局

2. "无车承运人"试点深入，物流模式创新带动效率升级

长期以来，我国公路货运业呈现"多、小、散"的格局，个体司机占比高，物流运力过度分散，车货匹配困难重重。货运代理行业的出现与发展一定程度实现了物流资源的聚集配置，但由于监管处于盲区及整体运作水平的不足，货代行业出现一些混乱乃至违规经营行为，阻碍了物流业长效健康发展。为进一步明确运输责任主体，保障运输安全，提高资源组织效率，交通运输部于 2016 年 8 月印发了《交通运输部办公厅关于推进改革试点加快无车承运物流创新发展的意见》，并于 2017 年 3 月 6 日最终确定了 283 家试点企业名单。无车承运人作为"互联网+流通"的重要模式创新之一，通过借鉴国际先进模式，有望借助物流信息平台的搭建，科学高效地进行运力汇集与调度，提升物流市场组织效率，加快货运物流的转型升级，规范道路货运市场，维护多方权益。

2017 年是"无车承运人"试点深入发展的一年，在大量试点企业的努力下，无车承运人取得了良好的试点效果。截至 2017 年上半年，无车承运人试点企业累计运单数已达118.9 万单，整合零散车辆 8.6 万辆，运力总计 247 万吨，整合运力规模还在不断上升。《交通运输部办公厅关于进一步做好无车承运人试点工作的通知》显示，通过开展无车承运，物流整体的配货、运输、仓储等环节效率都有所提升，试点企业里程利用率提升约 50%，等货时间缩短 60%，车找不到货源、货源无法对接车辆的困境缓解，车辆空载运行比例不断降低，交易成本降低 6%~10%，较好地发挥了"无车承运"的模式价值。

围绕这一项目，试点企业广泛探索了电子商务、园区基地、物流平台、传统货运等多种经营对象与无车承运的对接，提升多种物流情境下的车货匹配效率。例如，杭州专线宝电子商务有限公司围绕大票专线物流开展试点，有效提高了宁波到杭州，杭州到北京等专线的配货运输效率；天地汇以园区为载体，依托园区开展甩挂运输推广，单车运行里程超 3 万千米，运输成本降低 15% 以上。所有试点企业的运行数据统一由国家交通运输物流公共信息平台（以下简称国家物流信息平台）汇集与监管。《交通运输部办公厅关于进一步做好无车承运人试点工作的通知》中还强调从税收、资质审核等多个维度为试点提供便利，并完善无车承运企业考核监管体系。这些工作为无车承运人试点进一步扩大市场规模，借助车辆、企业等运输资源的集合强化无车承运平台系统调配、组织资源的能力，以及切实提高无车承运"车货匹配"的效率与价值提供有力支持。

"无车承运"模式的推广，代表着物流业在"互联网+"时代瞄准效率提高所做出的创新与尝试。十九大报告提出"创新是引领发展的第一动力，是建设现代化经济体系的战略支撑"，2017 年物流业也在不断开展模式探索，依靠信息驱动、数据驱动、技术驱动，向智慧物流、绿色物流、现代物流转型，包括货运物流共享模式、车联网、智能仓储、智慧物流云等物流新实践都展现了物流业以"互联网+"为契机实现动能转换，提高运行效率的决心。未来物流业的创新探索仍将进一步持续。

3. 电商物流持续发力，快递行业量质齐行

近年来电子商务的快速崛起已经深刻影响到中国经济的发展与物流业的转型，极大地推动了商贸物流等物流分支的改革创新，形成了电商物流这一新兴业态。特别是 B2C（business-to-customer，即商家对顾客）、C2C（customer to customer，即个人对个人）领域诸多电商平台的涌现，使得中国电商物流，特别是快递业逐渐转入小件化、多频次、高效化、配送分散化的市场环境。依据中国物流与采购联合会数据，2017 年 12 月，中国电商物流运行指数（e-logistic index，ELI）为 191.67，同比指数为 114，表明中国电商物流综合发展水平较 2016 年同期提升约 14%，其中总业务量指数为 354.11，同比指数 155.3，表明总业务量同比增长了 55.3%，11 月业务量指数处于 ELI 公布以来的最高值（图 6）。快递业方面，依据国家邮政局的数据，2017 年全国快递业务量达到 401 亿件，同比增长幅度达到 28%。规模以上企业业务收入达到了 4 950 亿元，同比增长 24.5%，占全国物流业总收入的比重继续上升。总体来看，当前电商物流仍旧处在持续发力，高速增长的轨道。

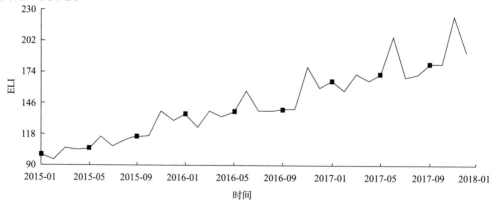

图 6　2015~2017 年 ELI 变化图

资料来源：中国电商物流指数官网（http://dswl.chinawuliu.com.cn/）

一方面，2017 年电商物流正在快速延伸服务触角，扩大服务范围，加快向跨境、农村、冷链等领域的进军步伐。跨境电商试点深入推进，跨境物流"海外仓"建设写入政府工作报告和"十三五"发展规划，各地自贸区、综合实验区、试点城市相继出台跨境一站式报关及进出口信息监测等优惠政策，跨境电商物流政策环境显著优化，以此为契机，大量企业加快跨境电商物流网络布局力度，多家电商物流企业进一步加快了海外仓建仓规模，海外仓业务占比显著提升。与此同时，农村电商物流成为又一发展前沿。依据中国 ELI，截止到 2017 年 12 月，农村业务量指数已达 463.02 点，同比指数值为 156.2 点，呈现跨越式增长；据国家邮政局统计，2017 年农村地区收投快件量超 100 亿件，农村建成邮政便民服务站 36.7 万个，快递公共投递服务站 3.15 万个。随着物流基础网络建设的日益完善与信息互联互通程度的提高，东、中、西部均涌现出了农村物流发展的典型区域与模式。江苏、湖北等地积极推进电商物流"通乡镇、通村组"，湖南、贵州围绕本省特色农产品，力推全冷链运输产业，青海省相继建成近 700 个村级电商服务网点，农村电商物流渠道下沉效应显著。

另一方面，在业务规模持续扩张的同时，电商物流也在不懈追求长效发展量质齐行。2017 年 11 月中国 ELI 从业人员指数为 197.98，同比指数 127.3 点，表明雇佣员工数较 2016 年同期增长了 27.3%，从业人员基数的增长及素质的提升为电商物流改革发展提供了较为充足的人员储备。同时，响应"互联网+"号召，电商物流在技术设备及经营模式上的创新升级也使得电商物流的业务运转和资源配置效率不断提升。2017 年 12 月，中国 ELI（同比指数）物流时效指数达到了 111.3 点，即同比增长 11.3%，全年消费者申诉处理满意度达到 98.2%，电商物流整体服务效率取得长足提升。

二、2018 年中国物流业发展展望

（一）物流业总体经济形势展望

1. 物流景气程度持续稳定，市场规模继续增长

2018 年，物流业有望继续保持景气运行状态，LPI 将在现有基础上继续稳定，预测全年平均值约为 55.9，维持在景气线以上，物流业整体形势看好，物流市场的体量与盈利都有望再创新高。

推动物流业继续景气前行的因素众多，一是国内经济形势的持续稳定。预计 2018 年我国经济有望维持在 6.5%~7% 的中高速增长区间。2017 年，在多项利好因素的催动下，国民经济总体呈现稳中有进、持续向好的良性发展态势，增速实现了近年来的首次回升。随着我国工业生产效益提升、商贸活动渐趋活跃、投资结构调整优化、进出口外贸持续改善、居民收入增幅加快、供给侧改革取得新进展，在产业结构的调整优化及诸多新兴业态的加速培育下，2018 年整体经济有望继续保持动力与活力。

二是物流需求保持旺盛，物流企业的运行得到较为充分的支撑。预计 2018 年我国制造业 PMI 有继续回暖态势，年平均值保持在临界点之上。随着我国制造业结构的进一步调整及"三去一降一补"的深入，在设备制造业等一批技术驱动型业态的引领及大量企业的改造提升下，制造业仍将有足够的发展动能，订单数量稳步增长；非制造

业 PMI 也有望保持在 54% 以上，国家"一带一路"倡议等对于建筑业商务活动保持活跃将是长期利好。在人民消费需求与生活质量不断提升的刺激下，包括航空运输、邮政快递、互联网及软件信息服务、金融业等服务产业 PMI 也有望长期维持在 55% 以上的较高景气区间。

三是与物流业相关的基础投资力度仍将不减。预计 2018 年，我国固定资产投资增长将进一步趋缓，增速维持在 6.5% 左右。其中，交通运输、仓储和邮政业投资有望继续维持 10% 左右的增长力度，包括道路运输业、航空运输业等仍将持续火热；信息传输、软件和信息技术服务业增长也有望达到 10%。当前国家对于流通行业及互联网产业的重视程度日益加深，投资不断向其倾斜。在"互联网+流通"实践不断深化的产业形势下，大量投资的持续注入将给物流业向信息化、智能化转型，以及迈向智慧物流带来强劲支持。

2. 伴随经济调整转变，物流需求愈加多样化

目前，我国经济正处在调整与转变的新阶段，习近平总书记在十九大报告中指出：我国经济已由高速增长阶段转向高质量发展阶段，正处在转变发展方式、优化经济结构、转换增长动力的攻关期。预计未来 5 年，我国经济仍将保持中速增长，更加关注现代化经济体系这一建设目标。

预计 2018 年，我国社会物流总额有望接近 280 万亿元，同比增长率与 2017 年相近，在 6.5% 左右，总体来看仍将呈现稳中有升的发展态势，在经济调整转型的大势推动下，物流需求的构成将更加多样化。

工业物流需求深切变动。预计 2018 年工业品物流总额在 250 万亿元左右，仍将占据物流总额的绝对主流，同比增长将维持在 6% 左右，总体继续保持平稳过渡发展态势。具体而言，一是高耗能制造业物流需求进一步回落。随着近年来我国产业发展与资源环境的矛盾日益凸显，传统的资源核心、高能耗高投入的产业模式已经走入拐点，产能过剩、成本上升等问题浮出水面，迫切需要向创新驱动、技术驱动转变。十九大报告提出的"加快建设制造强国"和"把发展经济的着力点放在实体经济上"也代表了未来一段时期我国制造业的前进方向。2018 年，随着《中国制造 2025》实践加深、供给侧结构性改革进一步推进、"去产能、去库存"力度不减，六大传统高能耗产业的物流需求将继续回落，同比增幅有望降至 3% 以下。二是制造产品的专业化、智能化物流需求将被进一步激发，智能制造、服务型制造将逐渐成为制造业向价值链中高端攀升的入口方向。在智能制造引领下，预计装备制造业、高技术产业等的物流需求增幅将稳定在 10% 以上，成为工业物流的核心驱动力。此外，制造业的升级还将强化我国产品出口竞争力，为进出口物流带来更多可能性。

农业物流有望止跌上扬。预计 2018 年农产品物流总额有望达到 3.8 万亿元，同比增幅接近 4%，农村物流网点建设、农产品产地直配及冷链物流等将成为农业流通领域重点发力方向。近年来国家日益强调现代化农业的发展，2017 年中央一号文件和《粮食物流业"十三五"发展规划》等中均提出科技农业、绿色农业、电商农业等都有望成为农业发展的"助推器"，农产品产业链经营的改造与创新也将进一步释放农业生产贸易潜力。2018 年多样化的农资、农产品运输将激发更丰富的农村物流需求，为物流业在农村发展提供更多可能。

消费带动相关物流继续快速增长。预计与消费相关的单位和居民物流总额有望继续保持超 30%的同比增长。近年来，包括"互联网+"与科技技术等在内的多重因素推动服务业新动能不断增强，产业模式创新源源不断，极大地刺激了社会消费欲望，有望带来更为多元化的物流需求，包括 O2O（online to offline，即线上到线下）、平台经济、共享经济等服务新业态的探索，以及电商、跨境、冷链等产业的物流需求都将进一步释放。预计 2018 年 ELI 有望突破 200，快递业务量将接近 500 亿件。

（二）物流市场运行特征分析

1. 围绕质量与效益提升，物流创新力度加大

在十九大报告中，习近平总书记正式提出了"建设现代化经济体系"的核心战略目标。报告提出，必须坚持质量第一、效益优先，以供给侧结构性改革为主线，推动发展质量变革、效率变革、动力变革。为此需大力推动互联网、大数据、人工智能和实体经济深度融合，加强水利、铁路、公路、水运、航空、管道、电网、信息、物流等基础设施网络建设。构建流通渠道、辅助商贸运行的物流业也应当以提质增效为目标，通过技术、模式、理念等创新全面提升物流服务能力与效率，方能在新时期更好地支撑起产业的转型升级。

2018 年，物流业将会继续加大创新力度，以创新驱动运行效率和效益的不断提升。预计 2018 年物流业总收入有望超 9 万亿元，同比增长继续保持在 10%以上，物流各个环节包括仓储、配货、运输等的运行效率及物流协同、信息共享等效率均有望进一步提升。以电商物流为例，作为物流业向智慧物流靠拢的前沿产业，电商物流有望在业务快速增长的同时借助更为智能化的物流技术、设备等实现高效可靠运转，提升服务质量。预计 ELI：时效性指数 2018 年峰值有望超过 160，履约率指数与实载率指数均稳步增长，电商物流运转的效率与质量不断提升。

一方面，物流业不断创新升级的技术、设备将成为物流业"提质增效"的核心载体。近年来，在持续的研发带动下，物流技术、设备不断更新换代，智能化水平持续走高，覆盖物流的集货、分拣、包装、配送多个环节，大幅提升物流运作的准确性与时效性，使物流流程更加可控、可靠。例如，2017 年北京京东世纪贸易有限公司（以下简称京东）应用大量人工智能技术与设备建立全球首个全流程无人仓[①]，订单处理量为人工的 5~6 倍，仓储效率提升 10 倍以上，未来有望在多个分拣中心普及使用。随着大数据、物联网、移动互联网、智能控制等技术与交通运输深度融合，物流技术、设备将更加先进，企业业务流程进一步优化，物流组织方式趋于精确。预计各类智能分拣设备、无人机、运输机器人、车辆实时监控、物流区块链等中高端物流技术装备的应用场景将更加广泛，奠定智慧物流配送的技术基础。结合中国产业信息网的研究结果，预计 2018 年我国智能物流设备市场整体规模有望达到千亿级别，成为设备制造业的崭新热点。

另一方面，在数据驱动和网络驱动下物流业在新业态、新模式上的创新与尝试将成

---

① 新华网. 京东建成全球首个全流程无人仓. http://news.xinhuanet.com/tech/2017-10/10/c_1121779660.htm，2017-10-10.

为物流业"提质增效"的核心驱动力。目前,物流业界已经开始探索诸多"互联网+"新业态,包括"互联网+车货匹配""互联网+运力管控""互联网+车辆监控"等,并以大数据为依托建立了多个物流网络信息平台,通过信息互联互通充分挖掘信息的价值导向,实现物流业的组织、运作模式的创新。例如,在无车承运人试点下企业车辆平均等货时间大幅缩短 60%,车辆里程利用率提升 50%[①]。2018 年,依托互联网下信息更为深度的开放共享,物流行业将会继续探索创新高便捷的物流新模式,对"互联网+车货匹配"、运力分配等进一步优化创新,充分发挥物流信息的价值,做到物流全链条的设计与优化,扩大资源配置范围,提升物流运转的有效性。预计 2018 年物流信息平台类企业将继续强化业务模式的创新与设计,力争用数据推动物流,优化运输行业的资源配置效率。

2. 物流运行成本持续优化,降本增效收获成果

降本增效工作一直是近年来物流业所坚持的发展重心之一。2016 年 9 月,国务院办公厅转发了国家发展和改革委员会《物流业降本增效专项行动方案(2016-2018 年)》(以下简称《行动方案》),就物流企业降低物流成本,推动物流供给侧改革专题部署。2017 年 8 月,国务院办公厅印发了《关于进一步推进物流降本增效促进实体经济发展的意见》(以下简称《意见》),将物流降本增效与培育实体经济新动能,降低经济企业成本挂钩,提出 27 项专题扶持政策,覆盖税费、用地等多个领域。开展降本增效,对物流业拓展服务领域、延伸服务链条、实现转型升级具有重要的减负价值与意义。

2018 年是《行动方案》的收官之年,预计 2018 年,社会物流总费用将达到 12 万亿元左右,占 GDP 的比重有望继续下降至 14% 左右(图 7),经济运行中的物流综合成本进一步降低,外部成本压力对全行业经营成本的影响得到控制,降本增效工作取得重要阶段性成果。物流运行成本进一步降低的利好因素主要将来自以下几个方面。

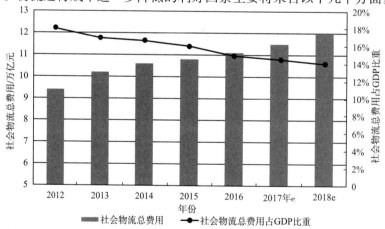

图 7　2012~2018 年社会物流总费用及社会物流总费用占 GDP 比重变化图

e 表示预测

资料来源:中国物流信息中心(http://www.clic.org.cn/zxdt/275186.jhtml)和国家统计局

---

① 运输服务司. 交通运输部办公厅关于做好无车承运试点运行监测工作的通知. http://zizhan.mot.gov.cn/zfxxgk/bnssj/dlyss/201703/t20170307_2173191.html,2017-03-07.

（1）各部门与各地区围绕《行动方案》与《意见》的政策将会进一步完善与落实，通过构建完善政策体系，降低物流"制度性成本"。在税费领域，2018 年物流用地、车辆、经营等相关领域的针对性税费政策有望研究出台，物流业"营改增"政策调整有望启动，交通收费将开展清理，从而强化降税减费力度，规范物流领域收费管理；物流枢纽等项目用地以及审批等环节有望提速，物流审批单一窗口将会建立，为多式联运与物流集散节点建设铺平道路；部分省市将强化物流降本增效改革试点，深入探索仓储智能化、数据开放共享、绿色物流等多种方向。

（2）服务业占国民经济比重进一步提升。近年来国民经济结构调整稳步推进，产业结构不断优化，经济结构由工业主导向服务业主导转变的趋势更加明显。通常来看，第一、二产业对物流的需求规模大于第三产业，物流成本也高于第三产业。因此伴随着第三产业增加值占 GDP 比重的增加，物流成本与 GDP 的比率会不断降低。预计 2018 年，第三产业增加值继续保持平稳较快增长，占 GDP 比重有望提升至 55% 左右。当前，我国"服务经济"发展已颇具规模，服务模式创新不断，《服务业创新发展大纲（2017—2025 年）》等的制定为未来一段时期服务业强化创新驱动、打造服务品牌、提升产业价值提供指引。2018 年，各类服务的技术化、信息化转型将给物流降本增效带来更大契机。

（3）物流企业将继续开展多维度降本尝试。物流企业将通过应用物联网等技术及智能化自动化设备等，开展物流运营的精细化、可视化管控，强化业务流程的规划与监管，实现业务模式的改造与革新。例如，2018 年"甩挂运输"模式仍将是物流运输的重要发展方向，在提升管理质量与开展需求整合的驱使下，采用甩挂运输将有效降低空载率，实现干线运输的降本增效。同时，物流平台依托互联网开展物流信息的互联互通与汇集共享，实现更为高效的车货匹配与资源整合，消除信息不对称，发挥信息价值，也将有效推动物流效率提升。此外，我国目前物流管理费用占总费用 12.6%，接近发达国家四倍①，企业大力引进培养物流专业人才，加强人才长效培养机制建设，依托人才之力提升管理水准也是降本增效不断深化的可行方向。

（三）物流基础设施建设与企业竞争力分析

1. 物流基础设施投资增速趋缓，调整与发展并存

物流业的长效发展与不断转型离不开国家与各界对物流基础设施建设持续性的资金注入。近年来，在固定资产投资增速整体放缓的背景下，物流业相关基础设施投资一直保持着良好的增长势头，物流全方位网络体系建设日趋完备，成为推动物流业与制造业、互联网等深度融合，更好发挥渠道支撑作用的保障。

2018 年，在国民经济继续平稳增长、供给侧改革深化推进、大量基础投资项目迎来关键期等因素的影响下，物流业相关基础投资有望继续保持较快增长，但增速较 2017 年同期略有放缓，预计 2018 年交通运输、仓储和邮政业基础投资增速将经历调整，维持

---

① 国家邮政局. 2016 年度快递市场监管报告. http://www.gov.cn/xinwen/2017-06/24/content_5205193.htm，2017-06-24.

在 10%左右，投资结构进一步多元化，方向趋于智能化、均衡化。

物流相关基础投资增长将保持平稳。2017 年，在国家各项"十三五"规划及各地配套财政政策的引导下，物流业相关投资表现抢眼，大量基础设施项目筹备或启动，计划持续数年，因此 2018 年，物流业基础设施建设仍将有大量持续性的资金注入，保证投资增速的整体稳定；随着供给侧改革步入深水区，旧的问题得以解决，新的矛盾有所显现，为保证改革继续深化、财政压力平衡、基础建设供需稳定，物流相关基础建设将避免发生大幅度波动。因此，处在承上启下的关键时期，尽管动能有所下降，但物流业基础投资仍有望实现稳定增长。

物流业基础投资将在调整中进一步向均衡化、智能化等方向转变，提升投资科学性。2016 年以来，西部地区物流基础设施投资加速，东、中部地区保持稳定的格局基本成型。作为"一带一路"的核心区域，西部地区的物流业还有着极强的发展潜力与空间，不断加速的基础设施投资将为西部地区填补空白，更快融入物流整体网络体系提供有力支持。预计 2018 年，西部地区交通运输、仓储和邮政业整体增速仍将领先，在固定资产投资总额上持续追赶，道路建设、铁路建设、航空建设将齐头并进，东、中部地区增速则稳中略降。同时，在经济综合实力雄厚、基础设施较为先进、物流网络建设发达的部分地区，物流业投资将进一步体现物流业"迈进智慧物流"的产业特征。2017 年，智慧物流实践更加深远，无论是制造业企业智能化改造带来的需求侧变动还是物流设备、设施等技术层支撑都在一步步推动智慧物流落向实处。包括华为技术有限公司（以下简称华为）、海尔集团（以下简称海尔）、京东、菜鸟网络科技有限公司（以下简称菜鸟）、顺丰速运（集团）有限公司（以下简称顺丰）等企业均在智慧物流链的改造上投入了大量建设资金①。因此，不论是仓储业、道路运输还是航空运输，基础设施的智能化布局与改造都将是 2018 年物流基础投资的重要特征与方向。

2. 绿色物流探索更加多样，物流提质增效迎来突破口

在十九大报告多次强调"我国经济已由告诉增长阶段转向高质量发展阶段""贯彻新发展理念、建设现代化经济体系"的背景下，绿色物流成为物流业响应号召，更好地支撑国民经济可持续运行的重要战略目标。当前随着我国物流业规模的不断走高及物流运输的全面下沉，资源浪费、环境污染问题日益严峻，尤其在新兴的电商物流等领域更为明显。依据 2017 年 9 月中国快递"最后一公里"峰会的数据，2016 年快递业共使用塑料袋 147 亿个，包装箱 86 亿个，编织袋 32 亿个，纸质快递单据超 100 亿张。这些包装大多一次性使用，材质无法降解且回收利用率低，极易产生大量包装垃圾，对环境造成了极大的潜在压力。如何在追求高速发展的前提下兼顾环保诉求实现绿色转型，已成为摆在物流业面前亟待解决的问题。而绿色物流追求的节能、可持续运转对物流业提质增效同样具有深远意义。

2018 年，在社会各界的努力下，基于物流业各个环节开展的绿色物流实践有望在全

---

① 华为智慧物流：为市场注入万物互联新动能. http://www.huawei.com/cn/industry-insights/digital-huawei/cases/smart-logistics，2017-09-26.

行业扩大推广。围绕绿色物流的政策与监管体系将进一步完善。"十三五"以来,绿色物流已逐步从理念导向落实到政策探索,各个部门与各级政府均重点关注绿色物流的发展。2014 年国务院《物流业发展中长期规划（2014—2020 年）》、2016 年商务部等六部门《全国电子商务物流发展专项规划（2016—2020 年）》、2017 年国家邮政局《快递业发展"十三五"规划》中均将绿色物流列为物流长期重点工程之一,2016 年 4 月商务部流通业发展司、2016 年 9 月国家邮政局、2017 年 10 月国家邮政局及国家发展和改革委员会等部门三度发文就快递绿色包装工作进行专题部署与规范,着重强调建立快递业绿色包装体系,展现出在电商物流包装领域重拳整治的决心。预计 2018 年,国家还将继续推出包括"快递业绿色包装管理要求"等在内的多项规范性制度[①],推动绿色物流在电商、快递、外卖等行业的逐步深入。配套性技术标准也将进一步完善与推广。例如,标准托盘、封装材料、新能源货车等将成为重点领域,单元化、共享化物流成为电商物流标准化的发展方向。此外,绿色物流试点也将由现在的部分省份与企业由点及面逐步推广到全国。

物流包装环节的绿色化有望更进一步。当前围绕物流包装带来的大量资源问题,一些具备较强实力与话语权的物流企业已经开展诸多绿色物流尝试,包括 2016 年 6 月阿里巴巴联合国内外诸多企业力推的"绿动计划"[②],从全国 4 000 余所高校出发大力推广可循环包装;2017 年 6 月京东推行"青流计划",未来三年力争减少 100 亿个纸箱等[③],当前绿色物流的实践已逐步规模化、联盟化。在政策的积极影响下,2018 年绿色包装有望尽快形成规格、材质等方面完善的标准体系,为绿色包装的普及打下坚实基础;围绕可循环包装、减量包装、可降解包装等方面,企业与企业联盟将大力开展绿色可循环包装材料及包装方案的研制推广,并积极与上流厂商和零散商家对接,减少多次过度包装现象,预计可循环、可降解类包装的占比将持续大幅提升;继续推广电子面单,减少纸质单据投入,预计 2018 年电子面单比例将超过 80%。

物流运输发展也将凸显"绿色化"特点,配送设备尤其是车辆成为核心热点。随着新能源汽车产业不断成熟,预计 2018 年在城市配送领域新能源车辆,尤其是电动物流车将进一步普及,目前菜鸟 ACE（asset collaboration end-to-end,即资产协同端到端）计划新能源车单车可节约成本近 20%[④],2018 年投放数量有望超过 10 万辆,未来市场接近百万台量级;京东也将在现有新能源物流车的研发基础上深化与车企合作拓展研发车型,预计 2018 年投放超 1 万辆。在绿色配送车辆外,强化车辆监控、路线规划、信息共享、车货匹配等智慧物流实践也将有效降低配送空驶率,减少碳排放。

---

① 时鑫. 国家发改委将制定"快递业绿色包装"管理要求. http://news.sina.com.cn/c/2017-11-15/doc-ifynvxeh4792962. shtml,2017-11-15.

② 新浪综合. 简讯:菜鸟网络将在全国高校推广绿色快递. http://tech.sina.com.cn/i/2016-12-27/doc-ifxyxury8809731. shtml,2016-12-27.

③ 周峰. 京东发起"青流计划":三年减少 100 亿个纸箱使用量. http://tech.sina.com.cn/i/2017-06-05/doc-ifyfuzny3265855. shtml,2017-06-05.

④ 潘吉. 菜鸟 ACE 计划敲定 5 年推广 100 万辆新能源车. http://www.360che.com/news/170522/79932.html,2017-05-22.

3. 物流与供应链深度融合，一体化提升物流服务价值空间

作为实现产品设计、采购、生产、销售、服务等全过程协同的组织形态，供应链的高效运行是我国供给侧结构性改革的重要抓手，也深刻影响着普通百姓的生活水平。而企业、产业乃至国家之间的竞争与合作，也已深化为供应链之间的竞争与合作。物流作为供应链企业间的联通渠道，原本就是供应链布局中的重要一环。而近年来物流企业凭借自身融贯上下游的优势逐步向供应链全流程拓展，形成物流供应链服务平台的趋势越发明显，物流业提升供应链管理水平，打造一体化全链条服务的格局也愈加清晰。

2018 年，与供应链融合有望成为物流业重要的产业升级点。物流业与制造、商贸产业将进一步加深融合，加快延伸服务链条，打造一批供应链一体化服务提供商，提升服务能力，扩展盈利空间。2017 年 10 月，国务院办公厅发布《国务院办公厅关于积极推进供应链创新与应用的指导意见》(以下简称《指导意见》)，这是国家近年来首次就供应链发展进行规划指导。《指导意见》专题部署 "提高流通现代化水平"，提出推进流通业与生产等供应链环节深度融合，推动流通创新转型，鼓励批发、零售、物流企业整合资源构建集采购、分销、仓储、配送于一体的供应链综合服务与交易平台。随着新时期智慧物流日益成为物流前进的大趋势，物流企业深度融入制造、商贸企业供应链，发挥渠道优势协助优化供应链结构与管理，甚至围绕物流本身引入方案设计、物流金融等增值环节，打造物流一体化、个性化服务，是物流业发挥更多职能、提升产业服务能力与核心竞争力的必由之路。近年来，已有部分物流企业与平台相继进行了相关探索。例如，2016 年底海航物流完成了对美国 IT 分销商英迈国际的收购[①]，为海航打造全球供应链、完善物流供应链管理业务、扩展物流金融等提供强大支撑；2017 年 5 月，京东物流从京东中独立，开始独立运营，目标是打造一个集金融、电商、保险、数据等在内的智慧物流价值网络。预计 2018 年，物流企业并购、改造、融合等经营行为将会更加频繁。

随着《指导意见》的逐步落实与供给侧改革的深化，物流企业或平台将会在现有供应链方案设计、物流金融、仓配一体化等服务模式的基础上，借助互联网技术和设备深度整合物流、数据等核心资源，并通过联合、并购、重组等多种方式与制造、贸易、金融、保险、数据服务商开展深度合作，打通整个物流服务链，从不同的需求情境出发，定制化地提供系统性的物流解决方案，覆盖整个供应链上下游，将物流打造为供应链的核心环节之一，强化供应链综合服务能力，其中全球供应链等将成为重点布局方向。部分具备较强实力的物流企业甚至可以凭借长期的物流积累向商贸领域跨界转型，实现供应链的角色转换与深度改造。在供应链化转型下，物流企业的盈利空间与品牌形象都有望得到长效提升。

4. 大数据与物流全面结合，数据驱动效应进一步凸显

大数据指的是当前信息爆炸时代无法用常规方式处理的海量数据的总和，作为近年来信息领域最为火热的概念之一，其受重视程度的不断提升代表着政府、行业与民众对数据内涵有了更为清晰的认知，只有从数据中深刻洞察产业与经济的走势，企业方能将

---

① 陈姗姗. 60 亿美金拿下它　海航迈进世界 100 强. http://www.cannews.com.cn/2016/1205/161278.shtml，2016-12-05.

大数据转化为宝贵的数据资产。物流行业作为联通生产、贸易与消费的实体渠道，近年来在"互联网+"的不断赋能下也产生了大量的物流大数据。借助大数据时代的各类信息技术与工具深入获取、挖掘物流大数据，在剖析现状的同时开展物流趋势预测、物流需求分析、物流方案规划等已经成为物流企业在大数据时代的潮流，大数据在物流业发展中的意义愈加显著。

2018 年，在智慧物流成为物流业转型升级核心战略目标的背景下，大数据将在"互联网+流通"的改造进程中扮演更加重要的角色，全面融入物流经营发展的各个维度，其核心就是物流企业将在大数据技术算法的开发及应用情境的拓展方面持续研究创新。近年来，在国务院《关于深入实施"互联网+流通"行动计划的意见》等政策的指引下，诸多企业展开了大数据在物流调度优化、物流流程改进、物流需求预测方面的实践，以期更好地发挥自身数据资源的价值。例如，传化集团有限公司旗下陆鲸平台借助物流数据的获取与动态分析算法，实现对货运需求集群的实时预测与科学匹配，在部分城市已经实现 5 分钟响应，1 小时成交的高效匹配[1]，有效降低货运空载率 30%以上。2018 年，在现有需求分析等模块基础上，预计物流需求预警、车辆动向预测、供应链智能分仓、车辆路径智能规划等将逐渐成熟，成为新的物流大数据切入点，人工智能、深度学习等最新技术也将开始融合，部分核心企业将推动智能算法的开放与协同优化，使对物流大数据的利用全面朝智能化预测深入。在大数据的驱动下，预计物流业预测需求、服务需求的能力及运行过程中的仓储效率、车货匹配率、时效性等都将得到有效提升。

此外，更多物流大数据的产品化平台与互联共享平台将逐步搭建，产品化平台将使部分具备较强数据处理能力的企业可以更好地发挥大数据的经济价值，加速大数据落地，而共享性平台则使物流大数据的数据来源、处理能力、服务范围大幅度扩张。例如，2017年，顺丰开发了首款大数据产品——数据灯塔，通过企业长期积累的各类物流数据及匹配的技术算法等，提供物流分析、商机预测、物流解决方案等多种服务；菜鸟推出的大数据分单产品极大降低了分单环节错误率，提升了转运分拨效率；国家物流信息平台则汇集了来自政商的大量数据源以提供给物流业界，有效促进了行业物流信息的互联互通与交换共享。预计 2018 年，多家企业的多个物流大数据产品将集中上线，以国家物流信息平台为代表的各类公益性或商业类的物流信息共享平台也将汇集更多数据源，拉近物流企业与物流大数据之间的距离，更好地发挥大数据驱动价值。

三、物流发展政策建议

目前我国经济仍然处在平稳发展区间，高质量的现代经济将是未来一段时期的发展目标。2018 年是十九大之后的头年，也是我国"十三五"规划的承上启下的关键之年，

---

[1] 陆鲸：大数据撬动物流升级 智联赋能生态圈. 南方都市报. http://news.163.com/17/0607/19/CMBNRE57000187VE.html，2017-06-07.

物流业转型升级已进展到关键时期。政府各项政策的引导、扶持与约束，将对我国物流行业健康、稳定、规范、可持续的运行起到助推的作用，保障物流业继续维持稳健态势，使物流行业能够对我国经济与社会发展起到更强的支撑和推动作用。因此，特提出以下政策建议。

1. 深入落实物流业各项"十三五"规划，推动物流业高质量发展

2017 年是"十三五"规划深化的一年，各行业也纷纷进入改革试水区。物流业在总结上一个周期的发展成果及新周期的初步探索后，于 2016 年末到 2017 年初密集发布了覆盖各个分支领域的多项"十三五"规划，包括《商贸物流发展"十三五"规划》《快递业发展"十三五"规划》《粮食物流业"十三五"发展规划》《水运"十三五"发展规划》等，物流业"十三五"规划体系框架基本搭建完成。切实落实物流业各项"十三五"规划，围绕各项规划加快促进物流业转型升级、创新发展，实现物流动能转换，向数据、技术、信息驱动转变，有助于切实保障物流业在"十三五"周期稳定、均衡、可持续发展，稳步实现规划目标，向高质量现代化物流迈进，也为物流业"十四五"及长久发展奠定下良好的发展基础。

建议中央政府各部门切实落实各项规划，依照规划安排统筹制定规划完成进度和负责部门，做到权责清晰；重点推进规划中各项重点工程与任务的建设，保持政策执行的连续性；结合行业发展形势，充分整合各部门力量完善各项保障措施，通过政策引导、财政扶持、税制改革、典型试点等方式的结合为规划保驾护航。

建议各级地方政府以各项全国性"十三五"发展规划为纲领，结合国家总体布局与地区产业现状，在充分学习规划内涵和开展产业调研的基础上，尽快配套出台本地区物流业各项"十三五"规划，将宏观纲领性要求落实到微观层面，充分利用本地产业的优势与特色助推物流业发展均衡化、可持续化发展；区域间就规划的推广执行还可充分开展合作联动、统一监管等，保证物流业跨区域稳定运行。

2. 开展物流信用评价体系建设，推动物流业规范有序运行

近年来我国物流业经历了快速扩张的发展历程，总体规模不断提升，服务模式日益多元，但高速发展下累积的恶性竞争、欺诈失信、盲目扩张等野蛮生长现象逐渐浮现，越来越受到政府与行业的重视。诚实守信、有序经营是每个行业的根本原则之一，在"互联网+物流"时代物流行业加速整合的背景下，企业交易信息的联通与传播更是对行业诚信建设提出了更高要求。目前，各级政府部门与物流行业愈加认识到物流行业科学信用评价体系的意义与价值，商务部等五部门在《商贸物流发展"十三五"规划》中将建立科学合理的商贸物流信用评价体系列为重点任务之一，提出大力推进信用评价长效机制。中国物流与采购联合会也于 2017 年 11 月 20 日联合 500 余家物流企业共同发布"诚信物流广州倡议"，开启物流诚信建设新起点。展望十九大对于国民经济健康有序运行的期许，国家在物流信用建设上还可更进一步。

从具体的政策措施来看，提出以下几点建议。第一，结合物流业当前的发展形势与主流模式，在充分结合政、商、科研院所等多方力量的条件下，征求社会意见，尽快研究制定科学严谨有效的物流企业信用评价体系国家标准。第二，围绕《关于对运输物流行业严重违法失信市场主体及其有关人员实施联合惩戒的合作备忘录》，通过相关部门、行业协会及专业评估机构等尽快开展评价标准下的信用评价抽测，逐步普及全行业，建立企业"红黑名单"制度，利用现有信息平台等开展信用信息公示。第三，把握当前行业发展态势，引导当前各类物流平台类企业、无车承运人企业、物流园区类企业围绕"诚信物流广州倡议"等企业间协议开展自主信用评价，定期对入驻物流企业、专线、人员等进行考核，引导全行业诚信发展，建立诚信经营意识。第四，围绕当前互联网条件下交易口碑类的诚信信息，鼓励企业借助大数据等手段充分挖掘信息价值，建立互联网模式下的诚信信息共享体系。

3. 进一步加强智慧物流投入，积极推广新技术

智慧物流强调传统物流业向互联网、物联网、云计算等高新技术产业靠拢，借助物流技术、设备、算法、模式等的创新打造智能化、自动化的高效物流系统，代表物流先进生产力的发展方向，也将是现代经济体系下物流系统的重点发展目标。近十年来，随着新一轮科技革命的深入，"智能制造"成为我国制造业跨入下一个时代的转型方向，大量制造领先企业，如华为、海尔等开展智能车间等生产改造计划，带动物流企业投资智慧物流网络建设，包括 RFID（radio frequency identification，即射频识别）技术、智能分拣机器人、物流信息管理系统、辅助驾驶技术等多种高新技术的研发，以及对物流大数据理解、挖掘、应用程度的加深，从供给侧拉动物流需求的升温，推动智慧物流概念由发展雏形逐渐落地，这对于我国物流业融入全球产业发展，实现弯道超车具有重大意义。

当前，智慧物流部分技术已经较为成熟，进入大规模推广阶段，需要政府及社会各方的支持与大量资金的注入。建议政府从财政政策角度出发，在物流新技术、设备的推广过程中通过税费减免、专项资金补助等多种方式提供充分的财政支持，降低新技术使用成本；搭建技术、设备的共享平台与产品平台，促进技术专利的价值转换和企业对接，降低新技术的推广成本；秉持开放心态，积极引进国外新技术、新成果，并帮助我国智慧物流新技术新模式走向海外；引导制定智慧物流领域新技术中国标准，提升中国在世界智慧物流领域的影响力，提高技术设备标准化水平。

对于智慧物流新技术的研发，建议政府组织和引导行业研究机构积极跟进学习国外最新研究成果，把握行业最新动向；对智慧物流新技术的研发及产学研结合予以专项资金扶持，降低企业技术研究风险；推动制造企业与物流企业就智慧物流项目开展定点对接，探索物流业与制造业深度融合；做好对技术研发机构及典型试点企业的表彰奖励工作，发挥机构与企业的主观能动性。

4. 加快淘汰落后设施设备，助推全行业产能升级

近年来，随着国内外物流业投资与研发力度的不断升级，物流创新层出不穷，物流基础设施和设备发展日新月异，行业整体调整转型态势明显。但由于物流设施设备普遍存在使用周期长、产品单价高等特点，传统物流企业又呈现重资产发展特质，这造成物

流设施设备更新换代缓慢，当前仍有众多高能耗、低效率、非标准、信息化程度不足的老旧物流设备运行，成为阻碍行业开展提质增效工作的资产负担，也影响了社会安全和自然环境，造成了较强的负外部性。淘汰落后设施设备，优化物流资产结构，将有助于物流业更好地适应现代经济的运行特征，开展"互联网+流通"改造，降低碳排放等环境污染，转化落后产能为优质产能。

在物流业现有政策基础上，建议政府部门继续严格执行当前淘汰"黄标车"等高耗能运输设施设备相关政策，通过补助与监管结合的形式推进车辆淘汰、报废等监管工作，推动企业转向绿色物流设施设备，鼓励设备循环共用；对老旧仓库尤其是冷库等基础设施的改扩建应予财政扶持与政策引导，加快基础设施更新步伐；进一步推进国家物流设施设备强制标准的订立与完善，使得托盘、芯片等尽快换新，适配最新标准；保障鼓励性政策的延续性，对主动使用节能和新能源物流设施设备、践行绿色物流的单位给予物质扶持和表彰奖励，在全行业树立"节能优先，高效优先"的良好风气。

2017 年人民币汇率与国际收支走势分析和 2018 年预测

鲍　勤　魏云捷　刘　洋　陆凤彬　汪寿阳

报告摘要：2018 年，在中国经济保持稳定增长、货币政策保持稳健中性的预期下，人民币不存在大幅贬值基础。同时受美元加息、美国经济复苏等影响，预计 2018 年美元兑人民币汇率将呈现双向波动态势，在 6.3~6.6 波动。

2018 年，在全球经济持续温和复苏、人民币币值保持基本稳定、中国经济稳定增长、并无较大突发性外部政策冲击的情况下，预计我国国际收支将总体保持平稳。预计 2018 年我国经常账户顺差规模将比 2017 年有所收窄，其中货物和服务顺差规模为 1 802 亿美元。货物贷方为 23 901 亿美元，货物借方为 19 380 亿美元，货物项目顺差规模为 4 521 亿美元。服务项目逆差将持续增长，但增速会进一步放缓。预计非储备性质的资本和金融账户将保持平稳，其中，直接投资资产方和负债方将持平略降，直接投资顺差规模将有所收窄。

一、2017 年美元对人民币汇率走势分析

2017 年以来，人民币对美元中间价升值 5.98%，达到 1 美元对 6.534 2 元人民币，同时美元指数贬值 10.95%，达到 92.257 4。2017 年，美元对人民币汇率主要分为三个阶段。第一阶段（2017 年 1 月至 2017 年 5 月中旬）美元指数走弱，人民币对美元走势平稳。在该阶段中，美元指数下降 3.26%，而人民币对美元汇率仅升值 0.62%，其原因主要是市场对人民币贬值预期尚未扭转。第二阶段（2017 年 5 月下旬至 2017 月 9 月中旬），人民币汇率单边升值。9 月 11 日人民币对美元汇率升至 2017 年最高点 6.499 7。从 2017 年 5 月 10 日至 2017 年 9 月 11 日，美元指数下降 5.94%，人民币对美元汇率升值 5.89。随着中国外汇交易中心在官方网站宣布在人民币对美元中间价报价模型中引入逆周期因子，美元对人民币步入快速升值通道，市场对人民币贬值趋势预期扭转。第三阶段（2017 年 9 月中旬至 2017 年 12 月底）呈现双向波动态势，人民币汇率小幅走弱，其主要原因是在美联储缩表和特朗普税改预期的支撑下，美元指数反弹，人民币汇率外部压力上升。

二、2017 年我国国际收支形势运行态势分析

2017 年，我国国民经济保持稳中向好的运行态势，随着国际经济复苏步伐加快，国际市场需求回暖，在这样的大背景下，我国国际收支运行平稳，2017 年前三季度，我国经常账户顺差 1 063 亿美元，其中，货物贸易顺差 3 354 亿美元，服务贸易逆差 2 032 亿美元，初次收入逆差 167 亿美元，二次收入逆差 92 亿美元。从衡量经常账户差额合理性的指标来看，如图 1 所示，经常账户顺差与同期 GDP 之比为 1.22%，货物与服务顺差与 GDP 之比为 1.51%，货物贸易顺差与 GDP 之比为 3.84%，均在国际认可的合理标准（4%）以内。

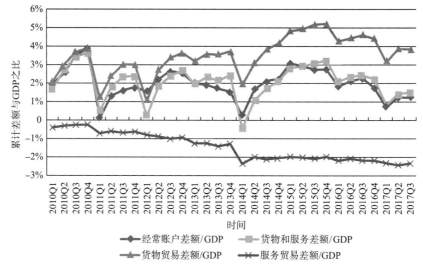

图 1　2010 年至 2017 年第三季度经常账户及其主要项目累计差额与 GDP 之比

Q 表示季度

资料来源：根据国家外汇管理局网站公布数据计算

2017 年前三季度，根据国家外汇管理局公布的初步数据来看，我国国际收支平衡表中的经常账户和非储备性质的金融账户（含第三季度净误差与遗漏）均表现为顺差态势，如图 2 所示，但经常账户顺差规模有所收窄，为 1 064 亿美元，比前一年同期减少 782 亿美元；非储备性质的金融账户（含第三季度净误差与遗漏）自 2017 年第一季度起转负为正，结束了 2014 年第四季度以来持续为负的局面，前三季度累计为 607 亿美元，这在一定程度上标志着我国资金净流出压力有所缓解。

2017 年我国国际收支形势主要可以从以下三个方面来看。

第一，内外需持续改善带来的外贸回稳向好是支撑国际收支平稳运行的重要基本面因素。

2017 年 1~10 月，根据海关总署的统计，我国出口总额累计 18 214 亿美元，同比增长 7.4%，进口总额累计 14 871 亿美元，同比增长 17.2%，贸易顺差 3 343 亿美元；国际收支的统计口径与海关略有不同，根据国际收支统计口径，2017 年 1~10 月，我国货物贸易贷方（出

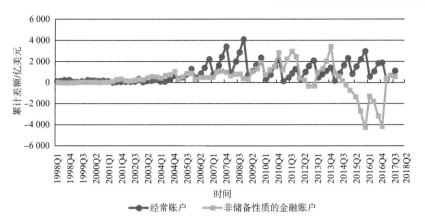

图 2　经常账户差额与非储备性质的金融账户（含 2017Q3 净误差与遗漏）累计差额
Q 表示季度
资料来源：国家外汇管理局网站

口）累计 17 803 亿美元，同比增长 10.8%，货物贸易借方（进口）累计 14 025 亿美元，同比增长 17.3%，贸易顺差 3 778 亿美元（图 3）。

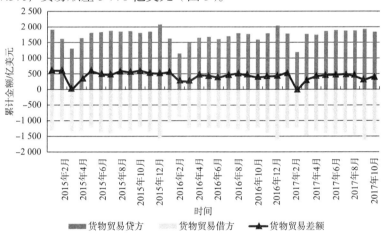

图 3　货物贸易贷方、借方与差额
资料来源：国家外汇管理局网站

外贸回稳向好不仅支撑了货物贸易的发展，而且影响了服务贸易的发展。统计结果表明，我国货物贸易总额与我国服务贸易借方、贷方都有着高度的相关关系，相关系数高达 0.71 和 0.65，其中，与服务贸易中的第二大项运输项目的借方和贷方相关的系数高达 0.87 和 0.56。根据基于 2015 年至今的数据估计的模型测算，货物贸易总额每增加 1%，我国运输项目逆差扩大 1.218%。

第二，我国服务贸易逆差持续快速扩大的态势有所缓和，服务项目逆差规模基本保持稳定。

从历史来看，我国服务项目逆差规模持续扩大始于 2009 年，2008 年及之前，我国服务项目差额或顺或逆，但相对规模都较小。2009 年我国服务贸易逆差 153 亿美元，与当年货物贸易顺差之比不足 7%；随后我国服务贸易逆差快速扩大，到 2016 年逆差规模高达 2 442 亿美元，已接近当年货物贸易顺差的 50%。2017 年前三季度，尽管我国服务贸易逆差仍在持续扩大，高达 2 032 亿美元，占同期货物贸易顺差的 60%；但从月度数据来看，如图 4 所示，服务贸易逆差持续快速扩大的态势已有所缓和，除 5 月和 6 月受政策因素影响外（2017 年 7 月 1 日起修订版《金融机构大额交易和可疑交易报告管理办法》正式实施），各月服务贸易逆差规模均接近 2016 年。

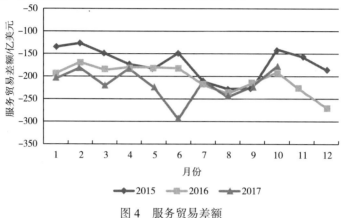

图 4　服务贸易差额

资料来源：国家外汇管理局网站

　　从服务贸易细项来看，如图 5 所示，旅行和运输是服务贸易的主要逆差项目，根据 2016 年数据计算的为服务贸易逆差的贡献率分别为 88.75% 和 19.15%。2017 年，运输项目逆差因对外贸易形势较好而有所扩大（图 6），2017 年 1~10 月相比 2016 年同期增加 71 亿美元；旅行项目则呈现企稳态势（图 7），2017 年 1~10 月相比 2016 年同期增加 102 亿美元，刨除 5 月和 6 月因政策影响比 2016 年同期增加 124 亿美元流出外，逆差规模总体呈现比 2016 年持平略减的态势。

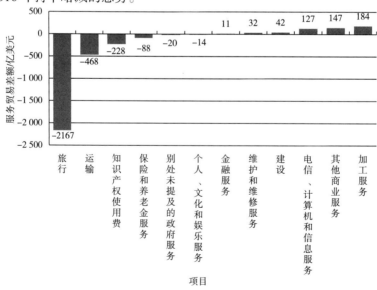

图 5　2016 年服务贸易差额各项构成

资料来源：国家外汇管理局网站

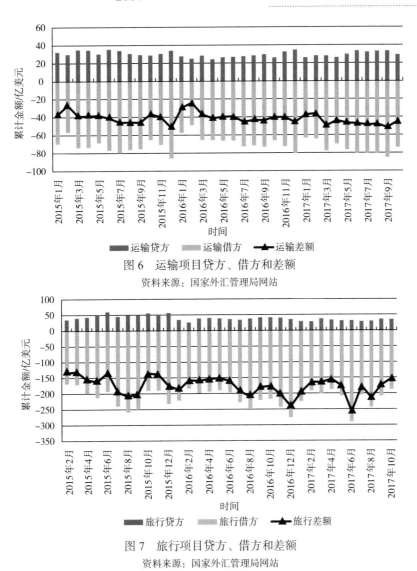

图 6　运输项目贷方、借方和差额

资料来源：国家外汇管理局网站

图 7　旅行项目贷方、借方和差额

资料来源：国家外汇管理局网站

第三，在人民币汇率基本保持稳定的背景下，我国资本和金融项目运行总体也保持平稳，储备资产有所增加。

2017 年，我国直接投资项目呈现低位顺差的态势，如图 8 所示，直接投资资产方和负债方都平稳运行，前三季度，直接投资累计净流入 212 亿美元，而 2016 年同期净流出 798 亿美元；其中，直接投资资产方 648 亿美元，比 2016 年同期（1 808 亿美元）大幅下降，直接投资负债方 861 亿美元，比 2016 年同期（1 010 亿美元）有所下降。直接投资资产方的大幅回落与我国自 2016 年底开始加强打击虚假对外投资相关，从细项来看，在我国对外直接投资中，股权投资 2017 年上半年比 2016 年缩水了一半，但与 2015 年规模相当；关联企业债务 2017 年大幅减少，上半年为净流入 8 亿美元，而 2015、2016 年全年净流出分别为 705 亿美元、688 亿美元。直接投资负债方的下降始于 2016 年，2016 年各季度均比 2015 年有所下降，全年减少 719 亿美元，缩水接近 30%；2017 年直接投资负债方降幅明显收窄，第三季度甚至企稳回升。

图 8　直接投资项目及其资产、负债

Q 表示季度

资料来源：国家外汇管理局网站

从资本和金融项目下除直接投资、储备资产外的其他资本和金融账户（含误差与遗漏项目，以下简称"其他金融账户"）来看，如图 9 所示，其历史变动趋势与直接投资差额高度一致，2017 年，其他金融账户由净流出转为净流入，前三季度净流入规模 801 亿美元，而 2016 年同期净流出接近 3 740 亿美元。其他金融账户的大规模反转主要有两方面原因：①人民币贬值压力得到缓解是其他金融账户转负为正的直接原因。从历史数据来看，如图 10 和图 11 所示，其他金融账户与人民币汇率特别是人民币对美元汇率之间存在着高度的相关关系，当人民币对美元升值动力不足、贬值压力加大的时候，其他金融账户就已经开始出现较大幅度的下滑；随着人民币对美元的逐步贬值，其他金融账户保持了较大规模的净流出；2017 年随着人民币贬值压力的缓解和人民币对美元相对小幅升值，其他金融账户转负为正。②国家外汇管理局加强跨境资本监管也是敦促其他金融账户转负为正的重要原因，随着监管手段的加强，借道其他金融账户非法流出的资金得到有效管控。

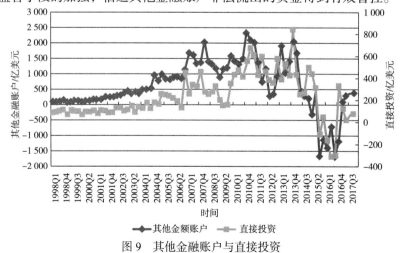

图 9　其他金融账户与直接投资

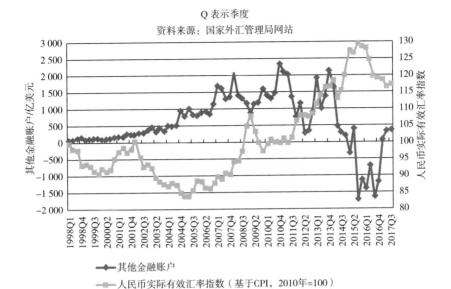

Q 表示季度
资料来源：国家外汇管理局网站

——— 其他金融账户
——— 人民币实际有效汇率指数（基于 CPI，2010 年=100）

图 10　其他金融账户与人民币实际有效汇率

Q 表示季度
资料来源：其他金融账户数据根据国家外汇管理局网站公布数据计算；人民币实际有效汇率数据来自
中经网统计数据库中"OECD 月度库"

——— 其他金融账户　——— 人民币对美元汇率平均值

图 11　其他金融账户与人民币对美元汇率平均值

Q 表示季度
资料来源：其他金融账户数据根据国家外汇管理局网站公布数据计算；人民币对美元汇率数据来自
中经网统计数据库中"OECD 月度库"

　　在较为稳定的跨境资金流动形势下，2017 年，我国储备资产有所增加，前三季度增加 589 亿美元，其中，外汇储备增加 598 亿美元。截至 2017 年 11 月末，我国外汇储备规模为 31 193 亿美元，已连续第十个月出现回升。

三、2018 年人民币对美元汇率展望

展望 2018 年，人民币对美元汇率波动主要受到以下几个方面的影响。

1. 美元指数的走势

2017 年，美国经济继续保持稳健复苏态势，1~3 季度 GDP 同比增速呈上升趋势，分别达到 2.21%、2.30% 和 2.50%。随着特朗普税改落地，在中短期有助于企业利润及劳动者收入继续增加，进而支撑美国个人消费的提升，同时助推资金回流美国。在稳健的经济数据的支撑下，美联储的加息稳步推进，可能引发美元流动性收缩。但是，2017 年的数据也显示出美国经济数据向好及美联储加息无法对美元指数形成强有力的影响，美元指数更多受到政治因素的影响。目前，美元指数下跌趋势并未完全扭转。首先，弱势美元符合美国政府的经济政策；其次，美元指数也受到欧洲中央银行退出量化宽松的影响。综合以上因素，我们认为美元指数下跌空间有限，预计将在未来有所反弹。

2. 我国经济基本面

2018 年我国经济将继续保持平稳快速增长，且人民币国际化进一步推进，加之中国人民银行通过实施稳健中性的货币政策，抑制系统性金融风险的积聚，短期收紧境内货币金融条件，保持人民币正利差优势，人民币汇率大幅走弱的可能性也较低。同时外汇市场供求状况整体趋于稳定，2017 年经常项目顺差持续增长达到 1 720 亿美元，外汇储备相较于年初上升 1 417 亿美元，银行代客跨境支付净值与结售汇逆差进一步改善。目前，供求推动而非政策干预的人民币对美元双向波动更加显著，人民币汇率弹性进一步提升。

预计 2018 年人民币对美元汇率将呈现双向波动，小幅走强态势，美元对人民币汇率将在 6.3~6.6 波动。

四、2018 年我国国际收支状况预测

展望 2018 年，总体来看，全球经济仍将持续温和复苏，我国宏观经济将继续保持稳定发展，人民币汇率特别是人民币对美元汇率也并无较大的升值或贬值压力，这将为我国国际收支营造良好的基本面环境。

基于模型的综合集成预测结果显示，在全球经济温和复苏、人民币币值保持基本稳定、中国经济稳定增长并无较大的突发性外部政策冲击的情况下，预计 2018 年我国国际收支总体将保持平稳。具体来看，2018 年经常账户顺差规模将有所收窄，为 1 598 亿美元，经常账户顺差与 GDP 之比将保持稳定。经常账户中，货物和服务顺差将有所收窄，为 1 802 亿美元，初次收入账户逆差规模将有所缩小，二次收入账户逆差规模将平稳略增。从货物贸易项目来看，预期贷方（出口）将增长至 23 901 亿美元，借方（进口）将增长至 19 380 亿美元。从服务贸易项目来看，总体逆差将继续增长，为 2 719 亿美元，

但增速进一步放缓，其中，旅行项目逆差规模为 2 299 亿美元，运输项目逆差为 520 亿美元。从资本和金融账户来看，预期 2018 年，非储备性质的金融账户仍将保持小规模顺差。其中，直接投资资产方和负债方均持平略降，分别为 980 亿美元和 1 547 亿美元，直接投资顺差规模略有下降。

2018 年国际大宗商品价格走势分析与预测[①]

陆凤彬　王　珏　汪寿阳

报告摘要：2017 年国际大宗商品价格整体呈现震荡整理走势，均价较 2016 年略有上涨。国际大宗商品价格代表的路透/杰佛瑞商品研究局（Commodity Research Bureau，CRB）商品期货价格指数（以下简称 CRB 指数），2017 年平均为 184 点，较 2016 年均价上涨 1.9%。代表性大宗商品的价格方面，2017 年美国 WTI 原油期货平均价格为 50.9 美元/桶，同比上涨 17%；伦敦金属交易所（London Metal Exchange，LME）3 个月铜期货均价为 6 204 美元/吨，同比上涨 27%；农产品方面，美国芝加哥期货交易所（Chicago Board of Trade，CBOT）大豆、玉米和小麦三大农产品均价分别约为 975 美分/蒲式耳[②]、359 美分/蒲式耳和 436 美分/蒲式耳，同比分别变化-1.3%、0.2%和 0。受全球经济增长企稳、OPEC 石油减产、全球主要铜矿罢工等因素的影响，铜、原油等工业品价格上涨幅度较大；而由于全球谷物产量创历史新高和供应十分充裕，大豆、玉米和小麦等农产品价格呈现底部震荡走势。

展望 2018 年，全球经济增速有望快于 2017 年；全球货币政策收紧的趋势仍将延续；全球原油市场或将实现供需平衡，铜市场可能将维持供需"紧平衡"，农产品料将供给充裕。在此基准情景下，预计 2018 年国际大宗商品价格将小幅上涨。预计 2018 年 CRB 商品期货价格指数均值在 194 点左右，同比上涨约 5%。2018 年，WTI 原油价格预计将主要在 54~66 美元/桶波动，均价为 60 美元/桶左右，同比上涨约 18%；LME 3 个月铜期货价格可能将在 6 300~7 500 美元/吨波动，均价约为 6 900 美元/吨，同比上涨 11%；CBOT 大豆、玉米和小麦均价预计约为 980、360 和 450 美分/蒲式耳，同比涨幅依次为 0.5%、0.3%和 3.2%，基本与 2017 年持平。

一、2017 年国际大宗商品市场走势回顾

受全球经济持续复苏等因素的影响，2017 年国际大宗商品价格整体维持底部震荡，同比略有上涨。作为国际大宗商品价格代表的 CRB 指数，2017 年平均为 184 点，较 2016 年均价上涨 1.9%。从 2017 年各月走势看，CRB 指数呈现小幅回落后反弹走势，整体走

[①] 本研究得到中国科学院预测科学研究中心、国家数学与交叉科学中心和中国科学院管理、决策与信息系统重点实验室的资助。

[②] 1 蒲式耳=35.238 升。

势较为平稳。1~6 月 CRB 指数持续回落，1 月均价为 193 点，6 月均价小幅回落至 173 点；7 月开始 CRB 指数呈现上涨走势，12 月涨到 187 点，如图 1 所示。

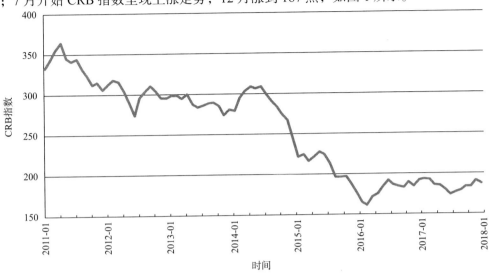

图 1　CRB 指数走势图

资料来源：Wind 数据库

2017 年全球经济的温和复苏及增长预期的不断提高，为国际大宗商品特别是工业品的价格上涨提供有力支撑。2017 年 6 月世界银行发布的《全球经济展望》预计，2017 年全球经济增速将从 2016 年的 2.4% 回升至 2.7%。2017 年初 IMF 预计 2017 年全球经济增长率为 3.4%，4 月调高为 3.5%，9 月提高到 3.6%。联合国 2017 年 12 月 11 日发布的《2018 年世界经济形势与展望》称，2017 年全球经济增长速度达到 3%，这是自 2011 年以来的最快增长。

代表性大宗商品的价格方面，2017 年铜和原油价格呈现 "V" 形走势，同比明显上涨，小麦、玉米和大豆等农产品价格则维持底部震荡走势。其中，2017 年美国 WTI 原油期货均价为 50.9 美元/桶，同比上涨 17%；LME 3 个月铜期货均价为 6 204 美元/吨，同比上涨 27%（图 2）；农产品方面，美国 CBOT 大豆、玉米和小麦三大农产品均价分别约为 975、359 和 436 美分/蒲式耳，同比变化分别为–1.3%、0.2% 和 0。

原油价格走势方面，2017 年 WTI 原油价格呈现 "V" 形走势，同比明显上涨。2017 年 1 月 WTI 原油均价为 52.6 美元/桶，2 月均价涨至 53.5 美元/桶，而后回落整理，6 月均价回落至 45.2 美元/桶，7 月后油价开始逐步回升，12 月均价升至 58 美元/桶，明显高于年初水平。在此背后，OPEC 减产协议的执行及延长、全球经济增速加快带动原油消费增加、全球原油库存下降等因素有力支撑油价的上涨；而美国页岩油产量提升则对原油价格上涨带来抑制作用。OPEC 公布的 2017 年 11 月度原油市场报告中预计，2017 年全球石油需求将增加 153 万桶/日至 9 694 万桶/日，OECD 原油库存下降 3 700 桶至 29.48 亿桶。国际能源署（International Energy Agency，IEA）公布的 2017 年 12 月 IEA 月度原油市场报告称，将 2017 年全球原油需求增速预期上调 8 万桶/日至 139 万桶/日。如图 3

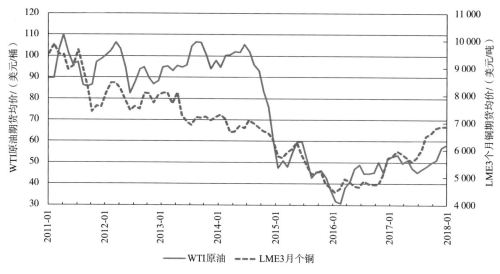

图 2　WTI 原油期货均价和 LME3 个月铜期货均价

资料来源：Wind 数据库

和图 4 所示，美国能源信息署（Energy Information Administration，EIA）公布的数据显示，2017 年美国和 OECD 的原油库存均出现了下滑。其中，2017 年初美国原油和石油产品（不包括战略石油储备）库存量为 1 335 339 千桶，年末库存降至 1 224 103 千桶，降幅达到 8%；OECD 原油库存则由 2017 年 1 月的 4 659 百万桶下降至 8 月的 4 584 百万桶，下降了约 2%。不过，美国页岩油生产大幅增长，明显抑制了国际油价上涨幅度。IEA2017 年 12 月 14 日发布的月度报告称，2017 年 9 月美国日均原油产量环比增加 29 万桶至 948 万桶，为 2015 年 4 月以来最高均值；美国原油产量在 2017 年增加日均 39 万桶。

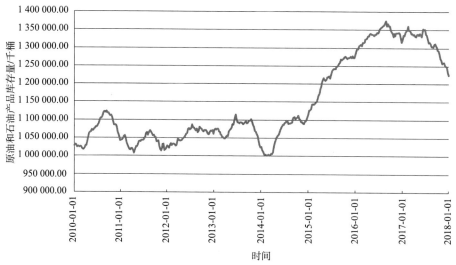

图 3　美国原油和石油产品库存量（不包括战略石油储备）

资料来源：EIA

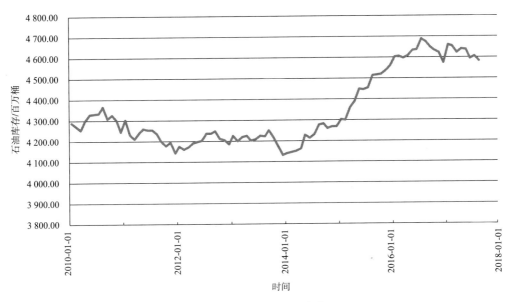

图 4　OECD 国家石油库存

资料来源：EIA

　　铜价格走势方面，2017 年 LME 3 个月铜期货价格呈现小幅回调后大幅上涨走势，同比大幅上涨（图 2）。2017 年 1 月 LME 3 个月铜均价为 5 776 美元/吨，5 月均价回调至 5 572 美元/吨；此后快速上涨，12 月均价上涨至 6 868 美元/吨，较 1 月均价上涨了 19%。全球经济增速（特别是中国经济增速）高于预期，使得铜消费需求增加，为铜价上涨提供有力支撑。更重要的是，2017 年全球主要铜矿工人罢工导致全球铜矿产量出现负增长，促使全球铜市场由"供需基本平衡"转向"供需紧平衡甚至短缺"，刺激铜价大幅上涨。其中，2017 年 3 月，占全球铜矿供应 5% 的 Escondida 铜矿罢工长达 43 天，导致力拓集团 2017 年第二季度铜矿产量同比下降 5.6%，在罢工结束后还需要 8 个月的时间以恢复全部运转；5 月自由港旗下全球第二大铜矿 Grasberg 铜矿爆发罢工，罢工持续了 4 个月，对铜矿生产造成冲击；智利 Salvador 铜矿、秘鲁 Cerro Verde 铜矿、智利 Los Bronces 铜矿、秘鲁 Las Bambas 铜矿、赞比亚 Konkola 铜矿等也出现罢工事件。据国际铜研究小组（International Copper Study Group，ICSG）2017 年 12 月的估算，精炼铜供应停滞，加上中国表观消费增长强劲，使得 2017 年前三季度市场缺口从前 7 个月的 16 万吨增至 18.1 万吨。ICSG 估计，由于世界最大铜生产国智利的铜产量下降 4%，2017 年前三季度全球矿山铜产量累计为 1 470.9 万吨，同比下降 2.5%。

　　农产品价格走势方面，2017 年基本呈现底部震荡走势，CBOT 大豆、玉米和小麦均价与 2016 年基本持平（图 5）。具体地，2017 年 1 月 CBOT 大豆、玉米和小麦均价分别为 1 032、361 和 424 美分/蒲式耳，12 月均价分别为 972、344 和 414 美分/蒲式耳，月度价格基本呈现震荡下滑走势。玉米和大豆的价格走势相对较为平稳；不过小麦价格受美国干旱危及小麦生产等因素的影响，2017 年 7 月均价一度上涨至 505 美分/蒲式耳。国际农产品价格的低位运行，主要由于全球农产品产量上升和供给充裕乃至过剩。联合国粮食及农业组织（Food and Agriculture Organization of the United Nations，FAO）2017 年 12

月发布的报告显示，预计 2017 年全球谷物产量大幅增加。预计 2017 年全球谷物产量为 26.27 亿吨，比 2016 年增加 1 680 万吨，并比 2017 年 11 月预测值高出 1 340 万吨。主要农产品的库存维持高位运行，部分品种的库存继续增加。据美国农业部（United States Department of Agriculture，USDA）公布的数据，2017 年 1 月粗粮、小麦、玉米和大豆的期末库存分别为 246.44 百万吨、217.28 百万吨、209.31 和 78.05 百万吨，12 月分别为 252.41 百万吨、241.44 百万吨、214.91 和 77.92 百万吨。粗粮、小麦、玉米的库存继续升高；大豆库存虽然与年初水平持平，但是依然维持在历史较高水平（图 6）。不过，目前国际农产品价格整体处于 10 年来的历史低位附近，加之原油、铜等大宗商品价格明显上涨，抑制农产品价格进一步下跌的空间。

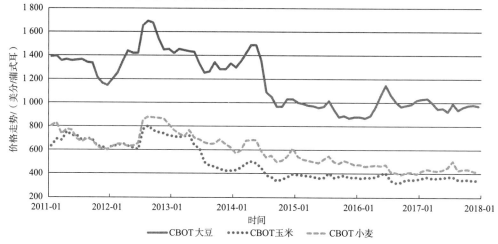

图 5　CBOT 大豆、玉米和小麦期货价格走势

资料来源：Wind 数据库

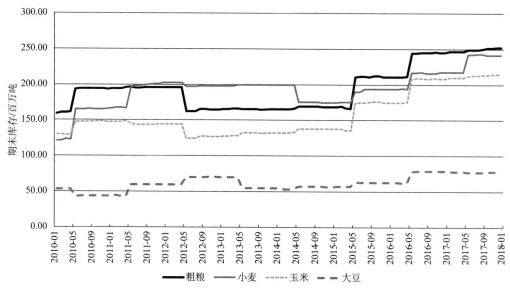

图 6　粗粮、小麦、玉米和大豆的期末库存

资料来源：Wind 数据库

二、2018 年国际大宗商品市场因素分析和展望

展望 2018 年，预计全球经济将加速增长，有望支撑国际大宗商品价格的上涨；全球主要经济体货币政策将继续收紧，短期内抑制大宗商品价格的上涨幅度。代表性大宗商品的供需方面，全球铜市场料将维持供需紧平衡，原油市场的供需则有望趋于平衡，农产品市场将继续保持供给充裕格局。

（一）2018 年全球经济增长有望加快

预计 2018 年全球经济将加速增长。国际权威机构纷纷提高 2018 年全球经济增速的预测值。IMF2017 年 10 月报告显示，因美国和中国前景向好，提高 2017 和 2018 年全球经济增速预测。预计 2017 年全球经济增速为 3.6%，2018 年增至 3.7%，提高 0.1 个百分点。预计 2017 年中国经济增速为 6.8%，此前预期为 6.7%；2018 年为 6.5%，此前预期为 6.4%，增速预期提高 0.1 个百分点。预计 2017 年美国经济增速为 2.2%，此前预期为 2.1%；2018 年为 2.3%，此前预期为 2.1%，较上期预期提升 0.2 个百分点。

联合国 2017 年 12 月 11 日发布《2018 年世界经济形势与展望》称，2017 年全球经济增长率预计达到 3.0%，较 2016 年仅 2.4% 的增长率有大幅提升，是自 2011 年以来全球经济增速最高纪录。2018 年和 2019 年全球经济增长率预计仍将稳定在 3.0%。其中，中国 2017 年的经济增长将达到 6.8%，标志着 6 年内第一次年增长速度加快，对全球的经济贡献约占三分之一。考虑到中国正在处于平衡经济发展的过程，其经济增速将在 2018 年和 2019 年分别略微下降到 6.5% 和 6.3%，不过中国经济增长将保持稳定。

OECD 2017 年 11 月 28 日发布的展望报告称，预计 2018 年美国和全球经济将加速增长。预计 2017 年全球经济将增长 3.6%，2018 和 2019 年将分别增长 3.7% 和 3.6%。预计 2018 年美国经济增速将从 2017 年的 2.2% 提升至 2.5%，不过 2019 年将放缓至 2.1%。OECD 还表示，2017 年 9 月发布中期经济展望报告以来，全球经济出现小幅改善，但长期增长动力仍令人担忧。

2018 年全球经济增速有望加快，有利于大宗商品消费需求的增加，将从供需基本面上给国际大宗商品价格的上涨提供有力支撑。

（二）全球货币政策将维持收紧的趋势

全球主要经济体货币政策方面，美国、欧洲和中国的宽松货币政策料将继续退出，使得全球货币政策继续收紧。其中，预计美联储 2018 年将加息 3 次，不过加息脚步可能放缓。据联邦公开市场委员会（The Federal Open Market Committee，FOMC）2017 年 12 月会议公布的信息，其对联邦基金利率的中期预期较 9 月会议依旧未变，表明美联储预计 2018 年将加息 3 次。美联储人事结构在 2018 年将进行调整，不过政策将可能保持较好的连续性。另路透社 2017 年 12 月的调查结果显示，华尔街大型银行预计美联储 2018

年将加息三次，与 2017 年加息次数相同，这也与美联储自己的预估一致。调查还显示，随着经济一路强劲扩张，美联储下任主席鲍威尔料将坚持延续耶伦的逐步加息路线，并减持美联储近 4.5 万亿美元的资产规模。不过，美联储 2018 年的联邦公开市场委员会班底料将比 2017 年的投票委员们更偏鹰派。

欧洲中央银行也将削减刺激规模，不过对退出量化宽松保持谨慎态度。2017 年 10 月 26 日，欧洲中央银行议息会议决定，维持三大基础利率不变；同时每月 600 亿欧元的资产购买规模将持续至 2017 年 12 月底；自 2018 年 1 月起，将月度 QE 规模从 600 亿欧元降至 300 亿欧元，持续 9 个月。2017 年 12 月 14 日欧洲中央银行宣布维持三大利率不变，同时购债计划也维持不变；并称，如有必要将继续延长，直至委员会看到通胀路径向通胀目标出现持续调整。欧洲中央银行 2017 年 12 月的会议声明显示，欧洲中央银行对退出量化宽松的节奏依旧保持谨慎。

整体而言，全球货币政策料将逐步收紧，抑制国际大宗商品价格的上涨幅度。不过，预计美联储、欧洲中央银行等主要经济体中央银行的紧缩步伐不会太快。但是，仍需警惕美联储等主要中央银行紧缩货币政策对全球经济金融的冲击，特别是对因流动性充裕被推高的资产价格的重估与波动加剧的风险。

（三）2018 年全球原油市场或将实现供需平衡，铜市场供需可能将维持"紧平衡"，农产品供给将继续保持充裕

代表性大宗商品的方面，2018 年全球原油市场或将实现供需平衡，铜市场"紧平衡"局面可能将维持，大豆、玉米和小麦三大农产品料将维持高库存和供给充裕的局面。

（1）OPEC 减产、全球经济增长等可能将加快 2018 年全球原油市场实现供需平衡，中东紧张局势可能刺激油价短期明显上涨；不过，美国页岩油产量可能继续增加，将抑制油价上涨幅度。

预计 2018 年 OPEC 减产协议的执行将加快全球油市供需均衡的实现。2016 年 11 月底，OPEC 产油国和以俄罗斯为代表的非 OPEC 产油国达成减产协议，同意 2017 年每日减产 180 万桶；在 2017 年 5 月底同意将减产期限延长至 2017 年底。2017 年 12 月 1 日，为再次支撑油价，把原定于 2018 年 3 月到期的期限延长至 2018 年底。OPEC 减产协议的执行，加之全球经济增速加快提高原油消费水平，使得全球原油库存逐步下降，有力支撑原油价格的上涨。2018 年 1 月 3 日美国石油学会（American Petroleum Institute，API）公布报告称，上周美国原油库存继续下降，延续连续七周的下降趋势。API 报告公布，截至 2017 年 12 月 29 日当周，美国原油库存减少 499.2 万桶至 4.278 亿桶，分析师预计为减少 526 万桶；库欣原油库存减少 211 万桶。

不过，随着油价升高，预计美国页岩油产量将继续升高，抑制国际油价的上涨。IEA 2017 年 12 月 14 日发布月报称，2018 年美国原油产量恐将继续升高。报告称，美国页岩油行业的灵活性和独创性令前景预测充满挑战。该月报将 2017 年美国原油产量增幅上调至 39 万桶/日，并将 2018 年美国原油产量上调至 87 万桶/日。该月报预计 2018 年

非 OPEC 产油国原油产量预计将增加 160 万桶/日，这比前一个月预期增加了 20 万桶/日。另据彭博新闻社消息，美国达拉斯联储一项针对逾 100 名油企高管进行的调查显示，WTI 原油价格突破 61 美元/桶之后，已经达到了页岩油增产所需的最低"门槛"；42%的受访者称他们会在油价达到 61~65 美元的情况下扩大开采；如果油价继续攀升并突破 66 美元，更多油企高管暗示他们会加入增产大军。EIA 发布的 2017 年 12 月《短期能源展望》报告中预测，2018 年美国日均原油产量将达到有史以来最高水平，预计美国 2018 年原油产量将增长 78 万桶/日，至 1 002 万桶/日，而其上月预测数字为增长72 万桶/日，至 995 万桶/日。不过，只有到 2018 年第四季度美国原油产量才有可能突破 1 000 万桶/日。EIA 2018 年 1 月 9 日报告显示，主要受页岩油产量大幅提升的影响，预计 2018 年美国原油日均产量将达到 1 027 万桶，2019 年有望达到 1 085 万桶；非 OPEC 产油国原油日产量将不断增长，预计 2018 年增加 200 万桶，2019 年增加 130 万桶；2018 年全球原油日产量和日需求量的预期分别上调至 1.003 4 亿桶和 1.001 1 亿桶，全球原油供需有望基本均衡。

（2）铜市场方面，随着全球经济增速加快，全球铜市场供需可能将呈现紧平衡状态，有望支撑铜价上涨。

国际铜供需方面，预计 2018 年整体将维持在基本平衡或紧平衡状态，并可能会出现一定供需缺口。其中，ICSG 预计 2018 年铜市场短缺 10.4 万吨。高盛集团预计 2018 年铜市场将存在 13 万吨的缺口。

ICSG 预计全球铜市场将存在一定缺口。据 Mining Weekly 报道，ICSG 预计 2017 年前三季度全球铜矿供应缺口扩大至 18.1 万吨。精炼铜供应停滞，加上中国表观消费增长强劲，使得 2017 年前三季度市场缺口从前 7 个月的 16 万吨增至 18.1 万吨。ICSG 估计，前三季度全球矿山铜产量累计为 1 470.9 万吨，同比下降 2.5%。主要是受埃斯康迪达铜矿罢工和国家铜业公司产量下降影响，世界最大铜生产国智利的铜产量下降 4%。精炼铜产量为 1 749.5 万吨，同比增长 0.5%，全球消费量为 1 767.6 万吨，增长 0.5%。另据 ICSG 2017 年 11 月 20 日公布的数据，2017 年 8 月全球矿山产量为 174 万吨，同比增加1.4%。1~8 月累计产量 1 309 万吨，同比减少 1.3%。预计 2018 年全球铜矿产能增速预计约为 2.5%，产能仅与 2016 年持平。

另据伦敦 2017 年 12 月 13 日消息，世界金属统计局在其网站上公布的数据显示，2017 年前 10 个月全球铜市供应过剩 0.57 万吨，2016 年全年短缺 10.2 万吨。1~10 月全球矿山铜产量为 1 687 万吨，较上年同期减少 0.2%。1~10 月全球精炼铜产量为 1 949 万吨，同比增长 0.7%，其中中国产量显著增加 39.4 万吨，而智利产量减少 18 万吨。2017 年 1~10 月全球铜消费量为 1 949 万吨，2016 年同期为 1 957 万吨。中国前 10 个月表观消费同比增加 3.5 万吨至 968.2 万吨，约占全球需求的 50%。

（3）2018 年全球农产品可能将维持供应充裕局面，库存可能将继续增加。

联合国粮食及农业组织 2017 年 12 月 7 日发布的《谷物供求简报》称，谷物丰收提振 2017/18 年度全球谷物供应。报告称，继 12 月进一步上调 2017 年全球谷物产量预报数后，2017、2018 年世界谷物供应量有望增至近 33.31 亿吨的历史新高。2017/18 年度全球谷物利用量也有望较上年度有所增加（1.2%），同时世界谷物库存预计连续第五季稳定攀升，增至创纪录的近 7.26 亿吨新高。相应地，库存利用比预计将创下自 2001/02 年度以来新高。预计 2017 年全球谷物产量为 26.27 亿吨，比 2016 年水平提高 1 680 万吨（0.6%）；粗粮产量预计为 13.71 亿吨，高出 2016 年近 2 400 万吨（1.8%），比 11 月预期增加约 1 100 万吨；全球小麦产量预计为 7.548 亿吨，较 2016 年减少 1%，不过也较 11 月作了上调。世界谷物库存量预计创下 7.26 亿吨的历史新高，高出已经高企的期初水平多达 2 200 万吨（3%），并比 11 月预报数增加 700 万吨。在此水平上，世界谷物库存利用比预计为 27.3%，略高于 2016/17 年度，创下自 2001/02 年度以来的新高；全球小麦库存量（2018 年期末）预计创下 2.57 亿吨的历史新高；粗粮库存（2018 年期末）预报数上调至创纪录的 2.99 亿吨左右，较 2017 年 11 月增加 700 万吨。

根据 USDA2017 年 12 月月度供需报告，2017/18 年度全球粗粮、小麦供应量均上调。预计 2017/18 年度全球粗粮产量上调 140 万吨至 13.239 亿吨。预计 2017/18 年度除了美国之外的其他国家粗粮产量、消费量和库存量均增加。玉米产量增加的国家及地区有中国、欧盟、老挝和危地马拉，产量减少的国家有俄罗斯。全球玉米库存量 2.041 亿吨，较 11 月小幅上调。预计 2017/18 年度全球小麦供应量上调。主要由于预估加拿大和欧盟产量上调。其中，加拿大小麦产量上调 300 万吨至 3 000 万吨，主要由于 2017 年 12 月 6 日发布的加拿大产量与主产区作物报告中称大平原地区单产上涨。欧盟小麦产量上调 100 万吨至 1.525 亿吨，主要由于罗马尼亚、波兰、拉脱维亚和保加利亚产量上涨。

农产品种植方面，全球主要谷物生产和出口国美国，预计 2018 年其大豆种植面积预计创纪录高位，玉米种植面积亦将增长，不过小麦种植将减少。据 2017 年 11 月 29 日 USDA 消息，USDA 下属的首席经济学家办公室预测，2018 年春季美国农户将播种大豆 9 100 万英亩，高于 2017 年创下的纪录高位 9 020 万英亩。预计 2018/19 年度大豆产量为 43.6 亿蒲式耳，单产预计每英亩 48.4 蒲式耳。2018/19 年度美国大豆年末库存预计降至 3.76 亿蒲式耳，低于上一年度的 4.25 亿蒲式耳。预计 2018/19 年度玉米播种面积亦将增至 9 100 万英亩[①]，高于 2017/18 年度的 9 040 万英亩，美国玉米产量为 145.2 亿蒲式耳，年末库存为 26.07 亿蒲式耳，高于 2017/18 年度的 24.87 亿蒲式耳。不过，预计美国小麦种植面积则将下滑。USDA 公布的 2017 年 11 月供需报告显示，美国 2017/18 年度小麦种植面积预估为 4 600 万英亩，而 2015/16 年度小麦实际种植面积为 5 500 万英亩，美国 2016/17 年度预估为 5 010 万英亩。2018 年美国小麦种植面积明显下滑，将不利于未来全球小麦产量提高。

天气方面，2017 年末多个气象机构声称拉尼娜已形成，但强度并不大，尚未对作物生长产生影响。不过，不排除未来对农作物生产及其预期带来影响，刺激农产品市场的投机炒作。拉尼娜往往会导致气候异常，影响农业生产。例如，可能导致美国西南部和南美洲西岸变得干燥，澳大利亚、印度尼西亚、马来西亚和菲律宾等东南亚地区将有较多的降水量，非洲西岸及东南岸、日本和朝鲜半岛将异常寒冷，也会使得北大西洋的飓风异常活跃。

---

① 1 英亩=4 046.86 平方米。

三、2018 年国际大宗商品价格预测

在全球经济增速加快、OPEC 原油减产、美联储加息和缩表进程不超预期、中东局势不严重恶化等基准情景下，预计 2018 年国际大宗商品价格将上涨。2018 年 CRB 指数均值料将在 194 点左右波动，同比上涨约 5%。

代表性大宗商品方面，2018 年原油、铜、大豆、玉米和小麦价格走势如下。

（1）预计 2018 年国际原油价格将明显上涨。2018 年 WTI 价格将主要为 54~66 美元/桶，均价有望涨至 60 美元/桶左右，同比涨幅约为 18%。OPEC 原油减产协议执行、全球经济增长、中东紧张局势等因素，可能将使 2018 年国际油价上涨的动力较足。不过，美国原油生产（特别是页岩油生产）增加将抑制油价过快上涨。尤其值得注意的是，2017 年原油市场呈现供大于求局面，而 2018 年全球原油市场或将实现供需平衡，很有可能将推动 2018 年油价上涨超过预期。

（2）2018 年国际铜价格将继续上涨。预计 2018 年 LME 3 个月铜期货均价将上涨至 6 900 美元/吨左右，同比上涨约 11%。全球经济增速提升（特别是中国经济企稳）将提高全球铜消费需求，2018 年铜市场可能将呈现紧平衡状态，支持全球铜价上涨。中国环保政策力度持续收紧，2018 年底将禁止废 7 类进口，很有可能影响铜生产和供给，刺激铜价上涨。不过，2018 年中国房地产增速将可能放缓，料抑制铜消费和价格上涨幅度。

（3）2018 年国际农产品价格将维持底部震荡走势。2018 年 CBOT 大豆、玉米和小麦均价预计约为 980、360 和 450 美分/蒲式耳，同比涨幅依次为 0.5%、0.3% 和 3.2%，基本与 2017 年持平。2018 年全球农产品供应充足、库存持续增加等因素将抑制农产品价格上涨。不过，截至 2017 年国际主要农产品价格维持多年的历史性低位，原油等大宗商品价格上涨提高农产品生产成本，使得农产品价格再度明显下跌的风险较小。另据世界气象组织 2017 年 12 月 14 日消息，2018 年第一季度拉尼娜现象可能持续疲弱。目前看 2018 年极端天气对全球农产品生产的影响将可能不会太强。

我国行业用水分析及 2018 年需水量预测[①]

刘秀丽　秦明慧　刘　庆

报告摘要： 行业用水分析及需水总量预测将为实现我国水资源消耗总量和强度双控目标提供决策参考，对我国宏观调控水资源供需矛盾，实现经济社会发展要素与水资源协调发展具有重要意义。

本报告在综合考虑我国经济增长、产业结构的调整、城镇化进程及不同行业用水效率的变动等因素的情况下，应用分行业用水效率多因素分解分析模型、回归分析、时间序列分析和专家经验法等预测决策方法，对 2018 年我国需水总量和四类需水量进行预测，主要结果如下：2018 年我国需水总量约为 6 080.4 亿立方米，比 2017 年略减。从四类需水量来看，随着我国农业用水效率的不断提高，预计 2018 年我国农业需水量约为 3 766.6 亿立方米，占需水总量的 61.9%。综合考虑第二产业增加值增长、主要工业用水部门用水效率提高和第二产业的结构升级优化，预计 2018 年我国生产需水约为 1 314.9 亿立方米，占需水总量的 21.6%左右。随着我国人口的增长和城镇化进程的加快，预计 2018 年我国生活需水量约为 850.9 亿立方米，占需水总量的 14.0%。随着生态环境建设的加强，预计 2018 年我国生态需水约为 148 亿立方米，约占需水总量的 2.4%；四类需水量比例相加约为 99.9%。

一、引　言

水是生命的根基，对更包容和可持续的发展至关重要。2016 年 1 月 1 日启动的联合国大会通过的《2030 年可持续发展议程》更是将水资源发展目标放在核心位置。自 20 世纪 50 年代以来，世界各国经济快速发展，人口迅速增加，人民生活水平不断提高，对水资源的需求量不断增大，世界总用水量迅速增长。进入 21 世纪以来，日益严重的水污染、不合理的开发利用等问题使得水资源的可用情况不容乐观，水资源已经成为世界经济发展的瓶颈问题之一。预计到 2025 年，全世界将有 30 亿人口缺水，涉及的国家和地区达 40 多个。许多国家早已把水资源管理纳入政府部门的职能。同时，规划管理部门也开始把需水预测作为计划工作的手段，以期达到宏观调控水资源供需矛盾的目的。美国一些州，如加利福尼亚州，在 1956 年就开始了需水预测工作。日本从 20 世纪 60 年代开

[①] 资助项目：国家自然科学基金（No.71173210）。

始，每十年进行一次国土规划，把需水预测作为规划的一个依据。英国、法国、荷兰、加拿大等国也逐步开展需水预测工作，作为宏观管理或制定政策的手段。

我国水文和水资源规划部门 1979 年开始着手组织全国水资源评价工作，于 1986 年完成，同时提出了《中国水资源利用》研究报告，其中将水资源供需专列一章。随着我国经济社会的快速增长、城镇化和工业化进程的推进，水资源短缺、水资源利用效率低下、水资源污染严重以及不合理开发等问题导致水资源问题更加严峻，对我国经济的可持续发展，人与自然、人与社会的和谐，以及社会安全都构成了极大的威胁。"十二五"和"十三五"期间，我国多次以重要文件发布关于水资源管理的决定和办法。为推进实行最严格水资源管理制度，确保实现水资源开发利用和节约保护的主要目标，2013 年 1 月 2 日，国务院办公厅公开印发《实行最严格水资源管理制度考核办法》。该办法根据《中华人民共和国水法》、《中共中央、国务院关于加快水利改革发展的决定》（中发〔2011〕1 号）、《国务院关于实行最严格水资源管理制度的意见》（国发〔2012〕3 号）等有关规定而制定。2013 年 11 月召开的党的十八届三中全会对水利工作提出了新的要求，将水资源管理、水环境保护、水生态修复、水价改革、水权交易等纳入生态文明制度建设的重要内容。2015 年 11 月 3 日，《中共中央关于制定国民经济和社会发展第十三个五年规划的建议》提出实行最严格的水资源管理制度，以水定产，以水定城，建设节水型社会。

2016 年 5 月 9 日，财政部、国家税务总局、水利部印发《水资源税改革试点暂行办法》，河北省从 2016 年 7 月 1 日起，全面推进资源税改革试点，促进水资源节约、保护和合理利用。2016 年 7 月 2 日，全国人民代表大会常务委员会审议决定修订《中华人民共和国水法》，加强了水工程建设对流域影响的监管。2016 年 10 月 28 日，国家发展和改革委员会等 9 部门印发《全民节水行动计划》，要求到 2020 年，"规模以上企业工业用水重复利用率达到 91%以上"，"缺水城市再生水利用率达到 20%以上，京津冀区域达到 30%以上"。《全民节水行动计划》还指出，沿海缺水城市和海岛，要将海水淡化作为水资源的重要补充和战略储备。2017 年 11 月 17 日发布公告，水利部会同发改委等 8 部门组成实行最严格水资源管理制度考核工作组，全国 31 省（自治区、直辖市）2016 年考核等级均为合格以上，其中江苏、浙江、山东、北京、重庆 5 个省（市）考核等级为优秀。方案水利部、国家发展和改革委员会印发的《"十三五"水资源消耗总量和强度双控行动方案》提出，"到 2020 年，水资源消耗总量和强度双控管理制度基本完善，双控措施有效落实，双控目标全面完成，初步实现城镇发展规模、人口规模、产业结构和布局等经济社会发展要素与水资源协调发展。各流域、各区域用水总量得到有效控制，地下水开发利用得到有效管控，严重超采区超采量得到有效退减，全国年用水总量控制在 6 700 亿立方米以内。万元国内生产总值用水量、万元工业增加值用水量分别比 2015 年降低 23%和 20%；农业亩均灌溉用水量显著下降，农田灌溉水有效利用系数提高到 0.55 以上。"这些决定、办法和规划目标等表明了我国政府对水资源管理的高度重视，显示了我国政府解决水资源短缺问题的决心。

行业用水分析及需水总量预测将为实现我国水资源消耗总量和强度双控目标提供决策参考，对缓解我国宏观调控水资源供需矛盾，实现经济社会发展要素与水资源协调发展具有重要意义。

二、我国供用水整体情况分析

（一）我国水资源现状

2016 年，全国水资源总量 32 466.4 亿立方米，比常年值偏多 17.1%，比上年增加 16.1%，其中：地表水源占 72.7%，地下水源占 3.7%，地表水与地下水重复量占 23.6%。全国平均降水量 730.0 毫米，比常年值偏多 13.6%。2016 年末全国 639 座大型水库和 3 410 座中型水库蓄水总量 3 953.7 亿立方米，比上年末蓄水量减少 40.7 亿立方米。

我国人口基数较大，尽管有着丰富的水资源总量，人均占有量却只达世界平均水平的 1/4，情况不容乐观。按照国际公认的标准，人均水资源低于 3 000 立方米为轻度缺水，低于 2 000 立方米为中度缺水，低于 1 000 立方米为重度缺水，低于 500 立方米为极度缺水，而全国有 16 个省（市、区）人均水资源量不足 1 000 立方米，宁夏、河北、山东、河南、山西、辽宁六省（区）人均水资源量更低于极度缺水标准线。除了人口因素的影响，水资源空间分布不均匀、与社会经济发展需求不一致更加剧了我国水资源缺乏问题。以长江流域以北的广大北方地区为例，其面积占全国的 63.5%，人口约占全国的 46%，而水资源量仅占 19%，其中黄淮海一带情况更为严峻，人口和 GDP 占比分别达到 35%、32%，而水资源量仅占全国的 6.2%，人均水资源量为 475 立方米，是我国水资源最紧缺的地区之一。

（二）我国水资源的开发利用

2016 年，全国总供水量 6 040.2 亿立方米，其中：地表水源占 81.3%，地下水源占 17.5%，其他水源占 1.2%。全国总用水量为 6 040.2 亿立方米，比上年减少 63.0 亿立方米。其中：农业用水 3 768.0 亿立方米，占总用水量的 62.4%；工业用水 1 308.0 亿立方米，占总用水量的 21.6%；生活用水 821.6 亿立方米，占总用水量的 13.6%；人工生态环境补水 142.6 亿立方米，占总用水量的 2.4%。与上年比较，农业用水减少 84.2 亿立方米，工业用水减少 26.8 亿立方米，生活用水增加 28.1 亿立方米，生态环境补水增加 19.9 亿立方米。

如图 1 所示，2000 年起，全国用水量略有波动，2003 年后持续上升，直至 2013 年开始呈现小幅平稳下降趋势，而万元 GDP 用水量持续显著下降，说明我国用水效率不断提升。与此同时，各产业用水量占比也不断变化，工业用水整体较为平稳，2010 年起开始缓慢下降；由于 2012 年生活用水中的牲畜用水调至农业用水中，因此农业用水与生活用水分别出现上升与下降的小波动，但从整体上看，农业用水占比持续下降，生活用水比重则不断增加，如图 2 所示。

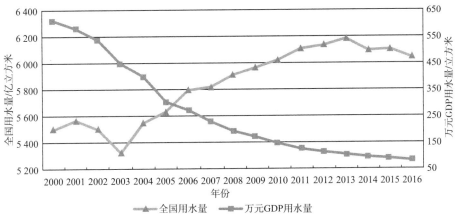

图 1　2000~2016 年全国用水量及万元 GDP 用水量趋势图

资料来源:《水资源公报》（2000~2016 年）

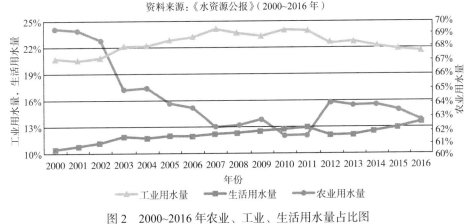

图 2　2000~2016 年农业、工业、生活用水量占比图

资料来源:国家统计局

（三）我国人均综合用水量

自 2000 年以来，我国人均综合用水量整体有所提高，2003 年粮食减产降低了农业用水，导致人均综合用水量减少至 412 立方米，此后稳定上升，2013 年最高达 456 立方米，相较 2000 年增加了 6%，2013 年后则出现小幅下降趋势，2016 年降至 438 立方米（图 3）。同时，受人口密度、经济结构、作物组成、节水水平、气候和水资源条件等多种因素的影响，各省级行政区的人均用水量也呈现较大差异。新疆、宁夏、西藏、黑龙江、内蒙古、江苏、广西 7 个省（自治区）的人均用水量超过 600 立方米，而天津、北京、山西和山东等 10 个省（直辖市）人均用水量低于 300 立方米，其中天津最低，2015 年人均用水量仅 168 立方米，不足全国平均量的一半。

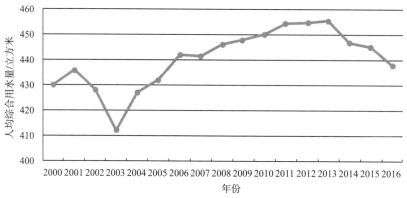

图 3　2000~2016 全国人均综合用水量
资料来源：《水资源公报》（2000~2016 年）

（四）我国废水排放情况

2015 年，我国废水排放总量达到 735.3 亿吨，比上年增加 3.0%，其中：工业废水排放量 199.5 亿吨，占废水排放总量的 27.1%；城镇生活污水排放量 535.2 亿吨，占 72.8%；集中式污染治理设施（不含污水处理厂）废水排放量 0.6 亿吨。

自 2000 年以来，全国废水排放总量平稳上升，如图 4 所示，同时废水排放组成发生较大变化。一方面，工业废水排放量呈现先增后减趋势，2007 年达到峰值 246.6 亿吨，与之相较，2015 年工业废水排放量下降了 19.1%，其占比也从 2000 年的 46.8%下降至 2015 年的 27.1%，说明我国工业污水处理效果显著。另一方面，生活污水排放量持续增加，由 2000 年的 220.9 亿吨升至 2015 年的 535.2 亿吨，其占比也由 53.2%上升至 72.8%，如图 5 所示。同时，城市污水处理能力的提高尤为明显，由 1978 年的 63.53 万米^3/日提高至 2015 年的 1.9 亿米^3/日。

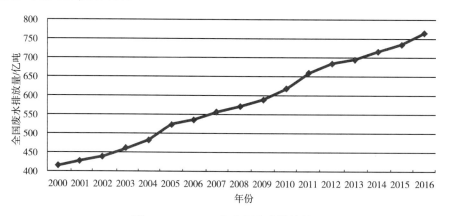

图 4　2000~2016 年全国废水排放量
资料来源：国家统计局

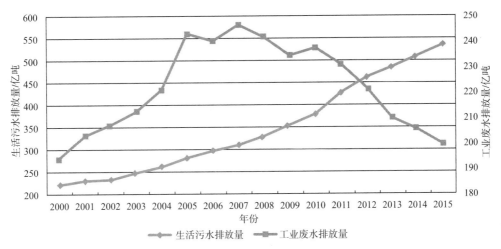

图 5 2000~2015 年工业废水与生活污水排放量对比图
资料来源：《全国环境统计公报》（2000~2015 年）

（五）我国淡水水质

2016 年，全国地表水环境质量总体保持稳定，23.5 万千米的河流中，Ⅰ~Ⅲ类水河长占 76.9%，与 2015 年环比上升 3.5 个百分点，劣Ⅴ类水河长占 9.8%，同比下降 1.7 个百分点；同时，118 个湖泊共 3.1 万平方千米水面中，全年总体水质为Ⅰ~Ⅲ类的湖泊有 28 个、Ⅳ~Ⅴ类湖泊 69 个、劣Ⅴ类 21 个，与 2015 年相比，Ⅰ~Ⅲ类湖泊比例下降 0.9 个百分点，富营养湖泊比例持平。1 940 个国家地表水考核断面中，Ⅰ类 47 个，占 2.4%；Ⅱ类 728 个，占 37.5%；Ⅲ类 541 个，占 27.9%；Ⅳ类 325 个，占 16.7%；Ⅴ类 133 个，占 6.9%；劣Ⅴ类 166 个，占 8.6%。与 2015 年相比，Ⅰ类水质断面比例上升 0.4 个百分点，Ⅱ类上升 4.1 个百分点，Ⅲ类下降 2.7 个百分点，Ⅳ类下降 1.7 个百分点，Ⅴ类上升 1.1 个百分点，劣Ⅴ类下降 1.1 个百分点。十大流域中，浙闽片河流、西北诸河和西南诸河水质为优，长江和珠江流域水质良好，黄河、松花江、淮河和辽河流域为轻度污染，海河流域为重度污染。此外，原国土资源部地下水水质监测评价结果显示：水质为优良级、良好级、较好级、较差级和极差级的监测点分别占 10.1%、25.4%、4.4%、45.4% 和 14.7%。水质评价总体较差，需引起注意。

三、我国分行业用水分析

（一）农业用水

我国农业用水量占总用水量比值最大，包括农田灌溉用水、林果地灌溉用水、草地灌溉用水、鱼塘补水和畜禽用水，其中又以农田灌溉用水为主要用水部分。2000~2016

年，我国农业用水量在 3 400~3 900 亿立方米波动，2013 年前逐渐上升，2013 年后趋于稳定并略有下降，同时其占总用水量的比例从 2000 年的 68.8%下降至 2016 年的 62.4%，这说明我国农业用水效率有所提高。

我国农业用水效率的不断提升，主要源于农业灌溉用水效率的提高。目前，节水灌溉的耕地面积呈逐年稳步增长的趋势，《中华人民共和国 2016 年国民经济和社会发展统计公报》数据显示，2016 年全年新增耕地灌溉面积 118 万公顷，新增节水灌溉面积 211 万公顷。而截至 2015 年底，全国有效灌溉面积 6 587 万公顷，占全国耕地面积的 48.70%，节水灌溉工程面积达 3 106 万公顷，其中包括喷灌、微灌面积 901 万公顷及低压管灌面积 891 万公顷。同时，农田灌溉亩均用水量虽略有波动，但总体持续下降，由 2000 年的 479 立方米降至 2016 年的 380 立方米，如图 6 所示。

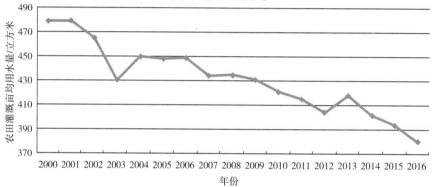

图 6　2000~2016 我国农田灌溉亩均用水量

资料来源:《水资源公报》(2000~2016)

按水资源分区统计，南方 4 区［长江（含太湖）、东南诸河、珠江、西南诸河］农业用水 1 678.4 亿立方米，占全国同类用水的 44.5%；北方 6 区（松花江、辽河、海河、黄河、淮河、西北诸河）农业用水 2 089.6 亿立方米，占 55.5%。而按东、中、西部地区统计，受作物组成、节水水平、水资源条件等多种因素的影响，农业用水比重东部及中部低、西部高，但农田灌溉水有效利用系数却呈现东部较大，中、西部较小的分布态势。

尽管总体用水效率有所提升，但截至 2016 年，我国灌溉水有效利用系数仅为 0.53，比发达国家平均水平低 0.26。目前，我国节水灌溉发展大多采用以渠道防渗技术和地面灌水技术为主，配合相应的农业措施及天然降水资源利用技术的模式，技术水平较高的喷灌、微灌技术还处于大规模推广发展的阶段。表 1 列举了部分国家农业喷滴灌面积占总灌溉面积的比例，可以看出，在灌溉节水方面我国与发达国家差距显著。

表 1　各国总灌溉面积、喷滴灌面积及其所占比例

国家	总灌溉面积/百万公顷	喷灌/百万公顷	滴灌/百万公顷	喷灌、滴灌合计/百万公顷	喷灌、滴灌面积占比	年份
中国	70.65			7.84	11.10%	2014
印度	60.90	3.04	1.90	4.94	8.11%	2010
美国	24.70	12.35	1.64	13.99	56.64%	2009

国家	总灌溉面积/百万公顷	喷灌/百万公顷	滴灌/百万公顷	喷灌、滴灌合计/百万公顷	喷灌、滴灌面积占比	年份
巴西	5.80	3.86	0.62	4.48	77.24%	2013
俄罗斯	4.50	2.50	0.05	2.55	56.67%	2012
西班牙	3.61	0.85	1.76	2.61	72.30%	2014
日本	2.92	0.43	0.06	0.49	16.78%	2013
法国	2.90	1.38	0.10	1.48	51.03%	2011
意大利	2.42	0.96	0.42	1.38	57.02%	2013
韩国	1.01	0.20	0.40	0.60	59.41%	2009

资料来源：中国产业信息网. 2016 年中国节水灌溉行业市场现状及发展前景预测. http://www.chyxx.com/industry/201608/435693.html，2016-08-04

我国耕地面积广阔，要提高灌溉效率、完善灌溉设施必然消耗大量财力物力，因此地方政府应起一定主导作用，组织水利、农业、财政等部门通力合作。此外，随着水权制度的不断完善，可提高水资源利用效率与效益，从而优化水资源配置、促进节约用水。

根据《水利改革发展"十三五"规划》提出的目标：到 2020 年，农田灌溉水有效利用系数提高到 0.55 以上，大型灌区和重点中型灌区农业灌溉用水计量率达到 70%以上；完成 434 处大型灌区续建配套和节水改造规划任务；新增农田有效灌溉面积 3 000 万亩，全国农田有效灌溉面积达到 10 亿亩以上；发展高效节水灌溉面积 1 亿亩。相应地，国家也出台了多项促进提高节水灌溉效率的相关政策，《全国高标准农田建设总体规划》指出，要建成集中连片的高标准农田，平整田块，完善配套水、电、路设施，使耕地质量和地力等级提高，科技服务能力得到加强，生态修复能力得到提升。这将促进区域大面积节水灌区的形成，便于节水设施的建设与管理。同时，为进一步完善水权制度，政府修订了《中华人民共和国水法》，出台了《取水许可和水资源费征收管理条例》和《水量分配暂行办法》，由此规范水资源确权、转让等环节。而水权交易带来的利益能直观体现水资源的资源价值，激励农户采取节水灌溉技术，进一步推进我国农业灌溉用水效率的提高。

（二）工业用水

我国工业取水量占全社会总取水量的四分之一左右，其中火电（含直流冷却发电）、钢铁、纺织、造纸、石化和化工、食品和发酵等高用水行业取水量占工业取水量的 50% 左右。"十二五"期间，最严格水资源管理"三条红线"控制指标基本实现省市县三级行政区全覆盖，万元工业增加值和万元 GDP 用水量大幅下降，其中单位工业增加值用水量年均降低 35%，超额完成 30%的规划目标。并且工业节水政策体系和标准体系日趋完善，工业节水技术改造和创新力度不断增强，工业节水宣传和试点示范工作稳步推进。工业节水工作取得了明显成效。

1. 我国工业用水特点

1）工业取水总量逐渐下降

2016 年我国工业取水量为 1 308 亿立方米，较 2011 年下降 10.5%。2011~2016 工业取水量占全国总取水量的比例呈逐年小幅下降的趋势，见表 2。

表 2   2011~2016 全国工业用水情况

年份	总取水量/亿立方米	工业取水量/亿立方米	占比
2011	6 107	1 462	23.9%
2012	6 142	1 424	23.2%
2013	6 183	1 410	22.8%
2014	6 095	1 356	22.2%
2015	6 103.2	1 337	21.9%
2016	6 040.2	1 308	21.7%

资料来源：水利部《水资源公报》（2011~2016 年）

2）工业用水效率显著提高

2016 年我国万元工业增加值用水量为 52.8 立方米，比 2011 年降低了 25.2 立方米，见表 3。

表 3   2011~2016 年全国工业用水效率指标

年份	万元工业增加值用水量/立方米	重复利用率
2011	78	83.1%
2012	69	87%
2013	60	—
2014	67	—
2015	58.3	—
2016	52.8	—

资料来源：水利部《水资源公报》（2011~2016 年），2012 年后没有发布工业用水重复利用率数据

3）大力推动非常规水源，再生水利用率仍然偏低

2017 年 1 月，国家发展和改革委员会及国家海洋局联合印发《全国海水利用"十三五"规划》（以下简称《规划》），《规划》指出，到"十三五"末，我国海水淡化总规模将达到 220 万吨/日以上，沿海城市新增海水淡化规模 105 万吨/日以上，海岛地区新增海水淡化规模 14 万吨/日以上。海水直接利用规模达到 1 400 亿吨/年以上，海水循环冷却规模达到 200 万吨/小时以上。海水淡化装备自主创新率达到 80% 以上。

截至 2015 年底，全国已建成万吨级以上海水淡化工程 31 个，产水规模 887 800 吨/日；千吨级以上、万吨级以下海水淡化工程 36 个，产水规模 110 500 吨/日；千吨级以下海水淡化工程 54 个，产水规模 10 525 吨/日。全国已建成最大海水淡化工程规模 20 万吨/日。其中，海水淡化水用于工业的工程规模为 677 260 吨/日，占总工程规模的 67.14%。其中，火电企业为 31.04%，核电企业为 3.77%，化工企业为 10.91%，石化企业为 12.50%，钢铁企业为 8.92%。我国海水淡化规模日益扩大，为工业用水提供大量水资源。虽然我

国各项水处理技术在不断进步，但我国城镇再生水利用率仅为 10% 左右，截至 2016 年末，我国城市年污水处理总量 448.8 亿立方米，再生水利用量仅 45.3 亿立方米。

4）工业废水排放量略有下降

2016 年我国工业废水排放量 199.5 亿立方米，占废水排放总量的 27.0%，与 2011 年的 230.9 亿立方米、占比 35.0% 比较，下降较为明显，见表 4。

表 4　2011~2016 年全国工业废水排放情况

年份	废水排放总量/亿立方米	工业废水排放量/亿立方米	占比
2011	659.2	230.9	35.0%
2012	684.8	221.6	32.4%
2013	695.4	209.8	30.2%
2014	716.2	205.3	28.7%
2015	735.3	199.5	27.1%
2016	738.9	199.5	27.0%

资料来源：生态环境部《全国环境统计公报》（2011~2016 年）

2. 重点工业行业用水趋势

1）火电行业

"十一五"期间，我国火电行业年取水量（不含直流冷却）由 85.5 亿立方米下降到 83.7 亿立方米（表 5）；单位发电量取水量由 3.00 立方米每兆瓦时下降到 2.45 立方米每兆瓦时，降低了 18.3%；废水年排放量由 24.2 亿立方米下降到 10.9 亿立方米，降低了 55%。

表 5　2006~2010 年我国火电用水情况

年份	取水量/亿立方米	单位发电量取水量/（米^3/兆瓦时）
2006	85.5	3.00
2007	78.9	2.90
2008	78.5	2.80
2009	81.3	2.70
2010	83.7	2.45

资料来源：中国电力企业联合会

在各类能源中，电能生产耗费水资源量远超过石油开采业和煤炭开采业，电力行业成为主要用水部门，用水量占能源行业的 80% 以上。火电行业为我国工业取水中比重最大的行业，火电取水量由 2001~2005 年约占工业取水量的 25% 剧增至 2006 年的 40% 左右，以后在 2006~2008 年大幅减少，2008~2010 年基本保持略微增加的平稳态势。此外，我国工业用水效率总体较低，目前国内超过 50% 的火电厂的工业用水不能实现闭路循环，排放大量工业污水，使水质恶化，加剧了水资源短缺形势。因此，火电行业做好节水增效，对进一步提高工业用水效率具有重要的现实意义。

2017 年上半年，火电完成投资同比下降 17.4%，煤电完成投资同比下降 29.0%。全国基建新增火电装机容量 1 421 万千瓦，同比少投产 1 290 万千瓦；煤电投产 1 112 万千瓦，同比少投产 1 037 万千瓦。煤电投资及投产规模大幅减少，反映出国家促进煤电有序发展系列政策措施效果持续显现。截至 2017 年 6 月底，全国 6 000 千瓦及以上火电装机容量 10.6 亿千瓦，同比增长 4.6%，增速同比降低 3.3 个百分点。在电力消费需求较快增长、水电发电量下降等因素拉动下，全国规模以上电厂火电发电量同比增长 7.1%；全国火电设备平均利用小时数 2 010 小时（煤电设备平均利用小时数为 2 040 小时），同比提高 46 小时。火电投资的同比下降，预示着未来火电行业对工业取水量需求不会大幅度提高。

2）钢铁行业

2011~2016 年，我国钢铁行业取水量由 26.2 亿立方米下降到 24.2 亿立方米；吨钢耗新水量由 4.07 立方米下降到 3.41 立方米，降低了 16.2% 左右；重复利用率由 97.4% 提高到 98.0%，提高了 0.6 个百分点，见表 6。

表 6　2011~2016 年我国钢铁行业用水情况

年份	取水量/亿立方米	吨钢耗新水量/（米³/吨）	重复利用率
2011	26.2	4.07	97.4%
2012	27.1	4.03	97.5%
2013	27.2	3.83	97.5%
2014	26.4	3.66	97.6%
2015	25.3	3.55	97.8%
2016	24.2	3.41	98.0%

资料来源：《中国钢铁工业年鉴》、中国工业协会网站；2011~2016 年取水量来自中国钢铁工业协会发布的《中国钢铁工业环境保护统计月度简析》

3）造纸行业

2011~2015 年，我国造纸行业新鲜水量由 45.59 亿立方米降低到 28.98 亿立方米；用水量由 128.77 亿立方米下降到 118.35 亿立方米，下降了 8.09%；重复利用率由 64.60% 提高到 75.50%；万元产值新鲜水用量由 67.4 立方米下降到 40.6 立方米，降低了 39.76%，见表 7。

表 7　2011~2015 年我国造纸行业用水情况

年份	新鲜水量/亿立方米	总用水量/亿立方米	重复利用率	万元产值新鲜水用量/（米³/万元）
2011	45.59	128.77	64.60%	67.4
2012	40.78	121.30	66.37%	57.2
2013	34.46	121.13	71.55%	48.9
2014	33.55	119.65	71.96%	46.2
2015	28.98	118.35	75.50%	40.6

资料来源：中国造纸工业协会

（三）生活用水

生活用水包括城镇生活用水和农村生活用水，其中城镇生活用水由居民用水和公共用水（含第三产业及建筑业等用水）组成。自 2012 年，原包括在农业用水中的牲畜用水被调至生活用水。2000~2016 年我国生活用水量由 575 亿立方米逐步增加至 821.6 亿立方米，占总用水量的比重由 10.5%增加至 13.6%。

人口的增加和城镇化率的提高是我国生活用水量增加的主要原因，2000~2016 年，我国总人口由 123 626 万人增加至 138 271 万人，其中城镇人口由 39 449 万人增加至 79 298 万人，城镇化率由 31.91%升至 57.35%。表 8 显示，城镇人均生活用水量要明显高于农村居民人均生活用水量。

表 8　2012~2016 城乡人均生活用水量对比（单位：L/d）

年份	城镇人均生活用水量（含公共用水）	农村居民人均生活用水量
2012	216	79
2013	212	80
2014	213	81
2015	217	82
2016	220	86

资料来源：《水资源公报》（2012~2016 年）

（四）生态补水

生态补水是指通过采取工程或非工程措施，补充不满足最小生态需水量系统用水量以维护生态平衡。2004~2010 年，我国生态补水总量从 82 亿立方米逐步增至 120 亿立方米，而 2010~2014 年又逐渐递减至 103 亿立方米，占总用水量的 1.7%，2015 年开始上升至 122.7 亿立方米（图 7）。在党的十七大报告中，第一次提出"建设生态文明"，并列入全面进入小康社会的目标之一；2015 年 10 月，随着十八届五中全会的召开，增强生态文明建设更是首度被写入国家五年规划。据新华社报道，截至 2017 年 6 月 10 日，三峡水库本次汛前消落自 2016 年 11 月 1 日开始已累计为下游生态补水 233 亿立方米[1]。2017 年 11 月 16 日，引黄入冀补淀工程开始试通水，通水后，年均向河北白洋淀生态补水 1.1 亿立方米[2]。2017 年 10 月 21 日，黄河河务部门对刁口河黄河故道的生态补水项目，预计持续 15 天，补水量将达 6 000 万立方米[3]。2017 年 11 月 20 日，王快水库和西大洋水库再次为白洋淀生态补水 1 400 万立方米[4]。作为生态文明建设的重要部分，"十三五"期间生态补水将更受重视，补水量也应稳定增长。

① 谭元斌. 三峡水库如期完成汛前消落任务. http://news.xinhuanet.com/local/2017-06/10/c_1121121126.htm，2017-06-10.
② 引黄入冀补淀工程试通水　年均补水 1.1 亿立方米. http://finance.ifeng.com/a/20171117/15800787_0. shtml，2017-11-17.
③ 李明、黄鑫. 黄河生态补水惠民生. http://paper.dzwww.com/dzrb/content/20171109/Articel24009MT.htm，2017-11-09.
④ 张亚伟. 王快和西大洋水库今年再次为白洋淀生态补水. http://news.xinhuanet.com/local/2017-11/20/c_129744600. htm，2017-11-20.

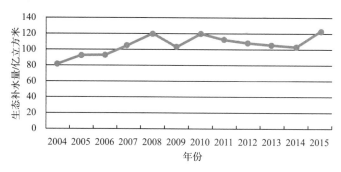

图 7　2004~2015 我国生态补水量

资料来源：国家统计局

四、2018 年需水量预测

综合考虑我国经济的增长、产业结构的调整、城镇化的进程及不同行业用水效率的变动等因素的情况下，应用分行业用水效率多因素分解分析模型、回归分析、时间序列分析和专家经验法等预测决策方法，对 2018 年我国需水总量和四类需水量进行预测，结果分别如表 9、表 10 所示。

表 9　2016~2018 年我国需水总量和四类需水量预测结果（单位：亿立方米）

年份	需水总量	农业需水	生产需水	生活需水	生态需水
2016	6040.2	3768.0	1308.0	821.6	142.6
2017	6090.0	3790.3	1310.2	844.5	145.0
2018（预计）	6080.4	3766.6	1314.9	850.9	148.0

表 10　2016~2018 年我国需水结构

年份	农业需水	生产需水	生活需水	生态需水
2016	62.4%	21.7%	13.6%	2.4%
2017	62.2%	21.5%	13.9%	2.4%
2018（预计）	61.9%	21.6%	14.0%	2.4%

表 9、表 10 显示，2018 年我国需水总量约为 6 080.4 亿立方米，比 2017 年略减。从四类需水量来看，随着我国农业用水效率的不断提高，预计 2018 年我国农业需水量约为 3 766.6 亿立方米，占需水总量的 61.9%。综合考虑第二产业增加值增长、主要工业用水部门用水效率提高和第二产业的结构升级优化，预计 2018 年我国生产需水约为 1 314.9 亿立方米，占需水总量的 21.6%左右。随着我国人口的增长和城镇化进程的加快，预计 2018 年我国生活需水量约为 850.9 亿立方米，占需水总量的 14.0%。随着生态环境建设的加强，预计 2018 年我国生态需水约为 148 亿立方米，占需水总量的 2.4%。